独習ロシア語

РУССКИЙ ЯЗЫК САМОСТОЯТЕЛЬНО

阿部軍治 著

東京 **大学書林** 発行

まえがき

　本書はロシア語を学ぶ人たちの学習に供するために，項目を整理し，文法を中心に習得しやすいように配慮して作成したものです。各課は文法説明，その文例，それらの応用としてのテキストと練習問題から成っています。主に初級学習者を対象に編集したのですが，格の用法や動詞の項等はかなり詳しく説明されているので，全体的には中級レベルとも言え，それらを習得するなら，ロシア語の本を読むために十分な文法的知識が得られるはずです。
　一見ロシア語の文字は取っ付きにくく，一般にロシア語は難しいと思われていますが，決してそのようなことはなく，初級文法さえ乗り越えれば，むしろ英語などよりやさしいくらいです。
　本書の編集にあたってはロシアの多数の文法書，学習書を参考にし，それらから文例やテキストを収録しましたが，後者はアダプトして用いたものが多くなっています。また，編集および校正の際に，ペテルブルグ大学等のロシア人の先生たちの助言をうけ，特に同大のI・ヴォズネセンスカヤ先生には校正に目を通してもらいました。先生たちに心からお礼を申し上げるしだいです。
　本書がロシア語学習にいささかでも役立つなら，この上もなく仕合わせに思います。また不備等お気付の際は御教示頂ければ幸いです。

2004年12月　　　　　　　　　　　　　　　　　　　編　者

注意事項

　初級段階でそれほど必要ではないと思われる事項は，原則としては注の部分に入れるようにしてあり，初歩的な知識でよいという学習者は，注の部分にはあまり注意を払わなくてもいいわけです。ロシア語学習では格変化の習得が大きなウエイトを占めますが，その学習や，その他，動詞の体の用法等にも比較的新しい理論を応用する等の工夫を試みました。練習問題もこの種の参考書としては比較的多めに収録してありますので，学習者はそれぞれの目的に応じて適当に割愛すればいいと考えます。全体的に重要事項が指定してありますので，それを中心に学習を進めればいいでしょう。

　本書は，最初の部分は単語に片仮名をふってありますが，それらは発音の正確な表記というわけではなく，読み方の目安にすぎないことは申すまでもありません。ロシア語は**ほぼ綴り字の通りに読めばいいので**，なるべく早くロシア語の文字に基づいて発音する仕方を覚え，仮名に頼る読み方から抜け出すようにして下さい。特に注意すべき発音 в，**ф**，р，ж，ч，ш，щ は原則として**平仮名**で表記致しました。

　なお，本文中の括弧（　）型は言い換えまたは説明を，〔　〕括弧型は省略可能を示しています。

目　次

まえがき …………………………………………………………… i
アルファベット …………………………………………………… xii

Урок 1
 I　アルファベット ………………………………………………… 1
 II　文字と発音(1)　母音の発音，子音の発音，母音 я, e,
　　ё, ю, 硬母音と軟母音，母音の弱化 …………………………… 1

Урок 2
 I　文字と発音(2)　有声子音と無声子音，軟子音，分離符，
　　子音の同化，子音結合の諸規則 ………………………………… 7
 II　正書法の規則 …………………………………………………… 11
 III　硬母音と軟母音の文法的対応 ………………………………… 11
 IV　文字の書き方 …………………………………………………… 12

Урок 3
 I　平叙文　連辞動詞の省略，否定文 …………………………… 13
 II　疑問文　疑問詞のある疑問文，疑問詞のない疑問文 ……… 14
 練　習 ……………………………………………………………… 16
 筆記体の書き方 …………………………………………………… 17

Урок 4
 I　名詞の性 ………………………………………………………… 18
 II　人称代名詞 ……………………………………………………… 19
 III　個数詞(1)　1～10 …………………………………………… 20
 慣用表現(1) ………………………………………………………… 21
 練　習 ……………………………………………………………… 21
 筆記体の書き方 …………………………………………………… 22

Урок 5
　Ⅰ　動詞の不定形 ………………………………………………… 23
　Ⅱ　動詞の現在 …………………………………………………… 23
　練　習 …………………………………………………………… 26
　筆記体の書き方 ………………………………………………… 28

Урок 6
　Ⅰ　名詞の複数形 ………………………………………………… 29
　Ⅱ　所有代名詞とчей ……………………………………………… 30
　練　習 …………………………………………………………… 32
　筆記体の書き方 ………………………………………………… 34

Урок 7
　Ⅰ　動詞の未来　単純未来—動詞бытьの未来形, 合成未来 …… 35
　Ⅱ　動詞の歯音変化 ……………………………………………… 37
　Ⅲ　動詞の唇音変化 ……………………………………………… 38
　練　習 …………………………………………………………… 38

Урок 8
　Ⅰ　動詞の過去 …………………………………………………… 41
　Ⅱ　命令法 ………………………………………………………… 42
　Ⅲ　曜日の表現 …………………………………………………… 43
　練　習 …………………………………………………………… 44

Урок 9
　Ⅰ　形容詞長語尾形 ……………………………………………… 46
　Ⅱ　疑問代名詞какойと指示代名詞такой ……………………… 48
　Ⅲ　形容詞の名詞化 ……………………………………………… 48
　Ⅳ　個数詞(2)　11～20 ………………………………………… 49
慣用表現(2) ……………………………………………………… 49
　練　習 …………………………………………………………… 49

Урок 10
　Ⅰ　名詞の格変化 ……………………………………… 52
　Ⅱ　名詞の単数前置格 ………………………………… 52
　Ⅲ　前置格要求の前置詞……………………………… 53
　Ⅳ　動詞житьの変化，疑問詞 где ……………………… 55
　練　習 ………………………………………………… 55

Урок 11
　Ⅰ　指示代名詞 этот, тот ……………………………… 58
　Ⅱ　順序数詞（1） ……………………………………… 59
　Ⅲ　所有の表現　у＋生格＋есть ……………………… 60
　練　習 ………………………………………………… 61

Урок 12
　Ⅰ　形容詞の短語尾形　短語尾形の形成，短語尾形の用法 … 63
慣用表現（3）……………………………………………… 67
　練　習 ………………………………………………… 67

Урок 13
　Ⅰ　副　詞 ……………………………………………… 69
　Ⅱ　無人称文と無人称述語…………………………… 70
　Ⅲ　-у, -юに終る単数前置格 ………………………… 72
　Ⅳ　動詞мочьの変化 …………………………………… 73
　練　習 ………………………………………………… 74

Урок 14
　Ⅰ　名詞の単数対格 …………………………………… 76
　Ⅱ　前置詞なしの対格の用法 ………………………… 77
　Ⅲ　対格要求の前置詞 ………………………………… 78
　練　習 ………………………………………………… 79

— v —

Урок 15
　Ⅰ　不定人称文 ……………………………………………… 82
　Ⅱ　時の表現（1）　何曜日に，何月に，等の用法 ……… 82
　Ⅲ　動詞хотéтьの変化 ……………………………………… 85
　Ⅳ　疑問詞ктоとчтоの変化 ………………………………… 85
慣用表現（4） ………………………………………………… 86
練　習 ………………………………………………………… 87

Урок 16
　Ⅰ　名詞の単数生格 ………………………………………… 88
　Ⅱ　前置詞なしの生格の用法（1）………………………… 89
練　習 ………………………………………………………… 92

Урок 17
　Ⅰ　前置詞なしの生格の用法（2）………………………… 94
　Ⅱ　生格要求の前置詞 ……………………………………… 95
練　習 ………………………………………………………… 97

Урок 18
　Ⅰ　名詞の単数与格 ………………………………………… 100
　Ⅱ　前置詞なしの与格の用法 ……………………………… 101
　Ⅲ　与格要求の前置詞 ……………………………………… 102
練　習 ………………………………………………………… 104

Урок 19
　Ⅰ　名詞の単数造格 ………………………………………… 106
　Ⅱ　前置詞なしの造格の用法 ……………………………… 107
　Ⅲ　造格要求の前置詞 ……………………………………… 108
練　習 ………………………………………………………… 110

Урок 20
  I   ся動詞 112
  II -овать, -евать 動詞と -авать 動詞の変化 115
  III 感嘆文 115
  練　習 116

Урок 21
  I   男性名詞のまとめ 118
  II 中性名詞のまとめ 119
  III 女性名詞のまとめ 119
  IV 格変化の整理 120
  練　習 121

Урок 22
  I   男性名詞の複数の格変化 124
  II 中性名詞の複数の格変化 125
  III 女性名詞の複数の格変化 126
  IV 名詞の複数の格変化の整理 128
  練　習 128

Урок 23
  I   特殊変化　мать, дочь, люди, дéти, -ья をもつ男性・
      中性名詞 130
  II 語尾 -у (-ю) をもつ男性単数生格 132
  III ロシア人の名前・父称・姓，および呼び方 132
  IV 父称の作り方 133
  練　習 134

Урок 24
  I   動詞の体(完了体・不完了体)の意義と用法 136
  II 完了体未来 138

| Ⅲ　мо́жноとнельзя́の用法 | 139 |
| 練　習 | 140 |

Уро́к 25
Ⅰ　動詞の体の形成（1）	143
Ⅱ　個数詞（3）　21～100万	145
Ⅲ　個数詞と名詞の結合	146
練　習	147

Уро́к 26
Ⅰ　接頭辞のつかない運動の動詞―定動詞と不定動詞	149
Ⅱ　定動詞と不定動詞の変化	151
Ⅲ　不定数詞と名詞の結合	152
練　習	153

Уро́к 27
Ⅰ　接頭辞のついた運動の動詞―体の形成（2）	156
Ⅱ　3人称・複数1人称の命令法	158
Ⅲ　接続詞（1）　и, а, но；что	160
練　習	161

Уро́к 28
Ⅰ　人称代名詞の格変化と用法	163
Ⅱ　再帰代名詞　себя́	165
Ⅲ　普遍人称文	165
慣用表現（5）	166
練　習	166

Уро́к 29
| Ⅰ　形容詞の格変化 | 169 |
| Ⅱ　како́йの変化 | 172 |

練　習 ……………………………………………… 172

Урок 30
Ⅰ　所有代名詞の格変化……………………………… 175
Ⅱ　чейの格変化……………………………………… 177
Ⅲ　順序数詞（2）とその格変化……………………… 178
練　習 ……………………………………………… 179

Урок 31
Ⅰ　指示代名詞の格変化と用法……………………… 181
Ⅱ　定代名詞の格変化と用法………………………… 182
練　習 ……………………………………………… 185

Урок 32
Ⅰ　姓の変化 ………………………………………… 187
Ⅱ　形容詞起源の名詞の変化………………………… 188
Ⅲ　接続詞（2）……………………………………… 188
Ⅳ　不規則変化動詞 ………………………………… 189
練　習 ……………………………………………… 191

Урок 33
Ⅰ　比較級 …………………………………………… 193
Ⅱ　合成式比較級 …………………………………… 193
Ⅲ　単一式比較級 …………………………………… 194
練　習 ……………………………………………… 197

Урок 34
Ⅰ　最上級 …………………………………………… 199
Ⅱ　合成式最上級 …………………………………… 199
Ⅲ　単一式最上級 …………………………………… 201
練　習 ……………………………………………… 203

Урок 35
- I 接続語(関係代名詞) ……………………………… 205
- II 接続語(関係副詞) ………………………………… 209
- 練 習 ………………………………………………… 210

Урок 36
- I 否定代名詞・否定副詞 …………………………… 211
- II 不定代名詞・不定副詞 …………………………… 213
- III 動詞の不定形の用法 ……………………………… 214
- 練 習 ………………………………………………… 215

Урок 37
- I 仮定法 ……………………………………………… 217
- II 接続詞 чтóбы の用法 …………………………… 219
- III 時の表現(2) ……………………………………… 220
- 練 習 ………………………………………………… 220

Урок 38
- I 副動詞 ……………………………………………… 222
- II 無人称文のまとめ・無人称動詞 ………………… 225
- 練 習 ………………………………………………… 226

Урок 39
- I 形動詞 ……………………………………………… 227
- II 能動形動詞 ………………………………………… 227
- III 間接疑問文 ………………………………………… 229
- 練 習 ………………………………………………… 230

Урок 40
- I 被動形動詞 ………………………………………… 232
- 練 習 ………………………………………………… 235

Урок 41
　Ⅰ　被動形動詞短語尾 ………………………………… 237
　Ⅱ　形動詞の形容詞化と名詞化 ………………………… 238
　Ⅲ　個数詞の格変化 ……………………………………… 239
　練　習 …………………………………………………… 241

Урок 42
　Ⅰ　個数詞と名詞・形容詞の語結合 …………………… 243
　Ⅱ　概数の表現 …………………………………………… 244
　Ⅲ　時の表現(3)―時間の言い方 ………………………… 245
　練　習 …………………………………………………… 246

　補　足
ロシア語のイントネーション ……………………………… 248
よみもの …………………………………………………… 251
練習問題解答 ……………………………………………… 262

アルファベット

活字体		筆記体		名称	発音
А	а	*А*	*а*	ア	a
Б	б	*Б*	*б*	ベ	b
В	в	*В*	*в*	ヴェ	v
Г	г	*Г*	*г*	ゲ	g
Д	д	*Д*	*д*	デ	d
Е	е	*Е*	*е*	ィエ	je
Ё	ё	*Ё*	*ё*	ヨ	jo
Ж	ж	*Ж*	*ж*	ジェ	ʒ
З	з	*З*	*з*	ゼィ	z
И	и	*И*	*и*	イ	i
Й	й	*Й*	*й*	イ・クラートコエ*	j
К	к	*К*	*к*	カ	k
Л	л	*Л*	*л*	エリ	l
М	м	*М*	*м*	エム	m
Н	н	*Н*	*н*	エヌ	n
О	о	*О*	*о*	オ	o
П	п	*П*	*п*	ペ	p

活字体		筆記体		名称	発音
Р	р	*Р*	*р*	エる	r
С	с	*С*	*с*	エス	s
Т	т	*Т*	*т*	テ	t
У	у	*У*	*у*	ウ	u
Ф	ф	*Ф*	*ф*	エふ	f
Х	х	*Х*	*х*	ハ	x
Ц	ц	*Ц*	*ц*	ツェ	ts
Ч	ч	*Ч*	*ч*	ちェ	tʃ'
Ш	ш	*Ш*	*ш*	しゃ	ʃ
Щ	щ	*Щ*	*щ*	ししゃ	ʃ'ʃ'
	ъ		*ъ*	トヴョールドイ・ズナーク**	
	ы		*ы*	ウィ	i
	ь		*ь*	ミャーフキイ・ズナーク***	
Э	э	*Э*	*э*	エ	e
Ю	ю	*Ю*	*ю*	ユ	ju
Я	я	*Я*	*я*	ヤ	ja

*и кра́ткое(短い и の意)　　**твёрдый знак(硬音符)
***мя́гкий знак(軟音符)

Урок 1

アルファベット；文字と発音 (1)；母音, 子音

I アルファベット

前のページにアルファベットの表がありますが，ロシア語のアルファベットは全部で **33文字**で，母音10字，子音23字から成っています。ギリシア字母を母体に作られた文字なので，はじめはかなり違和感を受けるかもしれません。アルファベットには英語等のそれと全く違う文字と同じような文字があります。どちらかというとかえって後者の文字により注意をして下さい。英語等と同じような文字の中には，読み方が同じものと全く違うものがあります。読み方の違う文字は混同しないようにとくに注意する必要があるのです。ロシア語の文字を英語のそれと対置すると в は v に，н は n に，р は r に，с は s に，у は u に対応します。個々の字母の名称は一部を除いてほぼその発音の仕方と同じように呼ぶようになっています。一通り自分でアルファベットを言ってみて下さい。

II 文字と発音 (1)

1. 母音 а, о, у, э；и；ы の発音

 а [a] 日本語のアとほぼ同じに発音します。

 о [o] 日本語のオよりも唇をまるくし，つき出して発音します。

 у [u] о よりも唇をまるくし，十分に前につき出して発音します。

э [e]　日本語のエとほぼ同じ発音です。
и [i]　日本語のイに近いが舌の前部をあげて発音します。
ы [ɨ]　口形は [i] と同じですが、舌を後ろへ引いて и を発音します。
　　　　и と y の中間的な音になります。

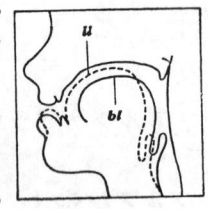

2. 子音の発音 (1)

с, з [s, z]　舌の先を下歯につけて発音するス、ズの子音です。

т, д [t, d]　先を下歯へ向けて下げて、舌の端の前面を上歯にあてて発音します。

н [n]　口形は т の場合と同じにし、軽くンと発音します。

п, б [p, b]　唇を閉じていて、それを急に息で開いて発音する破裂音です。

ф, в [f, v]　英語の f と v の音に相当しますが、上歯を下唇の内側に軽くあてて発音します。

м [m]　唇を閉じておいて急に離してムと言います。

発音練習 (1)

да はい　　　　за …の後ろに　　　ум 知恵　　　он 彼
ダ　　　　　　　ザ　　　　　　　　　ウーム　　　　オン

тот その　　　тут ここに　　　нос 鼻　　　дом 家
トット　　　　　トット　　　　　　ノース　　　　ドーム

там あそこに　　суп スープ　　　вот ほら、これが
ターム　　　　　スープ　　　　　ヴォト

бáза 基地　　　вáза 花びん　　　мост 橋　　　фунт フント
バーザ　　　　　ヴァーザ　　　　モースト　　　フント

ты 君　　　вы 君たち　　　и そして　　　и́ва やなぎ
トィ　　　　ヴィ　　　　　　イ　　　　　　イーヴァ

3. 子音の発音 (2)

л	[l]	舌の先を上歯の裏にあてていて，放しながら発音します。
р	[r]	舌の先を上の歯ぐきの所でふるわせて発音します。いわゆる巻舌のルです。
子音 й	[j]	舌を口蓋へ高めて短い и を発音します。

後舌音 г, к, х

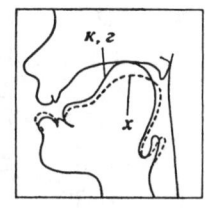

к, г	[k, g]	舌の後部を軟口蓋につけ，息で開きながら発音します。それぞれク，グの子音に近い音です。
х	[x]	к のように後舌部を軟口蓋へあげて近づけ，すき間から息を出して発音します。

発音練習 (2)

стол 机　ストール
ла́мпа 電灯　ラーンパ
план 計画　プラン
рот 口　ろート

порт 港　ポーるト
брат 兄弟　ブらート
май 5月　マーイ
мой 私の　モーイ

край 端　クらーイ
как いかに　カーク
уро́к 課　ウろーク
гул 轟音　グール

ваго́н 車両　ヴァゴーン
глаза́ 目　グらザー
хор 合唱　ホーる
ха́та 百姓家　ハータ

са́хар 砂糖　サーハる

シュー(上顎)音 ж, ч, ш, щ と ц

ш, ж	[ʃ, ʒ]	舌の先だけを上の歯ぐきの方へあげ(中央部は下っている)，舌を後ろへ引きながら発音し

ます。 日本語のシ, ジとは違うので注意して下さい。

щ [ʃʲʃʲ] 長い ш, つまり шш のように発音しますが, 舌の中央部は高まっています。 шч と発音されることもあります。

ч [tʃʲ] 舌の前部を上の歯から硬口蓋につけて, チと発音します。 т の発音と混同しないように注意して下さい。

ц [ts] т と с を合わせた日本語のツに近いその子音部分だけの音です。

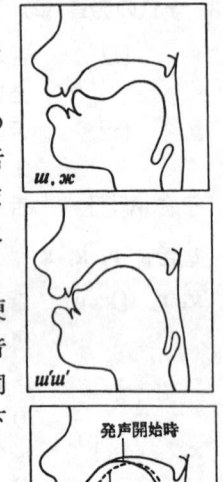

発音練習 (3)

ваш 君たちの　　шок ショック　　шкаф 戸棚
ヴァーし　　　　　しョク　　　　　しカーふ

жар 熱　　жук かぶと虫　　журнáл 雑誌
じゃーる　　じューク　　　　じューるナール

плащ レンコート　　борщ ボルシチ　　ищý 探す
プらーしし　　　　ボーるしし　　　　イししュー

час 時間　　чай 茶　　врач 医者　　цыгáн ジプシー
ちゃース　　ちゃーイ　　ヴらーち　　ツィガーン

ЦУМ （百貨店名）
ツーム

4. 母音 я, е, ё, ю

これらの母音は二つの音から成り, 前に短いイ, й [j] を共

通にもちます。つまり括弧内に示した二つの音を一つの文字で表現していることになるわけです。

я (й+а) [ja] ヤに近いが，短い [j] と [a] を結合した音です。

е (й+э) [je] エの前に [j] をつけて，ィエという感じに発音します。

ё (й+о) [jo] ヨに近いが，[j] と [o] の結合音です。ё にはつねに力点があります。

ю (й+у) [ju] ユに近いが，[j] と [u] の結合音です。

発音練習 (4)

я 私　　яхта ヨット　　ящик 箱　　ем 食べる
ヤー　　　ヤーフタ　　　　　ヤーししく　　　　ィエーム

éду 乗って行く　　ест 食べる　　ёлка もみ
ィエードゥ　　　　　　　ィエースト　　　　　ヨールカ

даёт 与える　　юмор ユーモア　　даю 与える
ダヨート　　　　　　ユーマる　　　　　　　　ダユー

5. 硬母音と軟母音

ロシア語には母音は全部で10個ありますが，これらの母音 **я, е, ё, ю**, それに前述の **и** を**軟母音**，その他の上述の母音 **а, у, э, о**, それに **ы** を**硬母音**と呼んでいます。そして硬母音と軟母音は互いに発音上は次のように対応し合っています。

硬母音　а　у　э　о　ы
軟母音　я　ю　е　ё　и

6. 母音の弱化

一般に母音は力点（アクセント）の有無によって発音が若干異なり，力点のある音節の母音ははっきり発音されますが，力点のない音節の母音は弱化し，あいまいに発音されます。

a. 母音 o, a の発音

力点のない音節の母音 o, a は力点音節の直前と語頭では少しあいまいな [a] と，その他の音節（多くは力点音節後）ではよりあいまいな [ə] と発音されます。

ロシア語の発音は**ほぼ綴り字の通りに読めばよく**，辞書にはふつう発音記号は記載されていませんが，o の場合は例外で著しく違うことがありますので，とくに注意が必要です。

б. 母音 e, я の発音

力点のない音節の e, я は弱く，и に近く発音されます。

発音練習 (5)

она́ [aná] 彼女　　гора́ [gará] 山　　э́то [étə] これ
アナー　　　　　　　ガらー　　　　　　エータ

о́блако [óbləkə] 雲　　ата́ка [atákə] 攻撃
オーブラカ　　　　　　アターカ

ма́ма [mámə] ママ　　ко́мната [kómnətə] 部屋
マーマ　　　　　　　　コームナタ

еда́ [jidá] 食べ物　　язы́к [jızík] 言語
イェダー　　　　　　　イェズィク

чита́ет [tʃ'itájıt] 読む
ちターイト

注　母音 у, и, ы は無力点でもとくに変わりはありません。

Урок 2

文字と発音 (2)；正書法；硬・軟母音の文法的対応；文字の書き方

I 文字と発音 (2)

1. 有声子音と無声子音

 有声子音とは発音のとき声帯の振動をともなう子音をいい，それに対し無声子音とは声帯の振動をともなわないで息だけで発音される子音を呼びます。子音はこのどちらかに分けられますが，有声子音と無声子音が対応し合っている（同じ口形で発音する）のがいくつかあります。

	対応する子音	無声子音のみ	有声子音のみ
有声子音	б д г в з ж [b][d][g][v][z][ʒ]		л м н р й [l][m][n][r][j]
無声子音	п т к ф с ш [p][t][k][f][s][ʃ]	х ц ч щ [x][ts][tʃʼ][ʃʼʃʼ]	

2. 軟子音

 今まで習った大部分の子音は舌を下げたままで発音しましたが，それに対し子音 ч, щ は母音 и と同様舌を口蓋へ向けて高めて発音しました。前者のようなタイプを**硬子音**，後者のようなタイプを**軟子音**と呼んでいます。このようにロシア語には子音に二つの種類があり，それらが対応し合っています。すなわち硬子音もそのあとに軟音符 ь を綴るか，そのあとに軟母音がきた場合，軟音化し，軟子音として発音されるのです。

a. 軟音符 ь—音価のない文字で 前に立つ子音が「軟かく」発音されることを示します。つまり対応する硬子音の発音と同じ口の形にし，ただ舌の中央部を и のときのように口蓋へ高めて発音します。ロシア語では мягкий знак，またはイェリと呼びます。
ミャーフキー ズナーク

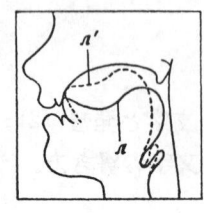

л—ль	т—ть	с—сь	з—зь
[l] [l']	[t] [t']	[s] [s']	[z] [z']

б. 硬子音＋軟母音—この場合も前の子音は軟子音化し，**軟母音 я, ю, е, ё** は対応の**硬母音 а, у, э, о** の発音となります。また и の前の子音も軟子音となります。

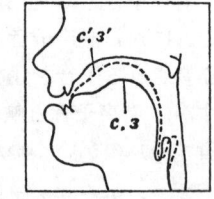

т＋я → тя　　н＋е → не　　п＋и → пи
[t][ja][t'a]　[n][je][n'e]　[p][i][p'i]

注 1　発音記号では子音に ['] をつけて軟子音であることを示します。

　 2　ш, ж, ц はつねに硬子音で対応の軟子音はありません。шь, жь と書いても [ʃ], [ʒ] の発音となります。ш, ж, ц のあとに軟母音 и, е, ё がきても，対応の硬母音 ы, э, о として発音されます。一方 щ, ч はつねに軟子音で，このあとに а, о, у がきても軟子音として発音されます。

　 3　г, к, х は е と и の前でのみ軟子音となります。

発音練習 (1)

брат [brat] 兄弟 — брать [brat'] 取る
ブラート　　　　　　　ブラーチ

у́гол [úgəl] 隅 — у́голь [úgəl'] 石炭
ウーガル　　　　　　　ウーガリ

мать [mat'] 母 — мять [m'at'] もむ
マーチ　　　　　　　　ミャーチ

нос [nos] 鼻 — нёс [n'os] 運んだ
ノース　　　　　　　　ニョース

альбо́м　アルバム　　　ого́нь　灯　　го́рько　にがく
アリボーム　　　　　　　アゴーニ　　　　　ゴーリカ

судьба́　運命　　степь　大草原　　семь　7
スヂバー　　　　　スチェービ　　　　セーミ

ле́то　夏　　лю́ди　人々　　де́ньги　お金　　нет　いいえ
リェータ　　　　リューヂ　　　　　デェーニギ　　　　ニェート

идёт　行く　　кни́га　本　　газе́та　新聞　　Ви́тя　(人名)
イヂョート　　　クニーガ　　　　ガゼータ　　　　　ヴィーチャ

дя́дя　叔父　　тётя　叔母　　бить　打つ
ヂャーヂャ　　　チョーチャ　　　ビーチ

здесь　ここに　　сесть　座る　　жи́тель　住民
ズヂェーシ　　　　セースチ　　　　ジーチェリ

3. 分離符としての ъ と ь

ロシア語で тве́рдый знак と呼ばれる**硬音符 ъ** は，子音と
　　　　　トヴョーるドイ ズナーク
軟母音の間に綴られ，子音と軟母音がそれぞれ分離して発音さ
れることを示す**分離符記号**として用いられます。ъ はまたイエ
ルと呼ばれることもあります。

また**軟音符 ь** も前の子音を軟音化するばかりではなく，**分離符**としても機能し，次に軟母音がくるときはそれを切って発音することを示します。

発音練習 (2)

сел [s'el] 座った — съел [sjel]
セール　　　　　　　　スィエール

поля́ [pal'a] 畑 — Илья́ [il'já] イリヤー
パリャー　　　　　　イリヤー

съёмка　撮影　　подъём　上ること　　объясне́ние　説明
スヨームカ　　　　パドヨーム　　　　　　アブヤスニェーニィエ

семья́　家族　　пье́са　戯曲　　пла́тье　ワンピース
セミヤー　　　　ピィエーサ　　　　プラーチィエ

бельё　下着
ベリョー

— 9 —

4. 子音の同化

a. 有声子音の無声化

ロシア語は**語末**の**子音**は弱く発音される結果，また**無声子音の前の有声子音**は前者に同化される結果，**無声化**します。つまり有声子音 б, в, г, д, з, ж は語末と無声子音の前で対応の無声子音 п, ф, к, т, с, ш として発音されるのです：

клуб [klup] クラブ　　ло́жка [lóʃkə] さじ
クループ　　　　　　　　　ロ—シカ

б. 無声子音の有声化

逆に**有声子音の前の無声子音**は前者に同化されて，それぞれ対応の有声子音として発音されます：

вокза́л [vagzál] 駅　　сбо́рник [zbórnik] 文集
ヴァグザール　　　　　　　　　ズボールニク

発音練習 (3)

хлеб パン　　Ки́ев キーエフ　　друг 友人
フリェープ　　　　キーイェふ　　　　ドるーク

сад 庭園　　го́лубь 鳩　　ло́дка ボート
サート　　　　ゴールピ　　　　ロートカ

ю́бка スカート　　в⌣саду́ 庭園で　　сда́ча つり銭
ユープカ　　　　　　ふ サドゥー　　　　　ズダーチャ

футбо́л サッカー　　про́сьба 依頼　　с⌣бра́том 兄と
ふドゥボール　　　　　プロージバ　　　　　ズ ブらータム

注 1 [v] の前の無声子音は対応の有声子音とならない：
　　свой [svoj] 自分の　　твой [tvoj] 君の
　2 前置詞＋名詞等，連続して発音される 2 語は同化が生じる。
　3 л, м, н, р；й は子音の同化に関係しません。

5. 子音結合の諸規則

a. г [g] は к, т, ч の前で [x] となります。

легко́ 軽く　　ле́гче より軽く
レフコー　　　　レーフチェ

б. -чн- はまれに [ʃn] と発音される。

  коне́чно もちろん ску́чно 退屈だ
  カニェーシナ   スクーシナ

в. что 何（及びその派生語）は [ʃto しトー] と発音される。

г. тск は [tsk] と発音される：сове́тский ソビエトの
             サヴェーツキー

д. сч, зч は щ [ʃʃ] と発音される：счёт 計算
             ししょート

е. 次の子音結合では発音されない子音があります。

  стн → сн здн → зн стл → сл лнц → нц
  изве́стный 有名な по́здно おそく
  イズヴェースヌィ   ポーズナ
  счастли́вый 幸福な со́лнце 太陽
  ししゃスリーヴィ   ソーンツェ

II 正書法の規則

 г, к, х（後舌音）; ж, ч, ш, щ（シュー音）のあとでは ы, ю, я を書かず，対応の и, у, а を綴ります。

III 硬母音と軟母音の文法的対応

 硬母音と軟母音は名詞・形容詞等の変化語尾においては，前述の発音上の対応とは若干異なる次のような対応になります。

硬母音字	а	ы	у	о	
軟母音字	я	и	ю	е	ё

 この綴字上の規則と変化語尾の母音の対応関係は非常に重要なので，何度かくり返して覚えて下さい。

IV 文字の書き方

Урок 3

平叙文・疑問文

文法ノート

I　平叙文

1. 連辞動詞の省略

а. 現在時制では《...である》にあたる連辞動詞 есть (イエスチ) は通常省略されます。

 Это кни́га.　これは本です。
 (エータ クニーガ)

 Я студе́нт.　私は学生です。
 (ヤー ストゥヂェーント)

この場合，主語と述語が両方とも名詞であるときには，ふつう間にダッシュ（横線）を入れます。

 Та́ня — студе́нтка.　ターニャは女子学生です。
 (ターニャ　ストゥヂェーントカ)

読み方は，ふつうの調子で始め，文末で語調をさげます（248頁のイントネーション，ик-1 の型を参照して下さい）。

 Это кни́га.　Я студе́нт.

б. 人ないしは事物の存在を示す場合にも，つまり《...がある》の場合にも，とくに存在が強調されない限り есть は省略されます。

 Здесь ру́чка и каранда́ш.　ここに万年筆と鉛筆があります。
 (ズヂェーシ るーちカ イ カらンダーシ)

 Кни́га тут, а журна́л там.　本はここにあり，雑誌はあそ
 (クニーガ トゥト ア じゅるナール ターム)

こにあります。

B. しかし話者が人や事物の存在そのものを伝達している文や，また明確さが要求される論文スタイルの文では，есть は省略されません。

 Здесь *есть* лес.   ここに森があります。
 _{ズヂェーシ イエスチ リェス}

 Математика *есть* наука. 数学は科学である。
 _{マチマーチカ イエスチ ナウーカ}

 注　これらの文を見てすぐ気づくように，ロシア語には冠詞がありません。

2. 否定文

否定は打ち消す語の前に否定の助詞 **не** を置いて表わします。

 Это *не* ручка.   これは万年筆ではありません。
 _{エータ ニェ るーちカ}

 Газета *не* здесь.   新聞はここにはない。
 _{ガゼータ ニェ ズヂェーシ}

〔単語〕урок …課；это これ；книга 本；я 私；студент〔男子〕学生；студентка〔女子〕学生；здесь ここに；ручка ペン，万年筆；и〔接〕…と，そして；карандаш 鉛筆；тут ここに；а〔接〕が，一方；журнал 雑誌；там あそこに；есть …である・がある；лес 森；математика 数学；наука 科学；не …〔では〕ない；газета 新聞。

II　疑問文

1.　疑問詞のある疑問文

疑問詞はふつう文頭に立ち，もし主語が代名詞ならば，それはつねに疑問詞のすぐ後ろに置かれます。

 Кто это?   これは誰ですか。
 _{クトー エータ}

 Это студентка Иванова. これは女子学生イヴァノーヴァ
 _{エータ ストゥヂェーントカ イヴァノーヴァ}

— 14 —

	です。
Что э́то? _{シトー エータ}	これは何ですか。
Э́то дом. _{エータ ドーム}	これは家です。
Где газе́та? _{グヂェ ガゼータ}	新聞はどこにありますか。
Газе́та здесь. _{ガゼータ ズヂェーシ}	新聞はここにあります。

これらの場合疑問詞は調子をあげて発音されます（ик-2 を参照して下さい）。

Кто э́то?　*Что* э́то?

2. 疑問詞のない疑問文

a. 平叙文を疑問文にするには，ふつう語順はそのままにし，ただ疑問の中心となる語の調子をあげて発音します（ик-3を参照）。

Э́то студе́нт? _{エータ ストゥヂェーント}	これは学生ですか。
Да, э́то студе́нт. _{ダー エータ ストゥヂェーント}	はい，これは学生です。
Нет, э́то не студе́нт. _{ニェート エータ ニェ ストゥヂェーント}	いいえ，これは学生ではありません。
Ру́чка *есть*? _{ルーチカ イエスチ}	万年筆がありますか。
Да, есть. _{ダー イエスチ}	はい，あります。

最後の質問文の場合，事物の存在の有無が問われているので，есть は省略できません。

б. 疑問詞のない文を疑問文にするために疑問の助詞 **ли** を用いることもあります。**ли** はつねに答えを得る必要のある語（ふつう文頭に立つ）のあとに置かれます。

Шко́ла ли э́то? これは学校ですか。

Ива́н Петро́вич! Давно́ ли вы здесь? イヴァン・ペトローヴィチ！こ こへ来てからだいぶなるんです か？

〔単語〕 кто 誰; что 何; дом 家, 建物; где どこ; да はい; нет いいえ; шко́ла 学校; ли (疑問助詞); давно́ ずっと以前に。

練習

I 次のテキストを読んで和訳しなさい。

Э́то аудито́рия

Э́то аудито́рия. Тут окно́. Там дверь. Здесь стол и стул. Вот преподава́тель. А э́то студе́нт и студе́нтка. Сейча́с уро́к.

— Что э́то?

— Э́то окно́.

— Э́то стул?

— Нет, э́то не стул, а стол.

— Э́то ру́чка и́ли каранда́ш?

— Э́то ру́чка.

— Кто э́то?

— Э́то студе́нтка.

— А где тетра́дь?

— Тетрáдь там.
チェトらーチ ターム

〔単語〕 аудитóрия 教室；окнó 窓；дверь ドア；стол 机；стул 椅子；вот ほら，これは（ここに）；преподавáтель 先生；сейчáс いま；урóк 授業；не..., а... ...ではなくて, ...(である)；и́ли あるいは；тетрáдь ノート。

II 日本語の指示に従って，質問にロシア語で答えなさい。

1. Что э́то?　建物→
2. Кто э́то?　女子学生→
3. Кто э́то?　先生→
4. Где тетрáдь?　あそこに→
5. Где карандáш?　ここに→
6. Э́то рýчка?　はい（肯定で）→
7. Э́то стол?　いいえ（否定で）→
8. Э́то журнáл?　いいえ（雑誌でなく新聞）→

III 筆記体の書き方を練習しましょう。

дом　　　парк　　　студент　　　цирк

институт　　　преподаватель

товарищ　　　учебник　　　площадь

Это книга.

Урок 4

名詞の性；人称代名詞；個数詞 (1), 慣用表現 (1)

文法ノート

I 名詞の性

ロシア語の名詞には性の区別があり，**男性，中性，女性**の三つの性に分かれている。性別は原形にあたる単数主格の末尾にもとづいて機械的に次のように分類されています。

男性名詞	子音 (ь のない) で終るもの	: завóд	工場
	-й で終るもの	: музéй	博物館
	-ь で終るもの	: словáрь	辞書
女性名詞	-a で終るもの	: шкóла	学校
	-я で終るもの	: земля́	土地
	-ь で終るもの	: тетрáдь	ノート
中性名詞	-o で終るもの	: слóво	単語
	-e で終るもの	: мóре	海
	-мя で終るもの	: и́мя	名前

завóд 型は ь のつかない子音で終わることが指標になります。

注 1 性別は文法上の約束ごとにすぎませんが，人間や動物を表わす名詞の場合だけ，意味に基づいて性別を区分します。つまりこの場合は文法上の性別は現実のそれと一致するわけです： студéнт 男子学生—студéнтка 女子学生， кот 雄猫—кóшка 雌猫。

それ故逆に **-a, -я** に終るが，**男性名詞**に属するものがあり

ます: мужчи́на 男, ю́ноша 若者, де́душка おじいさん, дя́дя おじさん; 男の名前の愛称・指小形 Ва́ня (＜Ива́н), Бо́ря (＜Бори́с) 等。
2 **-ь に終る名詞には男性と女性があり, 個々に覚えねばなりませんが**, -тель に終るものは男性名詞: учи́тель 先生, писа́тель 作家; -сть, -знь に終るものはほとんど女性名詞: но́вость ニュース, жизнь 生活; -жь, -чь, -шь, -щь に終るものは女性名詞: рожь ライ麦, ночь 夜, по́мощь 援助。
3 -мя で終る中性名詞は全部で 10 個です: вре́мя 時, зна́мя 旗, се́мя 種子, 等。
4 -а, -я に終るもので男女両性に用いられる総性名詞が若干あります: сирота́ 孤児, у́мница 利口者。
5 事物を意味する (不活動体名詞―77頁参照) 外来語は中性名詞です: метро́ 地下鉄, кино́ 映画, жюри́ 審査員, 但し ко́фе コーヒー, は男性名詞。

II 人称代名詞

	単　　数	複　　　　数
1 人称	я　　私	мы　私たち
2 人称	ты　君	вы　君たち, あなた(方)
3 人称	он　　彼 она́　彼女 оно́　それ	они́　彼ら, 彼女ら, それら

人称代名詞を表にすると上記のようになります。2 人称の複数形の вы は相手がひとりの場合にも用いられ, ты は夫婦, 家族, 親友などの親しい間柄で用いられ, それ以外のふつうの間柄, もしくはていねいな表現としては вы が使われます。

3 人称の単数には男性, 女性, 中性の三形があり, 複数は三性

共通になります。人称代名詞3人称はその性，数に応じて，人以外のものを意味する名詞のかわりにも用いられます。

> Где журна́л? *Он* здесь.
> グヂェ じゅるナール　オン　ズヂェーシ

雑誌はどこにありますか。それはここにあります。

> Где газе́та? *Она́* там.
> グヂェ　ガゼータ　アナー　ターム

新聞はどこにありますか。それはあそこにあります。

> Где письмо́? *Оно́* здесь.
> グヂェ　ピシモー　アノー　ズヂェーシ

手紙はどこにありますか。それはここにあります。

> Где журна́л и газе́та? Вот *они́*.
> グヂェ　じゅるナール　イ　ガゼータ　ヴォト　アニー

雑誌と新聞はどこにありますか。ほらそれらはここにあります。

> *Вы* студе́нт? Нет, *я* не студе́нт, а слу́жащий.
> ヴィ　ストゥヂェーント　ニェート　ヤー　ニェ　ストゥヂェーント　ア　スルーじゃしー

あなたは学生ですか。いいえ，私は学生ではなく，勤め人です。

〔単語〕 письмо́ 手紙；слу́жащий 勤め人。

III 個数詞 (1) 1〜10

ロシア語で10まで数えましょう。

1	оди́н アヂーン	6	шесть しぇスチ
2	два ドゥヴァ	7	семь セーミ
3	три トゥリー	8	во́семь ヴォーセミ
4	четы́ре ちぇトィれ	9	де́вять ヂェーヴャチ
5	пять ピャーチ	10	де́сять ヂェーシャチ

慣用表現 (1)

Здра́вствуй[-те]!	こんにちは！
До свида́ния!	さようなら！
Пожа́луйста.	どうぞ。
Спаси́бо.	ありがとう。
Как вас зову́т?	お名前は何と呼びますか（あなたはどのように呼びますか）。
Меня́ зову́т...(Та́ня).	私は...（ターニャ）と呼びます。

練習

I 次のテキストを読んで和訳しなさい。

Он ру́сский.

— Кто э́то?

— Э́то мой това́рищ Влади́мир.

— Он ру́сский?

— Да, он ру́сский.

— А Татья́на ру́сская?

— Да, она́ то́же ру́сская.

— Лю-си́нь — япо́нец?

— Нет, он кита́ец, а Инэ́ко — япо́нка.

〔単語〕 мой 私の; това́рищ 同僚, 同志; ру́сский （男の）ロシア人; ру́сская （女の）ロシア人; то́же ～もまた; япо́нец （男の）日本人;

— 21 —

китáец（男の）中国人；япóнка（女の）日本人。

II 次の名詞の性を言いなさい。

кóмната 部屋, гóрод 都市, письмó 手紙, пéсня 歌, кáрта 地図, парк 公園, аудитóрия 教室, учи́тель 先生, пóле 野原，畑, сыр チーズ, мáсло バター, тетрáдь ノート, ры́ба 魚, университéт（総合）大学, молокó 牛乳, му́зыка 音楽, герóй 英雄, шкóла 学校, институ́т 単科大学, портфéль カバン, здáние 建物, семья́ 家族, знáмя 旗, трамвáй 市電, я́блоко りんご

III 筆記体の書き方を練習しましょう。

Это Анна.　　Она дома.

Это мой друг.　　Они читают.

до свидания.

Он в университете.

Она в библиотеке.

Урок 5

動詞の不定形・現在

文法ノート

I 動詞の不定形

ロシア語動詞の不定形，つまり変化しないもとの形は，大部分の場合末尾に接尾辞 **-ть** をもちます：

читáть 読む, говори́ть 話す, смотрéть 見る, стоя́ть 立っている。

その他に接尾辞 **-ти**（力点は接尾辞にある），**-чь** をとるものが若干あります：

идти́（歩いて）行く, нести́（手で）運ぶ, мочь できる

ロシア語動詞は不定形，直接法（現在，過去，未来），命令法，仮定法等で用いられます。

II 動詞の現在

動詞の現在形は**第1式変化**と**第2式変化**に大別され，不定形から第1式では -ть を除き，第2式では -ть とその前の母音を除いた部分を**現在語幹**として，それに次の表の太字のような**人称語尾**をつけて形成されます。

			第1式変化	第2式変化
			чита́-ть	говор-и́ть
単数	1人称	я	чита́-ю	говор-ю́
	2人称	ты	чита́-ешь	говор-и́шь
	3人称	он, она́, оно́	чита́-ет	говор-и́т
複数	1人称	мы	чита́-ем	говор-и́м
	2人称	вы	чита́-ете	говор-и́те
	3人称	они́	чита́-ют	говор-я́т

1. 第1式変化では単数1人称 **-у**, 複数3人称 **-ут** ともなります：идти́ (歩いて)行く ид-у́ … ид-у́т

2. 単数1人称と複数3人称を除いて第1式の人称語尾は母音 **е**, 第2式のそれは母音 **и** が共通音であることに着眼して下さい。

3. 動詞がどちらの変化型に属すかを示すと：

а. 第1変化に属する動詞：де́лать する，作る，спра́шивать たずねる，зна́ть 知っている，отвеча́ть 答える，слу́шать 聞く，изуча́ть 研究する，понима́ть 理解する。

б. 第2変化に属する動詞：стоя́ть 立っている，смотре́ть 見る，стро́ить 建てる，учи́ть 学ぶ，лежа́ть 横たわっている，слы́шать 聞こえる。

> 注 1 不定形で力点が最後の母音にある動詞では，変化の際力点が移動するものがある：смотре́ть 見る→смотрю́, смо́тришь… смо́трят
>
> 2 語幹が ж, ч, ш, щ に終る動詞（第2式）は単1人称 **-у**, 複3人称 **-ат** となる：лежа́ть 横たわっている→лежу́, лежи́шь

...лежа́т; учи́ть 学ぶ→учу́, у́чишь...у́чат
3 動詞現在の人称語尾は変化型を示すためにふつう単数2人称まで書き，また記憶します： изуча́ть 学ぶ→изуча́ю, изуча́ешь; стоя́ть 立っている→стою́, стои́шь
4 どの動詞がどちらの変化に属するかは，大雑把ながら，-ить に終る動詞は第2変化型，-ать，-ять に終る動詞は第1変化型が多い，と今は見当をつけておきましょう。

Что вы *де́лаете*?
シトー ヴィ ヂェーライエチェ

あなたは何をしているのですか。

Я *чита́ю*.
ヤー チターユ

私は(本を)読んでいます。

А что *де́лают* Ива́н и А́нна?
ア シトー ヂェーラユト イヴァーン イ アーンナ

ではイヴァンとアンナは何をしていますか。

Ива́н *чита́ет* журна́л, А́нна *смо́трит* телеви́зор.
イヴァーン チターィエト じゅるナール アーンナ スモートゥリト チリヴィーゾる

イヴァンは雑誌を読み，アンナはテレビを見ています。

Серге́й Петро́вич сейча́с *слу́шает* ра́дио?
セるゲーイ ペトろーヴィチ セィチャース スルーシャィエト らーヂオ

セルゲイ・ペトロヴィチは今ラジオを聞いていますか。

Нет, он сейча́с *не слу́шает* ра́дио.
ニェート オン セィチャース ニェ スルーシャィエト らーヂオ

いいえ，彼は今ラジオを聞いていません。

Вы *говори́те* по-ру́сски?
ヴィ ガヴァリーチェ パ るースキ

あなたはロシア語を話しますか。

Я немно́го *понима́ю* и *говорю́* по-ру́сски.
ヤー ニェムノーガ パニマーユ イ ガヴァリュー パ るースキ

私はロシア語が少し分かり，話します。

[単語] де́лать I. ...する，作る；чита́ть I. 読む；смотре́ть II. 見る；

телеви́зор テレビ（受像機）; слу́шать I. 聞く; ра́дио ラジオ; говори́ть II. 話す; по-ру́сски ロシア語で; немно́го 少し; понима́ть I. 理解する。

注 1 ロシア語の語順はかなり自由です。平叙文では主語，述語がふつうの語順ですが，逆の場合もあります。ふつう強調される語が文末に置かれます。疑問詞のある疑問文では主語が代名詞のとき，主語，述語の順ですが，主語がそれ以外のときには，ふつう述語，主語の順になります。

2 動詞のあとの I は第1式変化，II は第2式変化を示しています。

練習

I 次のテキストを読んで和訳しなさい。

Сейча́с уро́к

Э́то аудито́рия. Вот Жан. Ря́дом сиди́т Джон. Сейча́с уро́к. Мы изуча́ем ру́сский язы́к. Мы чита́ем и говори́м по-ру́сски. Преподава́тель спра́шивает, а мы отвеча́ем.

— Что вы де́лаете? — спра́шивает преподава́тель.

— Я чита́ю, — отвеча́ет студе́нт.

— Что де́лает студе́нтка?

— Она́ слу́шает.

— Что я де́лаю? — спра́шивает преподава́тель.

— Вы спра́шиваете, — отвеча́ет студе́нт.

— Что здесь лежи́т?

— Здесь лежа́т уче́бник и тетра́дь.
— Что мы сейча́с у́чим?
— Мы у́чим текст "Наш университе́т".

〔単語〕 ря́дом 隣りに； сиде́ть II. 座わる； изуча́ть I. 勉強する； ру́сский ロシアの； язы́к 言語； ру́сский язы́к ロシア語； спра́шивать I. たずねる； отвеча́ть I. 答える； лежа́ть II. 横たわっている，ある； уче́бник 教科書； учи́ть II. 習う； текст テキスト，原文； наш 私たちの； университе́т 大学。

注 会話文のあとの説明文では，語順は述語動詞，主語の順になります。

II カッコ内の動詞を正しい形に変えなさい。

1. Мы (изуча́ть) ру́сский язы́к. Преподава́тель (чита́ть) текст. Мы внима́тельно (слу́шать). Пото́м мы (чита́ть). 2. Мой друг (чита́ть) хорошо́, а я (чита́ть) пло́хо. 3. Сейча́с преподава́тель (спра́шивать), а студе́нт (отвеча́ть). Он (говори́ть) гро́мко. 4. Вы хорошо́ (говори́ть) по-ру́сски? Я пло́хо (говори́ть) по-ру́сски. 5. Они́ хорошо́ (говори́ть и чита́ть) по-ру́сски. 6. Вы пло́хо (знать) уро́к. А ты хорошо́ (знать)? 7. Нож и ви́лка (лежа́ть) на столе́. Таре́лка (стоя́ть) ря́дом.

〔単語〕 внима́тельно 注意深く； пото́м その後； друг 友だち； хорошо́ 上手に； пло́хо 下手に，良くなく； гро́мко 声高に； знать I. 知っている； нож ナイフ； ви́лка ホーク； на столе́ テーブルの上に； таре́лка 皿； стоя́ть II. 立っている。

III 筆記体の書き方を練習しましょう。

моя комната моё окно

моя комната моё окно

Санкт - Петербург

Санкт - Петербург

Иван Иванович

Иван Иванович

Нина Ивановна

Нина Ивановна

Я слушаю музыку.

Я слушаю музыку.

Мы говорим по-русски.

Мы говорим по-русски.

Урок 6

名詞の複数形；所有代名詞

文法ノート

I 名詞の複数形

名詞の複数形は単数形の語尾を次のように変化させて作ります。

		単数		複数
	ьのつかない 子音 → -ы	завóд	工場	→ завóды
男性名詞	-й → -и	музéй	博物館	→ музéи
	-ь → -и	словáрь	辞書	→ словарú
	-а → -ы	шкóла	学校	→ шкóлы
女性名詞	-я → -и	земля́	土地	→ зéмли
	-ь → -и	тетрáдь	ノート	→ тетрáди
	-о → -а	слóво	単語	→ словá
中性名詞	-е → -я	мóре	海	→ моря́
	-мя → -мена	и́мя	名前	→ именá

1. 後舌音 **г, к, х,** シュー音 **ж, ч, ш, щ** のあとでは ы のかわりに **и** を書きます：кни́га 本→кни́ги, учени́к 男子生徒→ученики́, карандáш 鉛筆→карандаши́

2. 子音に終る（ьのつかない）男性名詞の場合には単数形に語尾 **-ы** が付加されるが，その他の場合には単数形の末尾が変化します。複数語尾はいくつかありますが，男性・女性の場合，-ы と -и である，ということから覚えてはどうでしょう。

3. 複数形になると力点の移動するものがあります: стол 机→столы́, сло́во 単語→слова́, по́ле 野原・畑→поля́

注 1 男性名詞の一部に複数語尾 -ы, -и のかわりに, -á, -я́ をとるものがあります。力点は必ず語尾にある: го́род 都市→города́, дом 家→дома́, лес 森→леса́, учи́тель 先生→учителя́

2 そのほかに, 一部に語幹にも変化が及び, 特殊な形をとるものが若干あります: брат 兄弟→бра́тья, друг 友人→друзья́, де́рево 木→дере́вья

3 常に複数形で用いられる名詞が若干あります: очки́ 眼鏡, часы́ 時計, де́ньги 金銭, кани́кулы 休暇

4 集合名詞 (молодёжь 若者(たち), крестья́нство 農民), 抽象名詞 (го́ре 悲しみ, добро́ 善), 物質名詞 (са́хар 砂糖, нефть 石油) は単数形においてのみ用いられます。

Студе́нты чита́ют и говоря́т по-ру́сски.
ストゥヂェーントィ チターユト イ ガヴァリャート パ るースキ

学生たちはロシア語で読み, 話している。

Э́то не *портфе́ли*, а *су́мки*.
エータ ニェ パるトフェーリ ア スームキ

これはカバンではなくて, バックです。

Внизу́ *у́лицы* и *пло́щади*, *дома́* и *заво́ды*.
ヴニズー ウーリツィ イ プローししァヂ ダマー イ ザヴォードィ

下には街路や広場, 家々や工場がある。

〔単語〕 портфе́ль [男] カバン; су́мка 〔ハンド〕バック; внизу́ 下に; у́лица 通り, 街路; пло́щадь [女] 広場; дом 家, 建物; заво́д 工場。

II 所有代名詞と чей

1人称と2人称の所有を意味する所有代名詞および所有を表現する疑問代名詞 чей は, 関係する名詞の性・数・格(後述)に応じてその末尾が変化しますが, 3人称のそれには性の区別

がなく，変化しません。

男性	мой (твой / его) брат	私の（君の，彼の）兄弟
女性	моя́ (твоя́ / его) сестра́	私の（君の，彼の）姉妹
中性	моё (твоё / его) письмо́	私の（君の，彼の）手紙
複数	мои́ (твои́ / его) бра́тья	私の（君の，彼の）兄弟

所有代名詞の性・数は次の表のようになる。

	単　　　　数			複　数
	男　性　形	女性形	中性形	三性共通
я →	мой　私の	моя́	моё	мои́
ты →	твой　君の	твоя́	твоё	твои́
он, оно́ →	его́　彼・それの	его́	его́	его́
она́ →	её　彼女の	её	её	её
мы →	наш　私達の	на́ша	на́ше	на́ши
вы →	ваш　君達の あなた(方)の	ва́ша	ва́ше	ва́ши
они́ →	их　彼らの	их	их	их
	чей　誰の	чья	чьё	чьи
	свой　自分の	своя́	своё	свои́

注　его́ は ево́ [jivó] と発音する。

Чья́ э́то кни́га?

これは誰の本ですか。

Э́то *моя́* (*твоя́*) кни́га.

これは私（君）の本です。

Э́то *твои́* (*ва́ши*) тетра́ди?

これは君（あなた）のノートですか。

Нет, это не *мой* тетради, это *его* тетради.
ニェート エータ ニェ マイー チェトらーヂ エータ イェヴォー チェトらーヂ

いいえ，これは私のノートではありません，これは彼のノートです。

Как *ваша* фами́лия?
カーク ヴァーシャ ファミーリヤ

あなたの姓はなんといいますか。

Моя́ фами́лия — Са́то.
マヤー ファミーリヤ サトー

私の姓はサトーです。

〔単語〕 как どのように，いかに； фами́лия 姓。

練習

I 次のテキストを読んで和訳しなさい。

Фотогра́фии

— Чей э́то альбо́м? Ваш?

— Да, мой.

— Вот фотогра́фия. Чья э́то семья́? Ва́ша?

— Да, на́ша. Вот напра́во мой оте́ц, нале́во моя́ мать. Вот ещё ка́рточка. Здесь моя́ сестра́ и её семья́.

— Ва́ша сестра́ за́мужем? Кто её муж?

— Он — инжене́р. Его́ фами́лия Зими́н. Вот его́ фотогра́фия.

— Они́ уже́ давно́ жена́ты?

— Да, давно́.

— Э́то их де́ти?

— Да, напра́во сиди́т их сын.
Как его́ и́мя?

— Его́ и́мя — Никола́й.
— А нале́во стои́т их дочь? Как её и́мя?
— Да, э́то их дочь. Её и́мя — Еле́на.

〔単語〕 фотогра́фия 写真；альбо́м アルバム；семья́ 家族；напра́во 右側へ〔に〕；оте́ц 父；нале́во 左側へ〔に〕；мать 母；ещё さらに；ка́рточка (肖像)写真；сестра́ 姉〔妹〕；за́мужем (女性が)結婚している；муж 夫；инжене́р 技師；уже́ すでに；жена́ты [複] (通常男性が)結婚している；де́ти [複] 子供たち；сын 息子；дочь [女] 娘。

II 次の名詞を複数形に直しなさい。

1. 力点の移動しない名詞：шко́ла 学校，портфе́ль カバン，магази́н 店，ко́мната 部屋，зда́ние 建物，тетра́дь ノート，семина́р ゼミナール，карти́на 絵，парк 公園，преподава́тель 教師，ле́кция 講義，кни́га 本，уро́к 授業，студе́нтка 女子学生，дверь ドア，ло́жка スプーン，аудито́рия 教室。

2. 力点が語尾に移動する名詞：врач 医者，каранда́ш 鉛筆，слова́рь 辞書，нож ナイフ，дом 家，го́род 都市，лес 森，по́ле 畑，сло́во 単語。

3. 力点が前の音節に移動する名詞：рука́ 手，окно́ 窓，голова́ 頭，река́ 川，сестра́ 姉妹，письмо́ 手紙。

III 与えられた単語を正しい形にして空白へ挿入しなさい。

1. мой. ... брат — врач. ... сестра́ — студе́нтка. Вот ... журна́лы. ... и́мя — Ни́на.
2. ваш. Вот ... тетра́дь. Где ... роди́тели? Э́то ... учи́тель. Как ... здоро́вье?
3. твой. Вот ... ру́чка. Тут ... зада́ние. Э́то ... слова́рь? Там ... кни́ги.

4. наш. Это ... ко́мната. Сле́ва ... окно́. Спра́ва стои́т ... шкаф. Вот ... столы́.

IV 筆記体の書き方を練習しましょう。

Она любит читать.
Она любит читать.

Я живу в Москве.
Я живу в Москве.

Я учусь в университете на
Я учусь в университете на

подготовительном факультете.
подготовительном факультете.

Урок 7

動詞の未来；動詞の歯音変化・唇音変化

文法ノート

I 動詞の未来

ロシア語の未来時制には動詞が人称変化して（現在変化と同じ）未来を表わす**単純未来**と，**助動詞＋本動詞**，と合成的に形成する**合成未来**の二つがあります。

1. 単純未来—動詞 быть の未来形

動詞 быть の人称形は次のように変化し，未来を表わします。

		単 数		複 数
1 人称	я	бу́ду _{ブードゥ}	мы	бу́дем _{ブーヂェム}
2 人称	ты	бу́дешь _{ブーヂェし}	вы	бу́дете _{ブーヂェチェ}
3 人称	он, она́, оно́	бу́дет _{ブーヂェト}	они́	бу́дут _{ブードゥト}

変化は第1式ですが，語幹が不定形とは違って буд- となるところに注意して下さい。この変化は重要なので必ず記憶するようにしましょう。

注 人称語尾は単数1人称と複数3人称は第1変化では -у, -ут, 第2変化では -у, -ат が本来の形なのですが，実際には多くは発音上それぞれ第1変化 -ю, -ют, 第2変化 -ю, -ят となるため，24頁でもこれを基本に覚えてもらったわけです。

Вы *бу́дете* до́ма за́втра ве́чером?
_{ヴィ ブーヂェチェ ドーマ ザーふトラ ヴェーちぇらム}

あなたはあしたの晩家にいるでしょうか。

Да, за́втра ве́чером я *бу́ду* до́ма.
_{ダー ザーふトラ ヴェーちぇらム ヤー ブードゥ ドーマ}

はい，あしたの晩私は家にいるでしょう。

За́втра *бу́дет* хоро́шая пого́да.
_{ザーふトラ ブーヂェト ハろーシャヤ パゴーダ}

あしたは良い天気になるでしょう。

〔単語〕 быть いる，ある，なる；до́ма 自宅に；за́втра 明日；ве́чером 晩に；хоро́шая 良い；пого́да 天気。

2. 合成未来

合成未来は**動詞の不定形**に助動詞として **быть** の人称形を結合して形成します。これは**不完了体未来**とも呼ばれます。

	単　　数	複　　数
1人称	я бу́ду чита́ть	мы бу́дем чита́ть
2人称	ты бу́дешь чита́ть	вы бу́дете чита́ть
3人称	он, она́, оно́　бу́дет чита́ть	они́ бу́дут чита́ть

Что ты *бу́дешь де́лать* сего́дня ве́чером?
_{シトー トィ ブーヂェシ ヂェーラチ セヴォードニャ ヴェーちぇらム}

今晩君は何をしますか。

Сего́дня ве́чером я *бу́ду писа́ть* письмо́ домо́й.
_{セヴォードニャ ヴェーちぇらム ヤー ブードゥ ピサーチ ピシモー ダモーイ}

今晩私は家へ手紙を書くでしょう。

Когда́ вы *бу́дете выполня́ть* дома́шнее зада́ние?
_{カグダー ヴィ ブーヂェチェ ヴィパルニャーチ ダマーシニェィエ ザダーニィエ}

いつあなたたちは宿題をやりますか。

Мы *бу́дем выполня́ть* дома́шнее зада́ние за́втра.
_{ムィ ブーヂェム ヴィパルニャーチ ダマーシニェィエ ザダーニィエ ザーふトラ}

私たちは宿題をあしたやるでしょう。

Кто послезáвтра *бýдет дéлать* доклáд?
_{クトー　パスレザーフトら　ブーヂェト　ヂェーラチ　ダクラート}

誰があさって報告をしますか。

〔単語〕 сегóдня 今日； писáть 書く； письмó 手紙； домóй 家へ； когдá いつ； выполня́ть I. 遂行する； домáшнее 家の； задáние 課題； домáшнее задáние 宿題； послезáвтра あさって； доклáд 報告, 発表。

II 動詞の歯音変化

現在語幹が**歯音 с, з, т, д, ст** で終るものは，**第2式変化動詞**では**単数1人称**で， **第1式変化動詞**では**全人称**を通じて**子音の交替 с→ш, з→ж, т→ч** または **щ, д→ж, ст→щ** が起こります。

第2式変化動詞

носи́ть	(歩いて)運ぶ	ношý, нóсишь … нóсят
вози́ть	(乗物で)運ぶ	вожý, вóзишь … вóзят
ви́деть	見える	ви́жу, ви́дишь … ви́дят
лете́ть	飛ぶ	лечý, лети́шь … летя́т

第1式変化動詞

писáть	書く	пишý, пи́шешь … пи́шут
сказáть	話す	скажý, скáжешь … скáжут

注 最後の二つは第1変化に属しますが，-ть とその前の母音もとって人称語尾を綴っていることに注意して下さい。

Ты *ви́дишь* хорошó, а я *ви́жу* плóхо.
_{トィ　ヴィーヂシ　ハらショー　ヤー　ヴィージュー　プローハ}

君はよく見えるが，私はよく見えない（目が悪い）。

Я *пишý* письмó, а Жан *пи́шет* упражнéние.
_{ヤー　ピシュー　ピシモー　ア　ジャーン　ピーシェット　ウプらジニェーニィェ}

私は手紙を書き，一方ジャンは練習問題を書いている。

〔単語〕 упражнéние 練習〔問題〕。

III 動詞の唇音変化

現在語幹が**唇音 б, п, в, ф, м** に終る**第2式動詞**は，**単数1人称**で唇音のあとに **л** が**挿入**される，つまり **б→бл, п→пл, в→вл, ф→фл, м→мл** となります。

любить　　愛する　　люблю, любишь ... любят

готовить　準備する　готовлю, готовишь ... готовят

Ты *любишь* балет? Конечно, *люблю*.
トィ　リューピし　バレート　カニェーしナ　リュビリュー

君はバレーが好きかい？ もちろん好きさ。

Вечером *я готовлю* уроки.
ヴェーちぇらム　ヤー　ガトーヴリュ　ウろーキ

夜に私は授業の予習をする。

〔単語〕 уроки〔複〕学課, 授業; готовить ～ （授業の）予習をする; балет バレー; конечно もちろん。

練習

I テキストを読んで和訳しなさい。

　Письмо

Дорогой Андрей!

Скоро будет лето, и у нас будут каникулы. Мой брат, моя сестра и я будем отдыхать. Мы будем отдыхать вот так: Мой брат будет совершать летом далёкие походы. Моя сестра будет много играть в теннис — это её любимый спорт.

Я ешё месяц буду жить здесь, а потом — в Крым! И буду плавать каждый день. Что ты будешь делать летом? Может быть, будем отдыхать вместе?

Жду́ твой отве́т.　Будь здоро́в.

　　　　　　　　　　　　Твой Воло́дя.

〔**単語**〕 дорого́й... 親愛なる...（拝啓，等に相当する手紙の書き出しの語）; ско́ро 間もなく; ле́то 夏; у нас 私たちのところでは; кани́кулы [複のみ]（学校の)休暇; бу́дем...（複数の主語の中に я が含まれているので，動詞は複数 1 人称形をとったもの); отдыха́ть Ⅰ. 休息する; вот так こんな風に（вот は強勢); соверша́ть Ⅰ. 行う; ле́том 夏に; далёкие 遠い; похо́д ハイキング, 旅行; мно́го 多く; игра́ть в...（ゲーム等を）する; те́ннис テニス; люби́мый 好きな; спорт スポーツ; ме́сяц 一カ月; жить Ⅰ (変則) 住む; в Крым クリミヤへ (行く); пла́вать Ⅰ. 泳ぐ; ка́ждый день 毎日; мо́жет быть もしかしたら; вме́сте 一緒に; ждать Ⅰ. 待つ; отве́т 返事; будь здоро́в 達者で。

Ⅱ быть の未来形を用いて文を完成しなさい。

1. Что ты ... де́лать днём?
2. Я ... учи́ть слова́ и писа́ть зада́ние.
3. А что ... де́лать твой друг?
4. Он ... чита́ть текст.
5. Что вы ... де́лать ве́чером?
6. Ве́чером мы ... смотре́ть телеви́зор.
7. Когда́ ... кани́кулы?
8. Кани́кулы ... ско́ро.

〔**単語**〕 днём 昼〔間〕に; слова́ [複] 単語; зада́ние 宿題; когда́ いつ。

Ⅲ 右側に与えられた単語を用いて，問に答えなさい。

1. Что ты бу́дешь де́лать за́втра днём?　　（чита́ть）
2. Где ты бу́дешь сего́дня ве́чером?　　（быть до́ма）
3. Что вы бу́дете де́лать за́втра?

　　　　　　　　　　　（выполня́ть дома́шнее зада́ние）

4. Когда́ бу́дет экску́рсия? (послеза́втра)
5. Что они́ бу́дут де́лать за́втра у́тром?
(гото́вить уро́ки)
6. Что бу́дет де́лать ваш това́рищ сего́дня? (отдыха́ть)

〔単語〕 экску́рсия 見学; у́тром 朝に。

Урок 8

動詞の過去；命令法；曜日の表現

文法ノート

I 動詞の過去

動詞の**過去形**は性，数に応じて変化し，通常不定形語幹（ふつう -ть を取り除いた形）に，接尾辞 **-л (男性)**, **-ла (女性)**, **-ло (中性)**, **-ли (複数)** をつけて作ります。つまり主語の性と数にその形を一致させて用いるわけです。

	単	数		複　数
不 定 形	男 性	女 性	中 性	三性共通
чита́ть　読む	чита́-л	чита́-ла	чита́-ло	чита́-ли
говори́ть　話す	говори́-л	говори́-ла	говори́-ло	говори́-ли
быть　(が)ある	бы́-л	бы-ла́	бы́-ло	бы́-ли

ただし -сти, -зти, -чь に終る動詞の場合には，過去男性は -л を持たないものが多い：

　　нести́ （歩いて）運ぶ→男 нёс, 女 несла́ … 複 несли́
　　везти́ （乗物で）運ぶ→男 вёз, 女 везла́ … 複 везли́
　　мочь　できる　　　→男 мог, 女 могла́ … 複 могли́
　注 вести́ 導く，は例外：男 вёл, 女 вела́ … 複 вели́

Ната́ша, что ты *де́лала* вчера́ ве́чером?
ナターシャ，レトートィ デェーララ ふちぇらー ヴェーちぇらム

ナターシャ，昨晩何をしましたか。

Вчера́ ве́чером я *писа́ла* письмо́, а пото́м *чита́ла*.
ふちぇらー ヴェーちぇらム ヤー ピサーラ ピシモー ア パトーム ちターラ

— 41 —

きのう私は手紙を書き，その後で読書をしました。

Что вы *дéлали* вчерá вéчером?
シトー ヴィ デェーラリ ふちぇらー ヴェーちぇらム

昨晩あなたたちは何をしましたか。

Мы сначáла *дéлали* домáшнее задáние, а потóм *смот-*
ムィ スナちゃーラ デェーラリ ダマーシニィエ ザダーニィエ ア パトーム スマト

рéли телевúзор.
リューリ チェリェヴィーゾる

私たちははじめに宿題をし，その後にテレビを見ました。

Где ты *был (былá)* позавчерá?
グヂェ トィ ブィル ブィラー パザふちぇらー

おととい君はどこへ行きましたか。

Позавчерá я был (былá) дóма.
パザふちぇらー ヤー ブィル ブィラー ドーマ

おととい私は家にいました。

〔単語〕вчерá 昨日；сначáла はじめに；быть は文脈によっては，行く，の意味にもなる；позавчерá おととい。

II 命令法

2人称の命令形は動詞の**現在語幹**に，単数では **-й** または **-и**，複数では **-йте** または **-ите** をつけて形成します。

		相手 **ты** の時	相手 **вы** の時
語幹が**母音**で終る時	читáть	читá-й	читá-йте
語幹が**子音**で終る時	говорúть	говор-ú	говор-úте

1. 相手がひとりでも，ていねいに言う場合には複数の命令形が用いられます。

2. 命令形の力点の位置は通常，1人称単数現在のそれと同じです：

   смóтрите（現在形）；смотрúте（命令形）

3. 語幹が子音で終っても1人称単数現在で力点が語幹にある場合には，命令形の語尾は **-ь, -ьте** となります。

  ве́рить 信ずる ве́рю ве́рь(те)
  гото́вить 準備する гото́влю гото́вь(те)

Та́ня, чита́й ме́дленно и гро́мко!
ターニャ　ちターイ　ミェードリェンナイ　グロームカ

ターニャ，ゆっくり，大きな声で読みなさい。

Слу́шайте, повторя́йте э́то упражне́ние.
スルーしゃイチェ　パふタリャーイチェ　エータ　ウプらジニェーニィエ

この練習問題を聞き，繰り返して下さい。

Гото́вьте уро́ки до́ма. *Учи́те* слова́.
ガトーひチェ　ウローキ　ドーマ　ウちーチェ　スラヴァー

家で学課の予習をして下さい。単語を習って下さい。

〔**単語**〕 ме́дленно ゆっくり; гро́мко 声高に; повторя́ть I. 繰り返す，復習する; гото́вить уро́ки 学課の予習をする。

III 曜日 (дни неде́ли) の表現

ロシア語の曜日は月曜からはじめ，後述の順序数詞と関連づけると，記憶しやすいです。

понеде́льник パニェヂェーリニク	月曜日	пя́тница ピャートニツァ	金曜日
вто́рник ふトーるニク	火曜日	суббо́та スボータ	土曜日
среда́ スりェダー	水曜日	воскресе́нье ヴァスクりェセーニィエ	日曜日
четве́рг チェトヴェーるク	木曜日		

— Како́й сего́дня день?
 カコーイ　セヴォードニャ　ヂェーニ
         今日は何曜日ですか。

— Сего́дня *понеде́льник.*
 セヴォードニャ　パニェヂェーリニク
         今日は月曜日です。

— Како́й день был вчера́?
 カコーイ　ヂェーニ　ブィル　ふちぇらー
         きのうは何曜日でしたか。

— Вчера́ бы́ло *воскресе́нье*.　きのうは日曜日でした。
— Како́й день был позавчера́?　おとといは何曜日でしたか。
— Позавчера́ была́ *суббо́та*.　おとといは土曜日でした。
— Како́й день бу́дет за́втра?　あしたは何曜日でしょうか。
— За́втра бу́дет вто́рник.　あしたは火曜日です。

〔単語〕 како́й どのような; день 日; како́й день 何曜日。

練習

I 次のテキストを読んで和訳しなさい。

Воскресе́нье

Вчера́ бы́ло воскресе́нье. В 9 часо́в я за́втракал в буфе́те. Там бы́ли мои́ друзья́. Мы сиде́ли вме́сте. На столе́ стоя́ли таре́лки, лежа́ли ви́лки, ножи́ и ло́жки. Ю́ра ел бутербро́д и пил ко́фе, И́ра е́ла сала́т и пила́ чай, я ел хлеб и пил молоко́.

Пото́м я де́лал дома́шнее зада́ние: учи́л слова́, чита́л текст. Жан лежа́л и чита́л журна́л. Он де́лал дома́шнее зада́ние вчера́.

Ве́чером мы гуля́ли, а пото́м сиде́ли до́ма, слу́шали ра́дио и разгова́ривали.

〔単語〕 в 9 часо́в (＜час) 9時に; за́втракать I. 朝食をとる; в буфе́те (＜буфе́т) ビュッフェで; друзья́〔複〕＜друг 友だち; сиде́ть II. 座わる; на столе́ (＜стол) テーブルの上に; таре́лка 皿; ло́жка スプーン; ел(-а)＜есть 食べる; бутербро́д オープンサンドイッチ; пить I (変則) 飲む; ко́фе コーヒー; сала́т サラダ; чай 茶; хлеб パン; молоко́ 牛乳；гуля́ть I. 散歩する；разгова́ривать I 話をする。

II カッコ内の動詞を過去形にして挿入しなさい。

1. Она́ хорошо́ (говори́ть) по-япо́нски.
2. Мы (учи́ть) слова́. Преподава́тель (спра́шивать), а я (отвеча́ть).
3. Преподава́тель (чита́ть) текст, а студе́нты внима́тельно (слу́шать).
4. Сего́дня мы (обе́дать) до́ма.
5. Мой друг (есть) сала́т, а я (пить) ко́фе.
6. Ты (у́жинать)? Нет, я ещё не (у́жинать).
7. Мари́я (писа́ть) дома́шнее зада́ние, а Ви́ктор (отдыха́ть).
8. Она́ ма́ло (есть) и мно́го (разгова́ривать).

〔単語〕по-япо́нски 日本語で；внима́тельно 注意深く；обе́дать I. 食事(昼食)をとる；у́жинать I. 夕食をとる；ма́ло 少し；Мари́я 女性の名前, Ви́ктор 男性の名前。

III カッコ内の動詞を命令形にしなさい。

На уро́ке преподава́тель говори́т:	授業で先生はこう言う：
— (Чита́ть) гро́мко!	大きな声で読みなさい。
— (Писа́ть) пра́вильно!	正しく書きなさい。
— (Учи́ть) слова́!	単語を習いなさい。
— (Говори́ть), пожа́луйста, то́лько по-ру́сски.	どうぞロシア語だけで話しなさい。
— (Отвеча́ть) на вопро́с!	質問に答えなさい。
— (Смотре́ть) сюда́!	こちらを見て下さい。

〔単語〕пра́вильно 正しく；то́лько …だけ；на вопро́с 質問へ。

Урок 9

形容詞長語尾形； какой と такой；
名詞化した形容詞；個数詞 (2)；慣用表現 (2)

文法ノート

I 形容詞長語尾形

形容詞には長語尾形と短語尾形とがある。長語尾形は定語（修飾語）および述語として用いられ，関係する名詞の性，数，格（後述）に一致して変化します。

男性 но́в**ый** дом 新しい家　хоро́ш**ий** дом　立派な家
女性 но́в**ая** кни́га 新しい本　хоро́ш**ая** кни́га　立派な本
中性 но́в**ое** ме́сто 新しい場所　хоро́ш**ее** ме́сто　立派な場所
複数 но́в**ые** дома́ 新しい家々　хоро́ш**ие** дома́　立派な家々

変化語尾により，形容詞は**硬変化**をするものと**軟変化**をするもの，それにそれらの混じった**混合変化**をするもの，とに分けることができます。

	男性	女性	中性	複数（三性共通）	
1. **硬変化**	но́в-**ый** молод-**о́й**	но́в-**ая** молод-**а́я**	но́в-**ое** молод-**о́е**	но́в-**ые** молод-**ы́е**	新しい 若い
2. **軟変化**	си́н-**ий**	си́н-**яя**	си́н-**ее**	си́н-**ие**	青い

　注　硬変化に属する形容詞の男性単数の語尾は，語尾に力点のない時 -ый，語尾に**力点**のある時つねに -о́й となる。軟変化の場合力点は語尾にくることはない。

3. 混合変化

語幹が г, к, х と ж, ч, ш, щ に終る形容詞は主に正書法の規則により，硬変化と軟変化の混じった変化形になります。

а. 語幹が **г, к, х** に終る場合

男 ру́сск**ий**　女 ру́сск**ая**　中 ру́сск**ое**　複 ру́сск**ие**　ロシアの
男 ти́х**ий**　　女 ти́х**ая**　　中 ти́х**ое**　　複 ти́х**ие**　　静かな

ただし力点が語尾にあるとき男性単数は -о́й： плохо́й 悪い。

б. 語幹が **ж, ч, ш, щ** に終る場合

力点が語幹にあるとき

男 хоро́ш**ий**　女 хоро́ш**ая**　中 хоро́ш**ее**　複 хоро́ш**ие**　良い

語幹が ж, ш に終っても**力点が語尾**にくるとき

男 больш**о́й**　女 больш**а́я**　中 больш**о́е**　複 больш**и́е**　大きい

注 シュー音の後では中性の語尾は力点のないとき -ее, あるとき -ое であることに注意。

　　Э́то моё *но́вое* пальто́. (定語)
　　エータ マヨー ノーヴィエ パリトー

これは私の新しい外套です。

　　Э́то *си́ний* костю́м. (定語)
　　エータ スィーニー カスチューム

これは青い洋服です。

　　Их ко́мната *больша́я* и *све́тлая*. (述語)
　　イフ コームナタ バリシャヤ イ スヴェートラヤ

彼らの部屋は大きくそして明るい。

　　Снег *бе́лый* и *мя́гкий*. (述語)
　　スニェーク ベールィ イ ミャーフキー

雪は白くそして柔らかい。

〔単語〕 пальто́ 外套; костю́м 洋服; ко́мната 部屋; све́тлая 明るい; бе́лый 白い; снег 雪; мя́гкий 柔らかい。

II 疑問代名詞 какой と指示代名詞 такой

какой（どのような）と такой（そのような）も形容詞と同じように変化し、関係する名詞と性，数，格を一致させます。

男 какой　女 какая　中 какое　複 какие

Какая это площадь?
カカーヤ　エータ　プローししゃチ

これはなに広場ですか。

Это Красная площадь.
エータ　クらースナヤ　プローししゃチ

これは赤の広場です。

А *какой* это проспект?
ア　カコーイ　エータ　プらスぺークト

ではこれはなに大通りですか。

Это Ломоносовский проспект.
エータ　ラマノーサふスキー　プらスぺークト

これはロマノーソフ大通りです。

Что *такое*?
しトー　タコーィエ

何ですか / どうしたんですか。

〔単語〕 красный 赤い；проспект 大通り。

III 形容詞の名詞化

形容詞は名詞の意味で用いられることがあります。すでに前にでてきた русский はその一例です。よく使用されるものを若干あげておきましょう。

русский	ロシア人（男）	больной	病人
русская	ロシア人（女）	взрослый	大人
рабочий	労働者	столовая	食堂

形容詞か名詞かは文脈で決まります。

Вот *русская* книга.（形容詞） ほらロシア語の本です。

Она *русская*.（名詞） 彼女はロシア人です。

Сегодня *рабочий* день.（形容詞） きょうは労働日です。

Его отец — *рабочий*.（名詞） 彼の父は労働者です。

IV 個数詞 (2)　11〜20

11 から 20 までの数をロシア語で覚えましょう。

- 11　одиннадцать
- 12　двенадцать
- 13　тринадцать
- 14　четырнадцать
- 15　пятнадцать
- 16　шестнадцать
- 17　семнадцать
- 18　восемнадцать
- 19　девятнадцать
- 20　двадцать

慣用表現 (2)

доброе утро!　　　　　おはよう！

добрый день (вечер)!　こんにちは（こんばんは）！

練習

I　次のテキストを読んで和訳しなさい。

Покупки

Галина — молодая девушка. Виктор — молодой человек. Они брат и сестра. Галина говорит:

— Ви́ктор, ско́ро пра́здник — вот мои́ но́вые поку́пки: голубо́е пла́тье, голуба́я шля́па и чёрные ту́фли.

— Прекра́сные поку́пки! И пла́тье, и шля́па, и ту́фли мо́дные. Тепе́рь смотри́.

— О! Но́вый костю́м и но́вое пальто́?

— Да, и ещё но́вая руба́шка и но́вые боти́нки.

— Костю́м се́рый, боти́нки чёрные, руба́шка бе́лая и пальто́ се́рое. А како́й га́лстук? Где он?

— Га́лстук кра́сный. Вот он.

— То́же прекра́сные поку́пки.

〔単語〕 поку́пка 買物; молодо́й 若い; де́вушка 娘; челове́к 人; пра́здник 祭日; голубо́й 空色の; пла́тье 服, ワンピース; шля́па 帽子; чёрный 黒い; ту́фли [複] 靴; прекра́сный 素晴らしい; …и…и 〜も〜も; мо́дный 流行の; тепе́рь いま, 今度は; руба́шка ルバシカ; боти́нки (短い)編上げ靴; се́рый 灰色の; га́лстук ネクタイ。

II 与えられた形容詞を正しい形にして入れなさい。

1. жа́ркий: — ле́то, — день, — стра́ны, — пого́да
2. тёплый: — весна́, — молоко́, — чай, — вечера́
3. я́ркий: — цветы́, — пальто́, — костю́м, — со́лнце
4. холо́дный: — суп, — мя́со, — вода́, — у́тра
5. хоро́ший: — ле́кция, — конце́рт, — пальто́, — дома́
6. краси́вый: — зда́ние, — сад, — цветы́, — карти́на
7. си́ний: — руба́шка, — мо́ре, — костю́м, — карандаши́

〔単語〕 жа́ркий 暑い; страна́ 国; тёплый 暖かい; весна́ 春; вечера́ [複]<ве́чер 晩; я́ркий 輝く, 鮮やかな; цветы́ 花; со́лнце 太陽; холо́дный 冷たい; суп スープ; мя́со 肉; вода́ 水; у́тра [複] 朝;

ле́кция 講義; конце́рт コンサート; краси́вый 美しい; сад 庭園; карти́на 絵。

III 与えられた形容詞を用いて問に答えなさい。
1. Како́е э́то зда́ние? высо́кий но́вый
2. Кака́я э́то тетра́дь? ма́ленький си́ний
3. Каки́е э́то кни́ги? интере́сный ру́сский
4. Како́й э́то го́род? большо́й сове́тский
5. Кака́я э́то же́нщина? молодо́й краси́вый

〔単語〕высо́кий 高い; ма́ленький 小さい; интере́сный 興味深い; же́нщина 女性。

Урок 10

名詞の格変化・単数前置格；
жить の変化；疑問詞 где

文法ノート

I 名詞の格変化

名詞の格とは，ある名詞が文中の他の語との関係を表わす文法形態ですが，総じて日本語の助詞「て，に，を，は」の機能に相当するものだと言うことができます。ロシア語には**主格，生格，与格，対格，造格，前置格**の6つの格があり，単語のこれらの格に応じた変化を**格変化**と呼んでいます。

主格とは格変化していないもとの形（辞書にあるのはこの形）で，名詞の主格は**主語，述語**などに用いられます。

また変化していない部分を**語幹**，変化している部分を**語尾**と呼びます。

II 名詞の単数前置格

前置格はつねに前置詞と共に用いられます。
前置格の変化形は次のようになります。

	語尾		主格		前置格
男性	ьのつかない**子音** → **-e**		завóд	工場	завóде
	-й → **-e**		музéй	博物館	музéе
	-ь → **-e**		словáрь	辞書	словарé

— 52 —

中性	-o	→ -e	сло́во	単語	сло́ве
	-e	→ -e	мо́ре	海	мо́ре
	-мя	→ -мени	и́мя	名前	и́мени
女性	-a	→ -e	шко́ла	学校	шко́ле
	-я	→ -e	пе́сня	歌	пе́сне
	-ь	→ -и	тетра́дь	ノート	тетра́ди

特殊な変化をする -ь で終る女性名詞, -мя で終る中性名詞以外は**前置格形**はすべて共通で **-e** となるので, 覚えやすいと思います。

ただし **-ий**（男性），**-ие**（中性），**-ия**（女性）に終る名詞は **-ии** となり，例外です。

санато́рий	サナトリウム	в санато́рии
зда́ние	建物	в зда́нии
аудито́рия	教室	в аудито́рии

注　変化に際し**力点**の**移動**するものがあります：
　　слова́рь→словаре́

III　前置格要求の前置詞

1. в 《…(の中)に》（動作の場所を意味）

　　Кни́га лежи́т *в портфе́ле.*
　　クニーガ　リェジート　ふ　ぱるトふェーリェ

　　本はカバンの中にある。

　　Неда́вно он был *в Москве́.*
　　ニェダーヴナ　オン　ブィル　ヴ　マスクヴェー

　　最近彼はモスクワへ行って来た。

2. на 《…(の上)に》, 《…で》（動作の場所や交通手段を意味）

　　Слова́рь лежи́т *на столе́.*
　　スラヴァーリ　リェジート　ナ　スタリェー

辞書は机の上にある。

Ва́за стои́т *на окне́*.
_{ヴァーザ スタイート ナ アクニェー}

花びんは窓の所に立っている。

В музе́й мы е́хали *на авто́бусе*, обра́тно — *на метро́*.
_{ヴ ムゼーイ ムィ イェーハリ ナ アフトーブセ アブラートナ ナ ミェトロー}

博物館へ私たちはバスで行き，帰りは地下鉄で来た。

3. **о** 《…について》（話や思考の内容を示して）

Я ча́сто вспомина́ю *о ро́дине*.
_{ヤー チャースタ フスパミナーユ ア ローヂニェ}

私はしばしば故郷を思い出す。

Они́ разгова́ривают *об экза́мене*.
_{アニー らズガヴァーリヴァユト アブ エグザーミェニェ}

彼らは試験について話している。

注 а, и, у, э, о で始まる名詞と結合するとき о は об となる。

4. **при** 《…に際して》，《…に付属して》（動作の時，何かへの付属を意味して）

При встре́че **я говори́л ему́ о собра́нии.**
_{プリ フストリェーチェ ヤー ガヴァリール イェムー ア サブらーニイ}

出会った際私は彼に集会について話した。

При заво́де **есть де́тский сад.**
_{プリ ザヴォーヂェ イエスチ デーツキー サート}

工場に付属して幼稚園がある。

〔単語〕 лежа́ть II. ある; портфе́ль [男] カバン; неда́вно 最近; ва́за 花びん; окно́ 窓; в музе́й 博物館へ; е́хать (乗物で)行く; авто́бус バス; обра́тно 反対方向へ; метро́ (不変化) 地下鉄; ча́сто しばしば; вспомина́ть I. 思い出す; ро́дина 故郷; экза́мен 試験; встре́ча 出会い; ему́ 彼へ; собра́ние 集会; де́тский сад 幼稚園。

注 前置詞 на をとる名詞

в と на は両方とも動作の場所を表現するために用いられるが，どちらを使うかは名詞によって習慣的にきまっているので，

個々に記憶しなければなりません。量的に少ない на と共に用いられる名詞を覚えるよう，次に若干あげておくので参考にして下さい。

a) 授業等： урóк 授業, заня́тия [複] 授業, семинáр ゼミナール, лéкция 講義； б) 集会等： собрáние 集会, заседáние 会議, съезд 大会, конферéнция 協議会； в) 催し物等： вы́ставка 展示会, концéрт 音楽会, спектáкль 芝居, вéчер パーテイ； г) 通り等： ýлица 通り, проспéкт 大通り, плóщадь 広場； д) 駅： стáнция 駅, вокзáл 駅舎； е) 方角： востóк 東, зáпад 西, юг 南, сéвер 北； ж) その他： завóд 工場, фáбрика 工場, предприя́тие 企業, пóчта 郵便局, телегрáф 電報局。

IV 動詞 жить（住む）の変化，疑問詞 где

変化は第1式なのですが，語幹に子音 в が現われます。

現在 я живý　　ты живёшь　　он живёт
　　мы живём　　вы живёте　　они́ живýт
過去 он жил　　онá жилá　　они́ жи́ли

Где вы живёте?
グヂェ ヴィ ヅィヴョーチェ

あなたはどこに住んでいますか。

Я живý в Санкт-Петербýрге (в Тóкио).
ヤー ヅィヴー ヴ サンクト ペチェるブーるゲ ふ トーキオ

私はサンクト＝ペテルブルグ（東京）に住んでいます。

注　Тóкио は不変化。

練習

I 次のテキストを読んで和訳しなさい。

Я живý в Москвé

Моя́ семья́ живёт в Япо́нии, в го́роде Хироси́ма. У нас в семье́ оте́ц, мать, брат, сестра́, де́душка, ба́бушка и я. Оте́ц рабо́тает на заво́де: он инжене́р. А мать обы́чно до́ма; она́ домохозя́йка. Брат у́чится в институ́те, а сестра́ — ещё в шко́ле. Де́душка и ба́бушка живу́т отде́льно, в дере́вне: они́ крестья́не.

Я сейча́с в Москве́ и учу́сь в университе́те. Я живу́ на у́лице Вави́лова и ка́ждый день е́зжу в университе́т на трамва́е и́ли на авто́бусе. Здесь я изуча́ю ру́сский язы́к. Я мно́го рабо́таю, ве́чером ча́сто занима́юсь в библиоте́ке при университе́те. Иногда́ ду́маю и скуча́ю о па́пе и ма́ме.

〔単語〕 Япо́ния 日本； у нас 私たちのところに； де́душка おじいさん； ба́бушка おばあさん； рабо́тать 働く，勉強する； обы́чно ふつう； домохозя́йка 家庭の主婦； у́чится/учу́сь＜учи́ться 学ぶ； отде́льно 個別に； дере́вня 村，田舎； крестья́не〔複〕＜крестья́нин 農民； у́лица Вави́лова ヴァヴィーロフ通り； ка́ждый день 毎日； е́зжу＜е́здить（乗物で）行く； в университе́т 大学へ； трамва́й 市電； занима́юсь＜занима́ться 勉強する； библиоте́ка 図書館； иногда́ 時どき； ду́мать 思う； скуча́ть I.（о＋前） …を懐しく思う。

II 与えられた名詞を用いて文を完成しなさい。

1. Сего́дня мы бы́ли на ＿＿＿.   конце́рт
2. Слова́рь лежи́т в ＿＿＿.   портфе́ль
3. Лю́ди стоя́т на ＿＿＿.   у́лица
4. Сейча́с студе́нты сидя́т в ＿＿＿.   аудито́рия
5. Иностра́нные студе́нты живу́т в ＿＿＿.   общежи́тие
6. Преподава́тель пи́шет на ＿＿＿,
  а студе́нт в ＿＿＿.   доска́, тетра́дь

7. Он ча́сто говори́л о ___.　　　　　　друг, сестра́
8. На уро́ке студе́нты расска́зывают

о ___.　　　　　　　　　　　　Япо́ния
9. При ___ есть спорти́вная площа́дка.　шко́ла

〔単語〕 иностра́нный 外国の; общежи́тие 寄宿舎; доска́ 黒板; спорти́вный スポーツの; площа́дка 平らな地面→спорти́вная площа́дка 運動場。

III 右側に与えられた名詞を用いて答えなさい。

1. Где вы живёте?　　　　　　　　　Ки́ев
2. Где живу́т ва́ши роди́тели?　　　　　дере́вня
3. Где вы у́читесь?　　　　　　　　　университе́т
4. Где вы всегда́ занима́етесь?　　　　библиоте́ка
5. Где ты была́ вчера́?　　　　　　　теа́тр, спекта́кль
6. Где нахо́дится э́то зда́ние?　　　　　пло́щадь
7. О ком разгова́ривают студе́нты?　　Ната́ша
8. О чём расска́зывает учи́тель?　　　А́нглия

〔単語〕 роди́тели 両親; у́читесь＜учи́ться II. 学ぶ; всегда́ いつも; занима́етесь＜занима́ться I. 勉強する; теа́тр 劇場; спекта́кль 芝居; находи́ться II. 存在する; ком＜кто の前置格形; чём＜что の前置格形; расска́зывать I. 話す; учи́тель 先生; А́нглия イギリス。

Урок 11

指示代名詞 этот, тот; 順序数詞 (1);
所有の表現

文法ノート

I 指示代名詞 этот, тот

指示代名詞 этот (この) はより近くにある物を, тот (その, あの) は離れたところにある物を指し, そしてそれらは関係する名詞と性, 数, 格を一致させます。

	男性	女性	中性	複数
この	этот дом	эта улица	это здание	эти дома
その, あの	тот дом	та улица	то здание	те дома

Этот стол стоит справа,　この机は右側に立ち,
エータト　ストール　スタイート　スプらーヴァ

а **тот** стол стоит слева.　あの机は左側に立っている。
ア　トォト　ストール　スタイート　スリューヴァ

Эта книга лежит здесь,　この本はここにあり,
エータ　クニーガ　リェジート　ズヂェシ

а **та** книга лежит там.　あの本はあそこにある。
ア　タ　クニーガ　リェジート　タム

Это пальто висит здесь,　この外套はここに掛り,
エータ　パリトー　ヴィスィート　ズヂェシ

а **то** пальто висит там.　あの外套はあそこに掛っている。
ア　ト　パリトー　ヴィスィート　タム

Эти студенты сидят,　この学生たちは腰掛け,
エーチ　ストゥヂェーントィ　スィヂャート

а **те** студенты стоят.　あの学生たちは立っている。
ア　チェ　ストゥヂェーントィ　スタヤート

— 58 —

中性形 *óno* は（人あるいは物を指して）主語として用いられ，その場合性，数の変化はしません。

〔単語〕 спрáва 右に； слéва 左に； висéть II. 掛っている。

II 順序数詞 (1)

順序数詞は形容詞と同じ語尾をもち，同じように変化して関係する名詞と性，数，格を一致させます。

第 1 の	пéрвый ピェーるヴィ	第 11 の	одѝннадцатый アヂーンナツァトゥイ
第 2 の	второ́й フタロ—イ	第 12 の	двенáдцатый ドヴェナーツァトゥイ
第 3 の	трéтий トリェーチイ	第 13 の	тринáдцатый トリナーツァトゥイ
第 4 の	четвёртый チェトヴォーるトゥイ	第 14 の	четы́рнадцатый チェトィーるナツァトゥイ
第 5 の	пя́тый ピャートゥイ	第 15 の	пятнáдцатый ピャトナーツァトゥイ
第 6 の	шесто́й シェストーイ	第 16 の	шестнáдцатый シェスナーツァトゥイ
第 7 の	седьмо́й セヂモーイ	第 17 の	семнáдцатый セムナーツァトゥイ
第 8 の	восьмо́й ヴァスィモーイ	第 18 の	восемнáдцатый ヴァセムナーツァトゥイ
第 9 の	девя́тый ヂェヴャートゥイ	第 19 の	девятнáдцатый ヂェヴャトナーツァトゥイ
第 10 の	деся́тый ヂェシャートゥイ	第 20 の	двадцáтый ドヴァツァートゥイ

注 順序数詞は形容詞の硬変化に準じた変化をするが，男 трéтий は女 трéтья, 中 трéтье, 複 трéтьи となります。

個数詞と対照すれば分かるように，пéрвый と второ́й を除いては，これらはすべてほぼ個数詞に形容詞の語尾を付加した形になっているわけです。

男	*пе́рвый (второ́й / тре́тий)* этáж	1(2/3)階
女	*пе́рвая (втора́я / тре́тья)* кварти́ра	1(2/3)号住宅
中	*пе́рвое (второ́е / тре́тье)* число́	1(2/3)日
複	*пе́рвые (вторы́е / тре́тьи)* местá	第1(2/3)の席

Э́то *шестóй* этáж?
<small>エータ レェストーイ エターシ</small>
これは6階ですか。

Нет, э́то *седьмóй* этáж.
<small>ニェート エータ セヂモーイ エターシ</small>
いいえ，これは7階です。

Какóе сегóдня числó?
<small>カコーィエ セヴォードニャ ちスロー</small>
今日は何日ですか。

Сегóдня *деся́тое* (*оди́ннадцатое*) [числó].
<small>セヴォードニャ デェシャータィエ アヂーンナツァタィエ ちスロー</small>
今日は 10 (11) 日です。

За́втра бýдет *пятна́дцатое* [числó].
<small>ザーふトら ブーデェト ピャトナーツァタィエ ちスロー</small>
あしたは 15 日です。

〔単語〕 этáж 階; числó …日。

III　所有の表現　y＋生格＋есть

ロシア語では何かの所有（または存在）を表現するのに，通常，前置詞 **y**＋人称代名詞**生格**（名詞生格）＋**есть** を用います。次にまず**人称代名詞生格**を示しておきます。

я	→ y меня́	私のところに
ты	→ y тебя́	君のところに
он	→ y негó	彼のところに
онá	→ y неё	彼女のところに
мы	→ y нас	私たちのところに
вы	→ y вас	君たち(あなた)のところに
они́	→ y них	彼らのところに

У тебя́ есть ру́чка?
ウ チェビャー イエスチ る—チカ

君は万年筆を持っていますか。

Да, *у меня́ есть* ру́чка.
ダー ウ ミェニャー イエスチ る—チカ

はい，私は万年筆を持っています。

У вас есть ру́сско-япо́нский слова́рь?
ウ ヴァース イエスチ る—スカ・ヤポーンスキイ スラヴァーり

あなたには露和辞典がありますか。

注 主な注意が人や物の特徴・数量などに向けられるとき，есть は通例省略されます：

У меня́ но́вый костю́м. 私には新しい服がある。

〔**単語**〕 ру́сско-япо́нский ロシア(語)・日本(語)の (ру́сско- は ру́сский の省略形です)。

練習

I 次のテキストを読んで和訳しなさい。

У нас больша́я семья́

У нас больша́я семья́. Мои́ роди́тели уже́ ста́рые. Все их де́ти взро́слые. Я у них са́мая мла́дшая дочь. Мы живём вме́сте.

У меня́ есть брат и сестра́. Мой брат уже́ давно́ жена́т, у него́ хоро́шая жена́. У них есть де́ти: сын и совсе́м ма́ленькая дочь. Ма́льчик сму́глый, у него́ тёмные во́лосы и чёрные глаза́; де́вочка — блонди́нка, у неё све́тлые во́лосы и больши́е голубы́е глаза́.

Моя́ ста́ршая сестра́ за́мужем. Моя́ сестра́ и её муж — о́ба врачи́. У них одна́ специа́льность.

А я ещё студе́нтка. У меня́ больши́е пла́ны на бу́дущее.

А какая семья у вас? Большая или нет?

〔単語〕 родители 両親; старый 老いた; все [複]＜весь すべての; дети [複] 子供たち; взрослый 大人の, 成人した; самая＜самый 最も; младший 年下の; жена 妻; сын 息子; совсем 全く; мальчик 男の子; смуглый 浅黒い; тёмный 暗色の; волосы [複] 髪; глаза [複] 目; девочка 女の子; блондинка ブロンドの女; светлый 明るい色の; старший 年上の; оба 両方とも; одна 一つ, 同じ; специальность 専門; план 計画; ～ на будущее 将来の計画。

II этот を適当に変化させて挿入しなさい。

1. ... улица главная. 2. ... универмаг находится в центре. 3. ... задание очень большое. 4. ... студент работает много. 5. ... газеты лежат на диване. 6. ... комната находится рядом. 7. ... аспиранты изучают русский язык. 8. ... пальто висит справа. 9. ... город старый. 10. ... здание очень высокое.

〔単語〕 главный 主要な; находиться ある; центр 中心; диван ソファー; аспирант 大学院生。

III тот を適当に変化させて挿入しなさい。

1. ... пальто мне не нравится. 2. ... дома старые. 3. ... школа находится в центре. 4. ... студенты приехали вчера вечером. 5. ... студент плохо говорит по-русски. 6. ... кафе находится недалеко. 7. ... комната небольшая, но светлая. 8. ... слова новые. 9. ... дом находится далеко. 10. ... улица не широкая, но красивая.

〔単語〕 мне 私に; нравиться 気に入る; приехать やって来る; кафе 喫茶店, スナック; недалеко ほど遠くなく; небольшой 大きくない; далеко 遠くに; широкий 広い。

Урок 12

形容詞の短語尾形

文法ノート

I 形容詞の短語尾形

形容詞の**短語尾形**は事物の特徴を表わす**性質形容詞***から形成され，それはもっぱら**述語としてのみ**用いられます。

1. 形容詞の短語尾形の形成

形容詞短語尾形は格変化はしないが，性と数において変化し，**男性**は無語尾（語幹だけの形）で，それに**女性**は語尾 **-a**, 中性は語尾 **-o**, **複数**は語尾 **-ы**（または **-и**）を付加して形成されます。

	男性	女性	中性	複数
短語尾形の語尾	無語尾	**-a**	**-o**	**-ы**
краси́в-ый 美しい	краси́в	краси́в-а	краси́в-о	краси́в-ы
молод-о́й 若い	мо́лод	молод-а́	мо́лод-о	мо́лод-ы

語幹が **г, к, х ; ж, ч, ш, щ** に終るとき，**複数**の語尾は **-и** になります。

| ти́х-ий | 静かな | тих | тиха́ | ти́хо | ти́хи |
| хоро́ш-ий | 美しい | хоро́ш | хороша́ | хорошо́ | хороши́ |

注 1 軟変化の形容詞から作られる短語尾形はごくわずかです。
 си́н-ий 青い си́нь си́н-я си́н-е си́н-и

 2 語幹が ж, ч, ш, щ に終り力点が語尾にないなら，中性の語尾は -е になります。
 могу́ч-ий 強力な могу́ч могу́ча могу́че могу́чи

2. 力点の移動

短語尾形の形成のさい，**力点が移動**することが多い。中性と複数の力点の位置はふつう同じになります。

а. **女性, 中性, 複数**のすべてにおいて力点が語尾に移る：

горя́ч-ий　熱い　　горя́ч　горяча́　горячо́　горячи́
тяжёл-ый　重い　　тяжёл　тяжела́　тяжело́　тяжелы́

б. **女性**においてのみ力点が語尾に移る：

весёл-ый　陽気な　ве́сел　весела́　ве́село　ве́селы
молод-о́й　若い　　мо́лод　молода́　мо́лодо　мо́лоды

3. 出没母音 о, е の挿入

語幹が**連続する子音**で終るとき，男性単数において子音の間に**母音 о, е** が挿入されることが多い。これらの母音を**出没母音**と呼びます。

а. **-е-** の挿入

интере́сн-ый　興味深い　интере́с-**е**-н　-ре́сна　-ре́сно　-ре́сны
тру́дн-ый　困難な　　　тру́д-**е**-н　　трудна́　тру́дно　тру́дны
холо́дн-ый　寒い　　　　хо́лод-**е**-н　холодна́ хо́лодно хо́лодны

б. **-о-** の挿入

ни́зк-ий　低い　　ни́з-**о**-к　　низка́　ни́зко　ни́зки
жа́рк-ий　暑い　　жа́р-**о**-к　　жарка́　жа́рко　жа́рки

в. **ь, й** の **е** への**転化**

больн-о́й　病気の　　бо́л-**е**-н　больна́　больно́　больны́
споко́йн-ый　落着いた　споко́-**е**-н　-о́йна　-о́йно　-о́йны

　注　概して言うなら，н の前の子音のあとでは е, к の前の子音のあとでは о が現われます。

* 形容詞の種類―形容詞は意味と形態の点から性質形容詞，関係形容詞，物主形容詞の三種類に分けられます。性質形容詞は事物の特徴を表わし (большо́й 大きい, кра́сный 赤い), 関係形容詞はある事物の特徴を他の事物に対する関係 (材料，場所，時間，人，動作上での関係) を通して表わし (деревя́нный 木製の, городско́й 町・市の), 物主形容詞は事物の人または動物への所属を表わします (отцо́вский 父の, медве́жий 熊の)。

4. 形容詞の短語尾形の用法

この形はもっぱら述語として用いられます。性，数において主語と一致するが，格変化はせず，連辞動詞は現在では省略されるが，過去，未来にする場合には，それぞれ быть の過去形と未来形を用います。

Вы *свобо́дны* сего́дня ве́чером?
あなたは今晩お暇ですか。

Нет, сего́дня я *за́нят*.
いいえ，今日は忙しいです。

Э́то ме́сто *за́нято*? — Нет, э́то ме́сто *свобо́дно*.
この席はふさがっていますか。— いいえ，この席は空いています。

Сего́дня де́вочка *здоро́ва*, а вчера́ она́ *была́ больна́*.
今日この少女は元気だが，昨日は病気だった。

За́втра все магази́ны *бу́дут закры́ты*.
明日すべての店は閉じられているだろう。

рад (嬉しい), до́лжен (…ねばならない) 等つねに短語尾形

で用いられるものも若干あります。

〔Я〕 *рад* (女 *ráda*) вас ви́деть.
　ヤ　ら−ド　　　　ら−ダ　ヴァス ヴィーヂェチ

お目にかかれて嬉しい。

〔単語〕 свобо́дный 暇な，空いている；за́нятый 忙しい，ふさがっている；здоро́вый 健康な；закры́тый 閉じている；вас あなたを。

注 1 短語尾形と長語尾形は併用されるが，概して言えば両者は文体的に異なり，前者はより文語的で，後者は中立的でありうると言える：Сложна́ и бога́та славя́нская душа́. スラヴ魂は複雑かつ豊かである。

　　2 短語尾形が一時的な特徴を，長語尾形が恒常的な特徴を表わすこともある：
　　　Ребёнок бо́лен.　　子供が病気にかかっている。
　　　Ребёнок больно́й　　子供は病身だ。

　　3 短語尾形は長語尾形よりもより断定的でありうる。

　　4 長語尾形と短語尾形の意味が異なる場合もある：жив（生きている），хоро́ш（〈外見的に〉）美しい，спосо́бен（〈…する〉能力がある）： Моя́ ба́бушка ещё жива́. 私のおばあさんはまだ存命中です。

5. 形容詞の短語尾 до́лжен（…ねばならない，違いない）は性と数の変化をし，通常動詞の**不定形と結合**して用いられます。また過去や未来にするときは，быть の過去形と未来形を援用します。

　　男 **до́лжен**（女 **должна́** / 中 **должно́** / 複 **должны́**）
　　　＋**不定形**

　Она́ *должна́* идти́ домо́й.
　アナー　ダルジナー　イッチー　ダモーイ

彼女は家へ行かねばならない。

Я должен буду заниматься.
ヤー ドールジェン ブードゥ ザニマーツァ

私は勉強しなければならないでしょう。

Вчера он *должен был* работать.
ふちぇらー オン ドールジェン ブィル らボータチ

昨日彼は働かねばならなかった。

慣用表現 (3)

Будьте добры... どうぞ(お願いします)

Очень рад(а) вас видеть. お目にかかれて大変嬉しい。

Как вы сказали? なんとおっしゃいました？

Скажите, пожалуйста,... ちょっとおうかがいしますが...

練習

I 次のテキストを読んで和訳しなさい。

Мой брат, моя сестра и я.

Я студент. У меня есть брат и сестра. Мой брат Виктор и сестра Вера тоже студенты. Мой брат — геолог, моя сестра — филолог, а я физик.

Мы все спортсмены. Брат мой — альпинист. Он ловок, силён и смел. Моя сестра хорошо играет в теннис. Я неплохо играю в футбол. Футбол — мой любимый спорт. Я также очень люблю плавать.

Сестра наша красива: у неё светлые волосы и большие синие глаза. Она всегда весела и остроумна.

〔単語〕 геолог 地質学者, 地質学専攻生； филолог 文学(言語)研究者・専攻生； физик 物理学者, 物理学専攻生； спортсмен スポーツマン； альпинист 登山家； ловок＜ловкий 機敏な； силён＜сильный 強い； смелый 勇敢な； играть в... (ゲーム等を)する； неплохо 悪くなく

〔よほど〕よく; футбо́л サッカー; та́кже 同様に; о́чень たいへん; остроу́мный 機知に富んだ。

II カッコ内の形容詞を短語尾形に変えなさい。

1. Э́та у́лица (широ́кий и краси́вый).   2. Наш край (прекра́сный).   3. Э́то о́зеро (глубо́кий).   4. Э́ти леса́ (бесконе́чный).   5. Ва́ше пальто́ о́чень (краси́вый).   6. Но́вые фи́льмы (интере́сный).   7. Мои́ друзья́ (молодо́й).   8. Ночь сего́дня (тёплый и све́тлый).   9. Она́ (больно́й)?   Нет, она́ уже́ (здоро́вый).   10. Ве́ра, ты сего́дня (свобо́дный)?   Нет, (за́нятый).

〔単語〕край 地方, 国土; бесконе́чный 果てしない。

III 次の文を過去と未来に変えなさい。

1. Мой брат здоро́в.　　2. Сего́дня мы свобо́дны.
3. Э́та рабо́та трудна́.　　4. Статьи́ интере́сны.
5. Он о́чень рад.　　6. Я должна́ занима́ться

Урок 13

副詞；無人称述語；-y に終わる前置格；
мочь の変化

文法ノート

I 副詞

副詞は語尾変化をしません。

1. -o で終る動作の様態を示す副詞と疑問詞 как の用法。

形容詞の**短語尾中性単数形**は**副詞**としても用いられ、動作のあり方を表わします。それに対する質問文では疑問詞 **как**（いかに）を使います。

хорошо́	良く	(＜хоро́ший)
пло́хо	悪く	(＜плохо́й)
бы́стро	速く	(＜бы́стрый)
пра́вильно	正しく	(＜пра́вильный)

Как он пи́шет?
カーク オン ピーシェト

どのように彼は書きますか。

Он пи́шет *краси́во, бы́стро* и *пра́вильно.*
オン ピーシェト クらスィーヴァ ブィストら イ プらーヴィリナ

彼は美しく、速くかつ正しく書きます。

Я *хорошо́* чита́ю по-англи́йски, но говорю́ ещё *пло́хо.*
ヤー ハらショー チターユ パ・アングリースキ ノ ガヴァリュー イェししょ プロー八

私は英語をよく読めるが、話すのはまだ下手です。

この副詞は生産的で頻度も高いので是非覚えて下さい。

2. 場所, 時, 程度を示す副詞

а. 場所：тут ここに, там あそこに, здесь ここに, где どこに, куда́ どこへ, туда́ そこへ, сюда́ ここへ, до́ма 自宅で。

б. 時：сего́дня きょう, за́втра あす, вчера́ きのう, у́тром 朝に, днём 昼に, ве́чером 晩に, но́чью 夜に, весно́й 春に, ле́том 夏に, о́сенью 秋に, зимо́й 冬に, когда́ いつ, пото́м その後。

в. 程度：мно́го たくさん, немно́го 少し, немно́жко 少し, ма́ло わずかに, о́чень 非常に。

Мои́ кни́ги лежа́т *здесь*, а тетра́ди *там*.
マイー クニーギ リェジャート ズヂェーシ ア チェトラーヂ ターム

私の本はここにあるが, ノートはあそこにある。

Ле́том мы отдыха́ли на ю́ге.
リェータム ムィ アドィハーリ ナ ユーゲ

夏に私たちは南部で休息した。

Я *ма́ло* (*мно́го*) курю́.
ヤー マーラ ムノーガ クリュー

私は少ししかタバコを吸わない (たくさん吸う)。

〔単語〕 по-англи́йски 英語で；юг 南, 南部；кури́ть II. タバコを吸う。

II 無人称文と無人称述語

1. これまで出てきた主語と述語の人称が対応して存在している文, つまりふつうの文章を人称文と言いますが, それに対し**主語の無い**, またあり得ない文を**無人称文**と呼んでいます。そしてその無人称文の述語として用いられる語を**無人称述語**と呼びます。

　注　無人称述語は述語(的)副詞または単に述語とも呼びます。

2. а. 前述の形容詞の短語尾単数中性と同形の副詞はこの無人称文の無人称述語としてしばしば用いられます。

> Сегóдня *хóлодно.*
> セヴォードニャ ホーラドナ

今日は寒い。

> Тут *светлó* и *прия́тно.*
> トゥト スヴェトロー イ プリヤートナ

ここは明るく,快い。

これらの文には主語に相当する語はなく, 第1の文では хóлодно が, 第2の文では светлó と прия́тно が述語として用いられています。 このような主語のない文を無人称文, その述語を無人称述語と呼んでいるわけです。

б. -о で終るこの語はまた, 動詞の**不定形と結合**し合成述語を形成してしばしば用いられます。

> Ужé *пóздно идти́* гуля́ть.
> ウジェー ポーズナ イッチー グリャーチ

もう散歩に行くのは遅そすぎる。

> *Скýчно смотрéть* э́тот фильм.
> スクーシナ スマトリェーチ エタット ひーリム

この映画を見るのは退屈だ。

3. 本来的に**無人称述語**として用いられるものもあります。 その主な語を次にあげます。

a. **мóжно** できる,してもよい。
б. **нельзя́** できない,してはならない。
в. **нáдо, нýжно** 必要である,ねばならない。

これらの語は大部分の場合動詞の**不定形と結合**して用いられ, а. 可能, 許可, б. 不可能, 禁止, в. 当為, 必要, 等の意味を表わします。

> Здесь *мóжно* кури́ть.
> ズヂェーシ モージナ クリーチ

— 71 —

ここではタバコを吸うことができる（吸ってもよい）。

Здесь *нельзя́* кури́ть.
<small>ズヂェーシ ニェリズャー クリーチ</small>

ここではタバコを吸ってはいけない。

Нельзя́ идти́ гуля́ть：идёт дождь.
<small>ニェリズャー イッチー グリャーチ イヂョート ドーシシ</small>

散歩へ行くことは出来ない，雨が降っているから。

Ну́жно (*На́до*) идти́ домо́й.
<small>ヌージナ ナーダ イッチー ダモーイ</small>

家へ行かねばならない。

4.　無人称文の時制 ― 無人称述語を用いた上述のような無人称文を過去にするには **бы́ло**，未来にするには **бу́дет** を大部分の場合用います。

Вчера́ *бы́ло тепло́*.
<small>ふちぇらー ブィラ チェプロー</small>

きのうは暖かかった。

Пого́да была́ хоро́шая，*мо́жно бы́ло* гуля́ть.
<small>パゴーダ ブィラー ハローシャヤ モージナ ブィラ グリャーチ</small>

天気が良く，散歩することができた。

За́втра *ну́жно бу́дет* рабо́тать.
<small>ザーフトラ ヌージナ ブーヂェト らボータチ</small>

あしたは仕事しなければならないでしょう。

За́втра *бу́дет жа́рко*.
<small>ザーフトラ ブーヂェト じゃーるカ</small>

あしたは暑いでしょう。

〔単語〕прия́тно＜прия́тный 快い；по́здно＜по́здний おそい；ску́чно＜ску́чный 退屈な；фильм 映画；дождь［男］雨；тепло́＜тёплый 暖かい；жа́рко＜жа́ркий 暑い。

III　-у, -ю に終る単数前置格

　一部の男性名詞は前置詞 в, на と結合して場所または時を表

わす場合に限り，**単数前置格**で語尾 **-ý, -ю́** をとる。この場合力点は必ず語尾にあります。

лес	森	в лесу́	бе́рег	岸	на берегу́
сад	庭園	в саду́	мост	橋	на мосту́
шкаф	戸棚	в шкафу́	пол	床	на полу́
год	年	в году́	край	端	на краю́

Де́ти игра́ют в саду́.
チェーチ イグらーユト ふ サドゥー

子供たちは庭園で遊んでいる。

Кто стои́т там на мосту́?
クトー スタイート ターム ナ マストゥー

あそこの橋の上にいるのは誰ですか。

IV 動詞 мочь（できる）の変化

現在変化では語幹が単数1人称と複数3人称で **г**，その他の人称では **ж** に終わり，過去も子音が交替し，男性形は **мог** になります。

現在	я могу́	ты мо́жешь	он мо́жет
	мы мо́жем	вы мо́жете	они́ мо́гут

過去　он мог　она́ могла́　оно́ могло́　они́ могли́

мочь はふつう不定形と結合して用いられます。

Я могу́ идти́ сего́дня в теа́тр.
ヤ マグー イッチー セヴォードニャ ふ チェアートる

私は今日劇場へ行ける。

Он не мо́жет игра́ть: он до́лжен учи́ть уро́к.
オン ニェ モージェト イグらーチ　オン ドールジェン ウちーチ ウろーク

彼は遊ぶことはできない：学課の勉強をせねばならぬから。

練習

I 次のテキストを読んで和訳しなさい。

 Мой товарищ болен

 Мой товарищ обычно весел и здоров. Но сегодня он болен и не может работать.

— Здравствуй, Коля.
— Здравствуй, Миша.
— Ты не идёшь гулять?
— Нет, не могу. Сегодня холодно, а я немного болен.
— Сегодня совсем не холодно, даже тепло и очень приятно.
— Не могу, я должен лежать. У меня высокая температура.
— Значит, нужно лежать. Отдыхай. Лежать и читать тоже хорошо. У тебя есть интересные книги?
— Да, конечно. И книги, и журналы.
— Вот и хорошо. Но уже поздно, нужно идти. До свидания.
— До свидания.

〔単語〕обычно ふつう；идёшь＜идти（歩いて）行く；немного 少し；совсем 全く；даже …でさえ；высокий 高い；температура 温度, 熱；значит つまり；конечно もちろん；вот и... （何か望まれることの到来・実現を指して）。

II 与えられた副詞または形容詞を正しい形にして挿入しなさい。

 1. хорошо, хороший：Она ... учительница.　Она ... го-

ворит и читает по-русски.　Сегодня ... утро.　Она ... знает этот город.

2. холодно, холодный: Сегодня ... день.　Сегодня ... .

3. красиво, красивый: Рабочие строят ... дома.　Вечером там было ... .

4. тихо, тихий: Это очень ... улица.　Почему ты так ... читаешь?

5. прекрасно, прекрасный: У неё ... глаза.　Она ... танцует.

6. светло, светлый: Это очень ... аудитория.　Здесь всегда ... .

〔単語〕 учительница 女の先生； строить II. 建設する； тихо＜тихий 静かな； так そんなに； танцует＜танцевать I 変. 踊る。

Урок 14

名詞の単数対格；前置詞なしの対格の用法；
対格要求の前置詞

文法ノート

I 名詞の単数対格

対格の最も多い用法は他動詞の**直接補語**（目的語）である。Я читáю учéбник.（私は教科書を読んでいる） この文では単語 учéбник は直接補語として対格に立っています。

対格の変化形は次のようになります。

		語尾		主格		対格
男　性 (不活動体)	ьのつかない**子音** -й -ь	→ø →-й →-ь	(＝主格) (＝主格) (＝主格)	завóд музéй словáрь	工場 博物館 辞書	завóд музéй словáрь
男　性 (活動体)	ьのつかない**子音** -й -ь	→-а →-я →-я	(＝生格) (＝生格) (＝生格)	студéнт герóй учи́тель	学生 英雄 教師	студéнта герóя учи́теля
中　性	-о -е -мя	→-о →-е →-мя	(＝主格) (＝主格) (＝主格)	слóво мóре и́мя	単語 海 名前	слóво мóре и́мя
女　性	-а -я -ь	→-у →-ю →-ь	 (＝主格)	шкóла земля́ тетрáдь	学校 土地 ノート	шкóлу зéмлю тетрáдь

1. ロシア語の名詞には意味の点から**活動体名詞**，**不活動体名詞**という区別があり，人や動物等を意味する名詞を活動体名詞 (ученик 生徒, кошка 猫, муха ハエ)，それ以外の名詞，事物を意味する名詞を不活動体名詞 (стол 机, облако 雲, красота 美) と呼んでいます。それらの違いは対格においてあらわれ，**対格は**（女性名詞では複数の場合にのみ）**不活動体名詞では主格に一致し，活動体名詞では生格に一致します。**

上の表を見れば分かるように単数の対格は，不活動体の男性・中性名詞（中性はほとんどすべて不活動体名詞），それに -ь に終る女性名詞は主格と同形で，活動体の男性名詞は生格と同形になります。

> 注1 若干の短音節の女性名詞には対格で語尾の力点が語頭に移るものがあります：
> рука 手→руку, земля 土地→землю, голова 頭→голову
>
> 2 ø ゼロ語尾を意味します。

II 前置詞なしの対格の用法

1. 動作の及ぶ対象を意味する，つまり他動詞のもとでの直接補語（目的語）が対格の最も多い，主要な機能である。

   Студент читает *книгу* и *журнал*.
   ストゥヂェーント チターィエト クニーグ イ じゅるナール

   学生は本と雑誌を読んでいます。

   Он очень любит *сына* и *дочь*.
   オン オーちェニ リューヒト スィーナ イ ドーち

   彼は息子と娘を大変愛しています。

2. **a.** 動作がその間に起こる時間(量)・期間を意味する。

   Мы жили всё *лето* в деревне.
   ムィ じーリ フショー リェータ ヴ ヂリューヴニェ

私たちは夏中田舎で暮らした。

б. 動作の広がる一定の距離・空間を意味する。

Половину доро́ги мы е́хали на маши́не.

道中の半分を私たちは車で行った。

в. 重量を意味する。

Ка́мень ве́сит *то́нну*.

その石は1トンの重さである。

г. 値段を意味する。

Кни́га сто́ит *рубль*.

その本は1ルーブルする。

〔単語〕всё ле́то 夏中; полови́на 半分; доро́га 道, 道中; маши́на 自動車; ка́мень〔男〕石; ве́сить II. 重量がある; то́нна〔1〕トン; сто́ить II. (値段がいくら)する; рубль〔男〕〔1〕ルーブル。

III 対格要求の前置詞

1. в, на 《…へ》（動作の方向を意味）

前置詞 в と на は対格と共に用いられると，動作の向けられた方向を示します。

Де́ти иду́т *в* шко́лу.

子供たちは学校へ行くところである。

Она́ ста́вит таре́лку *на* стол.

彼女は皿をテーブルの上へ置く。

注 どちらの前置詞をとるかは動作の場所を表わす場合と同様に名

詞によって習慣的にきまっていますが、それについては 10 課を参照して下さい。

2. **че́рез** 《…を通って、…を経て》（動作の場所・時を意味）

　　Молода́я де́вушка идёт *че́рез по́ле.*
　　マラダーヤ　チェーヴシカ　イヂョート　チェーリェス　ポーリェ

　　若い娘が野原を横切って行く。

　　Че́рез ме́сяц наступа́ют кани́кулы.
　　チェーリェス　ミューシャツ　ナストゥパーユト　カニークルィ

　　一カ月後に休暇がやって来る。

3. **за** 《…の向こうへ，…に対して，…のために》（動作の方向，代償，目的等を意味）

　　Со́лнце сади́тся *за го́ру.*
　　ソーンツェ　サヂーツァ　ザ　ゴール

　　太陽が山の向こうへ沈んで行く。

　　Большо́е спаси́бо *за по́мощь.*
　　バリショーィエ　スパスィーバ　ザ　ポーマしし

　　手伝って頂いてどうもありがとう。

　　Наро́ды бо́рются за мир и свобо́ду.
　　ナロードイ　ボーリュツァ　ザ　ミーる　イ　スヴァボードゥ

　　諸民族は平和と自由のために闘っている。

〔単語〕иду́т/идёт＜идти́; ста́вить II. 置く; таре́лка 皿; ме́сяц 1カ月; наступа́ть I. 到来する; со́лнце 太陽; сади́ться II. 座る，沈む; спаси́бо ありがとう; по́мощь [女] 援助; наро́д 民衆，民族; бо́рются＜боро́ться (борю́сь, бо́решься...) 闘う; мир 平和; свобо́да 自由。

練習

I 次のテキストを読んで和訳しなさい。

　Студе́нты рабо́тают в библиоте́ке.

　Сейча́с 7 часо́в. Са́ша де́лает заря́дку. Пото́м он за́втракает, кладёт в портфе́ль уче́бник и тетра́дь и идёт в университе́т. А его́ роди́тели иду́т на рабо́ту: мать идёт в шко́лу, а оте́ц — на заво́д.

В университе́те хоро́шая библиоте́ка. У́тром, днём и ве́чером здесь рабо́тают студе́нты. Вот Ли́ля, Жан и Са́ша. Ли́ля де́лает упражне́ние, Жан чита́ет кни́гу, а Са́ша перево́дит статью́. Иногда́ Ли́ля и Жан ти́хо разгова́ривают. Когда́ Ли́ля не понима́ет сло́во, она́ спра́шивает: «Жан, что зна́чит э́то сло́во?» Жан объясня́ет. Ли́ля опя́ть де́лает упражне́ние.

〔単語〕 7 часо́в 7時; заря́дка 体操; класть, кладу́, кладёшь（横にして）置く; рабо́та 職場; упражне́ние 練習問題; переводи́ть II. 翻訳する; статья́ 論文; иногда́ 時どき, когда́ [接] ...(する・した)とき; сло́во 単語; зна́чить II. 意味する; объясня́ть I. 説明する; опя́ть また。

II カッコ内の単語を用いて文を完成しなさい。

1. Они́ изуча́ют (фи́зика, матема́тика и хи́мия).
2. Я хорошо́ зна́ю (Бори́с и Ни́на).
3. Вчера́ в (теа́тр) я ви́дел (преподава́тель и его́ жена́).
4. Она́ спра́шивает (студе́нтка) о (кни́га).
5. Я ве́шаю (календа́рь) на (стена́).
6. Он кладёт (тетра́дь) в (портфе́ль).
7. Мой брат рабо́тает на (фа́брика). Он идёт на (фа́брика).
8. Че́рез (неде́ля) мы бу́дем сдава́ть (зачёт).
9. Я благодарю́ (това́рищ) за (по́мощь).
10. Сего́дня выходно́й день. Мы е́дем на (прогу́лка) за

(город).

〔単語〕 фи́зика 物理学; матема́тика 数学; хи́мия 化学; ве́шать I. 掛ける; календа́рь [男] カレンダー; стена́ 壁; неде́ля 週; сдава́ть I (変則)(試験を)受ける; зачёт テスト; благодари́ть II. 感謝する; выходно́й день 休日; е́дем＜е́хать (乗物で)行く; прогу́лка 散歩。

III 右側に与えられた単語を用いて問に答えよ。

1. Что она́ покупа́ет в магази́не?   руба́шка и пла́тье
2. Кого́ ты лю́бишь?   мать и сестра́
3. Кого́ ты ви́дел в теа́тре?   Макси́м и Андре́й
4. Что вы изуча́ете в институ́те?   литерату́ра и исто́рия
5. Куда́ иду́т де́ти?   шко́ла
6. Куда́ вы ста́вите ва́зу?   стол

〔単語〕 покупа́ть I. 買う; кого́ 誰を; литерату́ра 文学; куда́ どこへ。

Урок 15

不定人称文；時の表現 (1)；動詞 хотеть の変化； кто と что の変化；慣用表現 (4)

文法ノート

I 不定人称文

不定人称文とは，主語を欠き，述語が現在と未来では複数の3人称形の動詞によって，過去では複数形の動詞によって表わされる文，つまり不定の人によって行われる動作を意味する文のことをいいます。主たる注意が動作や事象へ向けられ，動作者が不明であるか重要でない場合に用いられます。

 В по́ле *убира́ют* хлеб.
 ふ ポーリェ ウビらーユト フリューブ

 畑では穀物が取り入れられている。

 В го́роде *бу́дут стро́ить* но́вый кинотеа́тр.
 ふ ゴーらヂェ ブードゥト ストろーイチ ノーヴイ キナチェアートる

 町には新しい映画館が建設されるだろう。

 В клу́бе *пока́зывали* иностра́нный кинофи́льм.
 ふ クルーブェ パカーズィヴァリ イナストらーンヌイ キナフィーリム

 クラブで外国映画が上映された。

〔単語〕 по́ле 畑；убира́ть I. 取り入れる；хлеб パン，穀物；пока́зывать I. 見せる。

不定人称文は日本語では多くの場合受動形に訳した方がよい。

II 時の表現 (1)

1. 《何曜日に》の表現；疑問詞 **когда́** の用法

— 82 —

《何曜日に》は前置詞 **в+対格**, で表わす。

в суббо́ту　土曜日に　　　во вто́рник　火曜日に

В воскресе́нье я ходи́л в теа́тр.
ヴ ヴァスクリェセーニィエ ヤ ハヂール フ チェアートル

日曜日に私は劇場へ行ってきた。

Когда́ вы встаёте: ра́но и́ли по́здно?
カグダー ヴィ フスタィヨーチェ らーナ イーリ ポーズナ

何時に起きますか，早くですかあるいはおそくですか。

Когда́ у вас бу́дут кани́кулы?
カグダー ウ ヴァス ブードゥット カニークルィ

いつあなたたちのところでは休暇になりますか。

2. **月名** (ме́сяцы) **の表現**

янва́рь* _{ヤンヴァーリ}	1月	ию́ль _{イユーリ}	7月
февра́ль* _{フェヴらーリ}	2月	а́вгуст _{アーヴグスト}	8月
март _{マールト}	3月	сентя́брь* _{センチャーブリ}	9月
апре́ль _{アプりェーリ}	4月	октя́брь* _{アクチャーブリ}	10月
май _{マーイ}	5月	ноя́брь* _{ナヤーブリ}	11月
ию́нь _{イユーニ}	6月	дека́брь* _{ヂェカーブリ}	12月

ごらんのようにロシア語の月名は英語のそれにかなり近いので，それに関連づければ覚えやすいと思います。

注1　月名はすべて男性名詞です。
　2　*印の月名は変化に際して力点が語尾に移ります。

3. **《何月に》** は **в+前置格**, で表わします。

Когда́ начина́ется уче́бный год в Росси́и?
カグダー ナちナーィエツァ ウちぇーブヌィ ゴート ヴ らッシーイ

ロシアでは学年はいつ始まりますか。

Уче́бный год в Росси́и начина́ется *в сентябре́*. А в Япо́нии?

ロシアでは学年は9月に始まります。日本では?

В Япо́нии уче́бный год начина́ется *в апре́ле*.

日本では学年は4月に始まります。

4. день (日), у́тро (朝), ве́чер (晚), ночь (夜), час (時間), вре́мя (時), мину́та (分), весна́ (春), ле́то (夏), о́сень (秋), зима́ (冬) を含む時の表現は «в+対格» で示される。

в э́тот день　　この日に　　в то вре́мя　　その時に
в то ле́то　　　その夏に　　в два часа́　　二時に

В э́то у́тро она́ не выходи́ла за́втракать.

この朝彼女は朝食を食べに出て来なかった。

Мы обе́дали *в час*.

私たちは1時に食事をした。

5. ка́ждый (各々の), весь (すべての) を含む時の表現は前置詞なしの対格で用いられる。

ка́ждый день　毎日　　ка́ждое воскресе́нье　毎日曜日
весь день　　一日中　весь ме́сяц　　　　　まる一カ月

Весь день шёл дождь.

一日中雨が降っていた。

Ка́ждый четве́рг мы е́здили на экску́рсию.

毎木曜日私たちは見学へ行った。

〔単語〕 ходи́ть II.（歩いて）行く；встаёте＜встава́ть 起きる；уче́бный 学習の, ～ год 学年；начина́ться I. 始まる；выходи́ть II. 外へ出る；час〔1〕時間；шёл（＜идти́）降っていた；дождь [男] 雨。

III 動詞 хоте́ть（欲する）の変化

現在　я　хочу́　　ты хо́чешь　　он хо́чет
　　　мы хоти́м　вы хоти́те　　они́ хотя́т

注　現在変化では単数は語幹が хоч- で，力点が1人称以外語幹にあり，複数は語幹が хот- となり，力点は語尾にあります。

Я *хочу́* знать ру́сский язы́к.
　ヤ　ハちゅー　ズナーチ　るースキー　イズィク

私はロシア語を知りたいと思う。

Мы *хоти́м* хорошо́ говори́ть по-ру́сски.
　ムィ　ハチーム　ハらしょー　ガヴァリーチ　パ・るースキ

私たちはロシア語を上手に話したいと思う。

IV 疑問詞 кто と что の変化

кто（誰）と что（何）は初級から斜格（主格以外の格，変化形）もよく用いられるので，早めに変化を覚えて下さい。

主格	生格	与格	対格	造格	前置格
кто	кого́	кому́	кого́	кем	о ком
что	чего́	чему́	что	чем	о чём

注 1　кто は対格＝生格, что は対格＝主格です。
　 2　辞書ではある単語の格の支配（要求）を кто と что の変化形でよく示すので，覚えておく方が便利です。

О *чём* идёт речь?
　ア　ちょーム　イヂョート　りぇーち

何が話題になっているのですか。

— 85 —

Кого́ гото́вят ву́зы и те́хникумы?
カヴォー ガトーヴャト ヴーズィ イ チェーフニクムィ

大学や中等専門学校はどんな人を養成するのですか。

〔単語〕 речь [女] 話, 会話；идёт 行われる；гото́вить II. 養成する；вуз 高等専門学校, 大学；те́хникум 中等専門学校。

慣用表現 (4)

Как вы пожива́ете?　　ごきげんいかがですか。
Как дела́?　　いかがです？
Что э́то зна́чит?　　これはどういう意味ですか。
Как э́то называ́ется (по-ру́сски)?
これは（ロシア語で）何といいますか。
Большо́е (огро́мное) спаси́бо!
たいへんありがとうございました。
Не сто́ит говори́ть об э́том.
お礼には及びません／どう致しまして。
Благодарю́ вас! — Пожа́луйста.
ありがとうございます！— どう致しまして。
Извини́те (Прости́те), что вы сказа́ли?
すみませんが、なんとおっしゃいましたか。
Прости́те (Извини́те), пожа́луйста.
どうもすみませんでした。
Ничего́, не беспоко́йтесь.
なんでもありません、心配しないで下さい。

練習

I 次のテキストを読み和訳しなさい。

　　Здра́вствуйте！
— Здра́вствуйте, Ива́н Ива́нович！
— Здра́вствуй, Ко́ля.
— Как вы пожива́ете?
— Спаси́бо, хорошо́. А ты? Как ты пожива́ешь?
— Благодарю́, я то́же хорошо́.
— Ты идёшь домо́й?
— Нет, я иду́ на уро́к.
— Будь здоро́в！ Извини́, я спешу́.
— До свида́ния.

〔単語〕 пожива́ть I. 暮らす；хорошо́ 元気だ；спеши́ть II. 急ぐ；будь <быть の命令形, будь здоро́в ごきげんよう。

Урок 16

名詞の単数生格；前置詞なしの生格の用法 (1)

文法ノート

I 名詞の単数生格

1. Чей э́то слова́рь?　　　　　Э́то слова́рь бра́та.
   これは誰の辞書ですか。　　　これは弟の辞書です。
2. Како́й сейча́с уро́к?　　　　Сейча́с уро́к фи́зики.
   今なんの授業ですか。　　　　今は物理学の授業です。

上の例文の答えの部分では，「弟の」「物理学の」に相当するロシア語は，変化して日本語とは逆に係る名詞の後に置かれていますが，この бра́та, фи́зики が生格と呼ばれる形態なのです。

単数生格の変化形は次のようになります。

		語尾	主格		生格
男性	ьのつかない**子音** → -а		заво́д	工場	заво́да
	-й → -я		музе́й	博物館	музе́я
	-ь → -я		слова́рь	辞書	словаря́
中性	-о → -а		сло́во	単語	сло́ва
	-е → -я		мо́ре	海	мо́ря
	-мя → -мени		и́мя	名前	и́мени
女性	-а → -ы		шко́ла	学校	шко́лы
	-я → -и		земля́	土地	земли́
	-ь → -и		тетра́дь	ノート	тетра́ди

— 88 —

1. 男性名詞の生格の語尾は，活動体の場合の対格の語尾と同じ形です。男性と中性 (-мя 型を除き) の変化は同じなので，男性と女性の変化を積極的に記憶して下さい。

2. -a に終る**女性**名詞では，語幹が **г, к, х；ж, ч, ш, щ** に終る場合，ы の代りに **и** を書く：

кни́га 本→кни́г**и**, река́ 川→рек**и́**

3. -e に終る**中性**名詞では，語幹が **ж, ч, ш, щ** または **ц** に終る場合，я の代りに -**a** を書く：

со́лнце 太陽→со́лнц**а**, учи́лище 学校→учи́лищ**а**

II 前置詞なしの生格の用法 (1)

1. 前置詞なしに用いられる名詞の生格形は，おおまかな言い方をすれば，多くは日本語の「…の」に相当します。個々に見ればそれには主に次のような用法があります。

а. 事物の**所有・所属**を意味する。

Э́то кни́га *сестры́.*

これは妹の本です。

На столе́ лежи́т портфе́ль *студе́нта.*

机の上には学生のカバンがあります。

б. 動作の**主体**または**対象**を表わす。

主体: прие́зд *бра́та*　兄の到着 (兄が到着すること)
対象: чте́ние *кни́ги*　読書 (本を読むこと)

Де́ти внима́тельно слу́шали объясне́ние *учи́теля.* (主体)

子供たちは先生の説明を注意深く聞いていた。

Изуче́ние *грамма́тики* необходи́мо. (対象)

文法の学習は不可欠です。

в. **事物の特徴**を示す。

Это парк *культу́ры и о́тдыха*.

これは文化と休息の公園です。

Москва́ — го́род *нау́ки, культу́ры и иску́сства*.

モスクワは科学と文化と芸術の町です。

注 これは疑問詞 како́й の答えに対応する生格の用法です。

г. 人または事物が**関係をもつ対象**を意味する。

    студе́нт *университе́та*　　　大学の学生

    продаве́ц *магази́на*　　　　　店の売り子

注 その他に，物体の佩用者の意味： белизина́ сне́га 雪の白さ，во́ля челове́ка 人間の意志；物体の部分の意味： кусо́к хле́ба パンの一片，等の用法があります。

詳しい分類になりましたが，読解するだけならこのような区別は必要なく，はじめは**前置詞なしの生格は関係する名詞のあとに置かれて**,「…の」を**意味する**と覚えれば十分です。

2. 否定生格の用法

a. 存在の否定

否定を意味する述語 нет (現在), не́ было (過去), не бу́дет (未来) と結合するとき名詞は**生格**に立ちます。事物の存在が否定される場合，その否定されるものは生格に置かれるのです。

У меня́ *нет бра́та (сестры́)*.

私には兄弟（姉妹）はありません。

У нас *не́ было маши́ны*.

私たちのところには自動車はなかった。

За́втра в клу́бе *не бу́дет конце́рта*.

明日クラブではコンサートはありません。

注　第1の文に対する肯定文は　У меня́ есть брат (сестра́). となる。

б. 他動詞の否定—直接補語をとる他動詞が否定されると，補語はふつう生格になります。

Моя́ ба́бушка *не люби́ла молока́.*
私の祖母は牛乳が嫌いだった。

Студе́нты *не обсужда́ли докла́да.*
学生たちは報告を議論しなかった。

注　しかし時には，とりわけ話し言葉においては，名詞が具体的な事物を表わす場合には対格が用いられることもあります。

Я не чита́л э́ту кни́гу.　私はこの本を読んだことがない。

3. 生格を要求する動詞

動詞 хоте́ть 欲する，жела́ть 希望する，добива́ться 達する，избега́ть 避ける，боя́ться 恐れる，等は補語として生格を求めます。

Мы *хоти́м ми́ра.*　　　　　私たちは平和を欲している。

Цветы́ *боя́тся хо́лода.*　　　花は寒さを怖がる。

生格を要求するのは，願望，要請，達成，懸念，回避，欠如等を意味する動詞です。

〔単語〕объясне́ние 説明；изуче́ние 学習, 研究；грамма́тика 文法；необходи́мо 必要だ；культу́ра 文化；о́тдых 休息；нау́ка 科学；иску́сство 芸術；продаве́ц 売り子；обсужда́ть I. 議論する；цветы́〔複〕花；хо́лод 寒さ。

練習

I 次のテキストを読んで和訳しなさい。

Проспе́кт Кали́нина

В це́нтре Москвы́ нахо́дится проспе́кт, кото́рый хорошо́ зна́ют москвичи́ и го́сти столи́цы. Проспе́кт но́сит и́мя Михаи́ла Кали́нина.

Проспе́кт Кали́нина — э́то совреме́нный проспе́кт столи́цы.

На проспе́кте Кали́нина нахо́дится са́мая кру́пная библиоте́ка в Росси́и — Библиоте́ка и́мени Ле́нина, Дом дру́жбы, кинотеа́тр «Октя́брь». В До́ме дру́жбы встреча́ются ру́сские лю́ди и их зарубе́жные друзья́, здесь прохо́дят интере́сные вечера́. В кинотеа́тре «Октя́брь» иду́т но́вые фи́льмы.

На проспе́кте Кали́нина нахо́дятся рестора́ны, кафе́, магази́ны: магази́ны оде́жды и о́буви, магази́ны кни́ги и пласти́нки. Здесь есть большо́й кни́жный магази́н «Дом кни́ги».

〔単語〕 кото́рый 関係代名詞で前の語 проспе́кт を受けている；москви́ч モスクワっ子；гость〔男〕客；столи́ца 首都；носи́ть II.（名称などを）有する；совреме́нный 現代的な；са́мая кру́пная…（библиоте́ка）最も大きな…；и́мени（＜и́мя）… 名称, 記念；дру́жба 友好；Октя́брь 十月革命；встреча́ться I. 会う；ру́сский ロシアの；зарубе́жный 外国の；проходи́ть II. 行われる；ве́чер 夕べ；иду́т 上映される；оде́жда 衣服；о́бувь〔女〕履物；пласти́нка レコード；кни́жный 本の。

II カッコ内の単語を用いて文を完成しなさい。

1. Пальто́ (сестра́) виси́т в шкафу́.
2. Я ка́ждое воскресе́нье хожу́ в теа́тр (о́пера и бале́т).

3. Дети — это цветы (жизнь).
4. Мой друг живёт на улице (Пушкин), а я на улице (Просвещение).
5. На улице Горького находятся магазины (одежда и обувь).
6. Я думаю, что сегодня не будет (дождь).
7. Я люблю проводить лето на берегу (река) или на берегу (море).
8. Мой отец — преподаватель (история).
9. На берегу (озеро) стоит белое здание (санаторий).
10. Москва — это город (промышленность, наука и культура).

〔単語〕шкаф たんす；опера オペラ；балет バレー；жизнь [女] 生活, 人生；обувь [女] 履物；что [接] 主文の補語の働きをする従属文を導いています；проводить II. すごす；берег 岸；озеро 湖；санаторий サナトリウム；промышленность [女] 工業。

Урок 17

前置詞なしの生格の用法 (2);
生格要求の前置詞

文法ノート

I　前置詞なしの生格の用法 (2)

4. 部分生格

　この生格の用法は，動作が及ぶのが対象全体ではなく，その一部であることを意味します。

　　Да́йте ему́ *молока́*.　彼に牛乳をやって下さい。
　　купи́ть *хле́ба*　　　パンを買う
　　вы́пить *молока́*　　牛乳を飲む

5. 数量生格

　数詞や**不定数詞**（ско́лько どれだけ，мно́го 多く，не́сколько 若干の，等）と結合するとき名詞は**生格**になります。

　数詞 2, 3, 4 と結合する名詞は**単数生格**となります：

　　два до́ма (письма́)　　　2軒の家（2通の手紙）
　　три часа́ (мину́ты)　　　3時〔間〕（3分〔間〕）
　　четы́ре кни́ги　　　　　4冊の本

　その他の数詞や不定数詞と結合するとき，ふつう複数生格になります（後述 124 頁）。

〔単語〕да́йте＜дать 与える；купи́ть II. 買う；вы́пить I（変則）飲む。

— 94 —

II 生格要求の前置詞

1. y «...のそばに，...のところに» (場所，何かが所属する先の人または物，行き先，等を示す)

Стол стои́т *у окна́*.
机は窓の側に立っています。
У бра́та есть интере́сная кни́га.
兄は興味深い本を持っています。
Я был *у врача́*.
私は医者のところへ行った。

2. из «...(の中)から» (動作が発する場所，情報の源泉，出所等)

Студе́нт идёт домо́й *из университе́та*.
学生が大学から家へ行くところです。
Мы чита́ли текст *из рома́на* «Война́ и мир».
私たちは長編小説《戦争と平和》からのテキストを読んだ。
Господи́н Танака — студе́нт *из Япо́нии*.
田中さんは日本からきた学生です。

3. с «...(〜の上)から» (動作の開始される場所と時等)

Он берёт кни́гу *с по́лки*.
彼は本を本棚から取ります。
Заня́тия в университе́те начина́ются *с сентября́*.
大学の授業は9月から始まります。

注　前置詞 из は в に，с は на にそれぞれ対応して用いられます。対格の項の用法と比較されたい。

4. от «...から，...のために» (動作の開始点，動作が起因する人または物等を示す)

Я получи́л письмо́ *от бра́та*.

私は兄から手紙を受取った。

Я не мог говори́ть *от волне́ния*.

私は興奮のために話すことができなかった。

注 動作の開始点が人間のとき от が用いられる。これは行き先を示す у の用法に対応している。

5. **до** 《…まで》（動作の場所及び時間の限界点等を示す）

От дере́вни *до го́рода* бли́зко.

村から町までは近い。

Мы рабо́тали *до ве́чера*.

私たちは夕方まで働いた。

6. **для** 《…のため(に・の)》（誰・何かの利益(ために)，動作の目的，事物の用途等を意味）

Я покупа́ю кни́гу *для сестры́*.

私は妹のために本を買います。

Мы остана́вливаемся *для о́тдыха*.

私たちは休息するために立ち止まる。

посу́да *для молока́* 牛乳用の器 (コップ)

7. **после** 《…のあとで》（動作の時を意味）

По́сле уро́ка мы идём домо́й.

授業のあと私たちは家へ帰って行きます。

8. **без** 《…なしに》（事物あるいは人の欠如を示す）

Я люблю́ пить чай *без са́хара*.

私はお茶に砂糖を入れないで飲むのが好きです。

9. **その他の生格要求の前置詞**

около 《...の近くに；およそ》, **вокру́г** 《...のまわりに》, **ми́мо** 《...のそばを》, **посреди́** 《...の真中に》, **напро́тив** 《...に向って》, **кро́ме** 《...のほかに》, **вме́сто** 《...のかわりに》等々。

Ле́том я жил *о́коло мо́ря*.
夏に私は海の近くで暮した。
Го́сти сидя́т *вокру́г стола́*.
お客たちはテーブルのまわりに座っています。
Па́мятник стои́т *напро́тив теа́тра*.
記念碑は劇場の向いに立っています。
Мы е́хали *ми́мо теа́тра*.
私たちは劇場の側を通って行った。

〔単語〕война́ 戦争; господи́н (敬称として) ...様・さん; берёт＜брать, беру́, берёшь 取る; по́лка〔本〕棚; заня́тия [複] 授業; получи́ть 受取る; мог 過・男＜мочь できる; волне́ние 興奮; бли́зко [副] 近い; остана́вливаться I. 止まる; о́тдых 休息; посу́да 食器; са́хар 砂糖; па́мятник 記念碑。

練習

I 次のテキストを読んで和訳しなさい。

Тури́сты отправля́ются в лес.

Из дере́вни тури́сты отправля́ются в лес. Они́ иду́т ми́мо по́ля. С по́ля ду́ет ве́тер. Идти́ ну́жно про́тив со́лнца. От дере́вни до ле́са недалеко́. Тури́сты садя́тся для о́тдыха у о́зера. Вокру́г о́зера зелёные дере́вья. Посреди́ о́зера небольшо́й о́стров. Здесь они́ отдыха́ют о́коло ча́са. По́сле о́тдыха и обе́да тури́сты отправля́ются да́льше. Они́ идут вдоль реки. Около реки большой пионерский лагерь. Напротив лагеря дом отдыха.

〔単語〕 турист 旅行者； отправляться I. 出発する； лес 森； дуть I. (風が)吹く； ветер 風； против [前] ...に向って； недалеко [副] 遠くない； зелёный 緑の； деревья [複]＜дерево 木； остров 島； около часа 約1時間； дальше もっと先に； вдоль [前] ...に沿って； пионерский ピオネールの； лагерь [男] キャンプ。

II カッコ内の単語を変化させて文を完成しなさい。

1. Вчера я была у (Маша).
2. Я беру книги из (библиотека) домой.
3. С (утро) до (вечер) работают в поле тракторы.
4. Дети стояли вокруг (Андрей).
5. У (сестра) в (деревня) новый дом.
6. Я изучал русский язык без (преподаватель).
7. Памятник стоит посреди (площадь).
8. От (вокзал) до (гостиница) не очень далеко.
9. Около (год) мы жили в (колхоз).
10. Я долго жил на (север). Теперь я еду с (север) на (юг).

〔単語〕 трактор トラクター； вокзал 駅〔舎〕； гостиница ホテル； колхоз コルホーズ（集団農場）； север 北，北部； еду＜ехать I. (変則)(乗物で)行く。

III 前置詞 в, на, из, с, у, после, от, для を入れなさい。

1. Автобус идёт ＿＿ города ＿＿ деревню.
2. Самолёт летит ＿＿ юга ＿＿ север.
3. ＿＿ нас ＿＿ городе есть большой кинотеатр.

4. Máша рабóтает ___ фáбрике. Онá идёт ___ фáбрики ___ клуб.
5. Óзеро Селигéр — хорóшее мéсто ___ óтдыха.
6. Вчерá бы́ло письмó ___ сестры́.
7. ___ рабóты колхóзники отдыхáют.

〔単語〕 Автóбус バス；самолёт 飛行機；летéть II. 飛んで行く；нас мы の生格；кинотеáтр 映画館；фáбрика 工場；колхóзник コルホーズ員。

Урок 18

名詞の単数与格；前置詞なしの与格の用法；
与格要求の前置詞

文法ノート

I 名詞の単数与格

与格は動詞や名詞と共に用いられ，《…へ》を表わすのが基本的な用法です。

単数与格の変化形は次のようになります。

	語尾		主格		与格
男性	ьのつかない子音 → -у		завóд	工場	завóду
	-й → -ю		музéй	博物館	музéю
	-ь → -ю		словáрь	辞書	словарю́
中性	-о → -у		слóво	単語	слóву
	-е → -ю		мóре	海	мóрю
	-мя → -мени		и́мя	名前	и́мени
女性	-а → -е		шкóла	学校	шкóле
	-я → -е		земля́	土地	землé
	-ь → -и		тетрáдь	ノート	тетрáди

1. -е に終る中性名詞では，語幹が ж, ч, ш, щ または ц に終る場合，ю の代りに у を書きます：

сóлнце 太陽→сóлнцу： учи́лище 学校→учи́лищу

— 100 —

2. -ия に終る女性名詞の与格形は -ии になります：

история 歴史→истории： Япония 日本→Японии

II 前置詞なしの与格の用法

1. 与格補語

前置詞なしに用いられる与格は，**動作が向けられる人**または**物**を示し，日本語の《…へ，…に》にあたります，つまり間接目的語の用法に相当します。

Я пишу́ письмо́ *бра́ту*.

私は兄へ手紙を書きます。

Он даёт кни́гу *сестре́*.

彼は一冊の本を妹へあげます。

2. 与格を要求する動詞と名詞

a. 与格補語をとる動詞には次のようなものがあります：говори́ть 話す, отвеча́ть 答える, писа́ть 書く, дава́ть 与える, дари́ть 贈る, пока́зывать 見せる, покупа́ть 買う, помога́ть 援助する, меша́ть 妨げる, сочу́вствовать 同情する, 等々。

Ма́ша помога́ет *подру́ге* гото́вить обе́д.

マーシャは食事を支度するのを女友だちに手伝います。

Шум меша́ет *Та́не* занима́ться.

騒音はターニャが勉強するのを妨げます。

б. 与格を求める動詞に対応した名詞も与格と結合して用いられます。

письмо́ *бра́ту* 兄への手紙 ──

писа́ть *бра́ту* 兄へ手紙を書く

— 101 —

подáрок *дрýгу*　友への贈物 ——

　　　　　　　подарúть *дрýгу*　友へ贈物をする

пóмощь *сестрé*　妹への手伝い ——

　　　　　　　помогáть *сестрé*　妹へ手伝う

3. 無人称文の動作の主体を表わす与格

無人称文において動作を行い，状態を経験する人を意味する語は与格に置かれます。

Сегóдня *Лéне* не нáдо рáно вставáть.

今日レーナは早く起きる必要がありません。

Сестрé ещё трýдно говорúть по-рýсски.

妹にはロシア語を話すのはまだ難しい。

〔単語〕 даёт<давáть I. (変則) 与える；подрýга [女] 友だち；шум 騒音；Тáне<Тáня；Лéне<Лéна；рáно 早く；вставáть 起きる；трýдно 難しい。

III 与格要求の前置詞

1. к

a. 《…の方へ，…のところへ》（向って・接近して行く物あるいは人を示す）

Дéти бегýт *к рекé*.

子供たちが川の方へ走って行く。

Я идý к дрýгу.

私は友人のところへ行く。

Трамвáй подхóдит *к останóвке*.

市電が停留所へ近づいて行きます。

注　動作の方向の対象が人間の場合，前置詞 к を用います。к はまたこの意味のとき接頭辞 под-, при- のついた動詞と共によく

用いられます。

б. 《...への》（感情や関係を意味する名詞のあとでよく用いられます）

> У неё большо́й интере́с *к му́зыке*.
> 彼女は音楽へ大きな関心をもっている。
>
> любо́вь *к ро́дине*　祖国愛

2.　по

а. 《...を, ...に沿って》（運動・動作の起こる表面・場所を意味）

> Авто́бус идёт *по у́лице*.
> バスが通りを走って行きます。
> Мы гуля́ем *по бе́регу* реки́.
> 私たちは川岸を散歩します。

б. 《...の》（専門・仕事等の種類を示す）

> специали́ст *по эконо́мике*　経済の専門家
> ле́кция (заня́тия / семина́р / экза́мен) *по литерату́ре (исто́рии)*　文学(歴史)の講義（授業 / ゼミ / 試験）

в. 《...に従って, ...に基づいて》（動作の基盤, 根拠を意味）

> Мы рабо́тали *по пла́ну*.
> 私たちは計画に従って働いた。
> Фи́льм "Пётр Пе́рвый" сде́лан *по рома́ну* А. Толсто́го.
> 映画《ピョートル1世》は A. トルストイの長編小説に基づいてつくられた。

г. 《...の》（親戚や親近な関係を示す）

> това́рищ *по шко́ле* (*по университе́ту* / *по рабо́те*)

学校（大学／職場）の仲間

д. «...で» （通信等の手段を意味）

звони́ть *по телефо́ну*　電話をする

смотре́ть *по телеви́зору*　テレビで見る

з. благодаря́ «...のおかげで，...のために» （主として肯定的な理由を意味）

Благодаря́ по́мощи дру́га он уже́ зака́нчивает рабо́ту.
友人の援助のおかげで彼はすでに仕事を終えつつある。

〔単語〕 бегу́т＜бежа́ть 走って行く；подходи́ть II. 近づく；остано́вка 停留所；интере́с 興味；любо́вь［女］愛；ро́дина 故郷，祖国；специали́ст 専門家；эконо́мика 経済；план 計画；сде́лан つくられた；звони́ть II. 電話をかける；телефо́н 電話；зака́нчивать I. 終える。

かなり詳しい与格の説明になってしまいましたが，当初は前置詞と用いられる用法などは読むだけにし，前置詞なしの用法（とくに 1, 3）を覚えておけばいいと思います。

練習

I 次のテキストを読んで和訳しなさい。

　Я написа́л письмо́ сестре́.

　Вчера́ я писа́л два письма́ на ро́дину. Одно́ письмо́ я написа́л бра́ту. Второ́е писа́л сестре́. Ра́ньше она́ говори́ла ма́ме, что хо́чет учи́ться в институ́те. Она́ зака́нчивает шко́лу. В письме́ я посове́товал сестре́ поступа́ть в Университе́т Дру́жбы наро́дов.

　Когда́ я подходи́л к по́чте, иностра́нец спроси́л: «Скажи́те, пожа́луйста, как пройти́ к Консервато́рии?» Я сказáл: «Идите по проспéкту Мáркса до улицы Гéрцена, потóм по улице Гéрцена. На улице Гéрцена нахóдится Консерватóрия.»

〔単語〕написáть 書く；однó, один の中性形；рáньше 以前に；мáма 母；что [接]；посовéтовать I. (変則) 助言する；поступáть II. (в+対) ...へ入る；Университéт Дрýжбы нарóдов 民族友好大学；когдá [接] ...とき；инострáнец 外国人；спросить II. たずねる；пройти 通る, 行く；Консерватóрия コンセルバトアール。

II カッコ内の単語を用いて文を完成しなさい。

1. Отéц совéтовал (сын) хорошó учиться.
2. Я люблю лéто, а (сестрá) нрáвится óсень.
3. Ученик задаёт (учитель) вопрóс.
4. Я помогáю (товáрищ) рабóтать в гóроде.
5. Этот автóбус идёт к (óзеро).
6. Мой товáрищ по (шкóла) éдет на Урáл.
7. Дéвушки мéдленно шли по (пóле).
8. (Андрéй) нельзя было вставáть.

〔単語〕нрáвиться II. 気に入る；óсень [女] 秋；ученик 生徒；задаёт <задавáть 出す, 課する。

Урок 19

名詞の単数造格；前置詞なしの造格の用法；
造格要求の前置詞

文法ノート

I 名詞の単数造格

造格の用法は多様であるが，その基本は道具・手段の用法である： чем (何で) писа́ть? — писа́ть ру́чкой 万年筆で書く。

単数造格の変化形は次のようになります。

		語尾		主格		造格
男性	ьのつかない子音	→ -ом	заво́д	工場	заво́дом
	-й	→ -ем	музе́й	博物館	музе́ем
	-ь	→ -ем	слова́рь	辞書	словарём
中性	-о	→ -ом	сло́во	単語	сло́вом
	-е	→ -ем	мо́ре	海	мо́рем
	-мя	→ -менем	и́мя	名前	и́менем
女性	-а	→ -ой	шко́ла	学校	шко́лой
	-я	→ -ей	земля́	土地	землёй
	-ь	→ -ью	тетра́дь	ノート	тетра́дью

語幹が **ж, ч, ш, щ** および **ц** で終る名詞の造格形は次のようになります。男性・中性名詞では語尾に**力点のあるとき -о́м, ないとき -ем**:

каранда́ш 鉛筆→карандашо́м, врач 医者→врачо́м,

— 106 —

лицо́ 顔→лицо́м；това́рищ 同僚→това́рищем

女性名詞では語尾に力点のあるとき **-ой**，ないとき **-ей** となる：

свеча́ ろうそく→свечо́й, овца́ 羊→овцо́й；
ту́ча 雨雲→ту́чей, пшени́ца 小麦→пшени́цей

II 前置詞なしの造格の用法

1. 動作の**道具・手段**を意味する《…で・でもって》

   Он пи́шет *ру́чкой*, а его́ друг *карандашо́м*.
   彼は万年筆で，彼の友人は鉛筆で書きます。
   Суп едя́т *ло́жкой*, а мя́со *ви́лкой* и *ножо́м*.
   スープはスプーンで，肉はホークとナイフで食べます。

2. 受動態等の文において**動作主**を意味する《…によって，…で》

   Э́то письмо́ напи́сано *отцо́м*.
   この手紙は父によって書かれた。

3. 交通手段を意味する《…で》

   е́хать *по́ездом* 汽車で行く
   лете́ть *самолётом* 飛行機で飛んで行く
   С аэродро́ма мы е́хали *авто́бусом*.
   飛行場から私たちはバスに乗って行った。

4. **任務・職業**を意味する《として》

   выбира́ть кого́-либо *делега́том* 誰かを代議員に選ぶ
   Он рабо́тает на заво́де *инжене́ром*.
   彼は工場で技師として働いている。

5. 造格を要求する動詞

а. 連辞動詞：быть …である，станови́ться …に成る，явля́-ться …である，каза́ться …に見える，ока́зываться …と判明する。

б. その他の動詞：руководи́ть 指導する，управля́ть 管理する，интересова́ться 興味をもつ，занима́ться 従事する，勉強する。

> Он *был (бу́дет) преподава́телем.*
> 彼は先生であった（になるだろう）。
> *Моя́ сестра́ интересу́ется му́зыкой.*
> 私の妹は音楽に興味を持っています。
>> 注 その他の造格の意味：a. 動作の様態：петь ба́сом バスの声で歌う。б. 時：уе́хать ра́нней весно́й 早春に出発する。в. 移動する場所：идти́ бе́регом реки́ 川岸を通って行く。

〔単語〕едя́т＜есть 食べる；ло́жка スプーン；мя́со 肉；ви́лка ホーク；нож ナイフ；напи́сано 書かれた；отцо́м＜оте́ц 父；по́езд 汽車；аэродро́м 飛行場；выбира́ть 選ぶ；кого́-либо 誰かを；делега́т 代議員；интересу́ется＜интересова́ться

III 造格要求の前置詞

1. с

а. 《…と(共に)》（動作を共に行う人を示す）
> Я был в теа́тре *с това́рищем.*
> 私は友人と劇場へ行った。

б. 《…つきの，…入りの》（事物の特徴，何かの存在・所有を示す）
> ко́фе *с молоко́м* ミルク入りのコーヒー

— 108 —

На столе стоит графи́н *с водо́й*.
テーブルの上に水の入った水差しが立っています。

в. «...をもって»（動作の様態を示す）

с интере́сом 興味をもって

с удово́льствием 喜んで

Студе́нты слу́шали ле́кцию *с интере́сом*.
学生たちは講義を興味深く聞いていた。

2. над «...の上方を(に)»（動作の場所の意味）

Ла́мпа виси́т *над столо́м*.
電灯が机の上にぶらさがっている。

3. под «...の下を(に)»（動作の場所の意味）

Де́ти сиде́ли *под де́ревом*.
子供たちが木の下に座っていた。

4. пе́ред «...の前に»（動作の場所と時の意味）

Пе́ред до́мом расту́т цветы́.
家の前には花がはえている。

5. за «...のうしろに，...を求めて»（動作の場所と目的の意味）

За ле́сом бы́ло по́ле.
森の向こうには野原があった。

Я иду́ в магази́н *за кни́гой*.
私は本を買いにお店へ行きます。

6. ме́жду «...の間に»（動作の場所，相互関係等を意味）

Стол стои́т *ме́жду окно́м* и *крова́тью*.
机は窓とベットの間に立っています。

Торго́вля *ме́жду Япо́нией* и *Росси́ей*.
日露間の貿易。

— 109 —

〔単語〕 графи́н 水差し；удово́льствие 満足；ла́мпа 電灯；расту́т＜расти́ I. 生える；крова́ть [女] ベッド；торго́вля 商売，貿易。

少し詳しい説明になってしまいましたが，最初は前置詞なしの用法の 1 と前置詞 с の項を覚えておけばいいでしょう。

練習

I 次のテキストを読んで和訳しなさい。

Во́лга

Во́лга — вели́кая ру́сская река́, са́мая больша́я река́ в Евро́пе. Исто́к Во́лги — ма́ленький ручей́ к се́веру от Москвы́. Постепе́нно ручей́ расширя́ется и стано́вится большо́й реко́й.

Во́лга течёт с се́вера на юг и впада́ет в Каспи́йское мо́ре.

Грандио́зные кана́лы соединя́ют с Во́лгой моря́: Бе́лое, Балти́йское, Чёрное и Азо́вское. Кана́лом и́мени Москвы́ Во́лга соединя́ется с Москво́й-реко́й. Во́лго-Донско́й кана́л соединя́ет Во́лгу с До́ном.

Са́мые больши́е прито́ки Во́лги — Ока́ и Ка́ма. Вме́сте с Во́лгой они́ образу́ют во́дный путь ме́жду Москво́й и Ура́лом.

Зимо́й Во́лга покрыва́ется льдом и сне́гом. Перед нача́лом весны́ снег темне́ет, пото́м та́ет.

〔単語〕 са́мая... 最も...；исто́к 源；ручей́ 小川；постепе́нно だんだんと；расширя́ться I. 広くなる；...большо́й реко́й (＜больша́я река́) 大きな川に(なる)；течёт＜течь 流れる；впада́ть I. 注ぐ；Каспи́йское мо́ре カスピ海；грандио́зный 巨大な；кана́л 運河；соединя́ть I. (с＋造) 結合する；моря́ は複数の対格；Бе́лое/Балти́йское/Чёрное/Азо́в-

— 110 —

ское (мо́ре) 白/バルチック/黒/アゾフ/海；соединя́ться I (с+造) 結合される；прито́к 支流；вме́сте с… [造] …と共に；образу́ют＜образова́ть 形成する；во́дный путь 水路；покрыва́ться 覆われる；льдо́м＜лёд 氷；снег 雪；нача́ло 始め；темне́ть I. 黒ずむ；та́ять I. 融ける。

II カッコ内の単語を用いて文を完成しなさい。

1. В колхо́зе убира́ют хлеб (комба́йн).
2. Э́ти студе́нты занима́ются (хи́мия).
3. Моя́ сестра́ бу́дет (учи́тельница).
4. Това́рищ Ивано́в руководи́т (рабо́та) це́ха.
5. Воло́дя хо́дит в шко́лу с (Андре́й).
6. Ме́жду (го́род и дере́вня) хоро́шее шоссе́.
7. Кни́га лежи́т под (тетра́дь).
8. За (музе́й) был большо́й сад.
9. Пе́ред (шко́ла) был большо́й парк.
10. Над (по́ле) лета́ют пти́цы.

〔単語〕убира́ть I. 取り入れをする；хлеб 穀物；комба́йн コンバイン；цех 工場，職場；шоссе́ 街道；лета́ть I. 飛ぶ；пти́ца 鳥。

Урок 20

ся 動詞; -овать 動詞と
-авать 動詞の変化; 感嘆文

文法ノート

I ся 動詞

助詞 **-ся** のついた動詞はすべて対格補語をとることのない**非他動詞**である。ロシア語では対格補語をとる動詞を他動詞，その他の動詞を非他動詞と呼んでいます。ся 動詞の主な用法として次のようなものがあります。

注 助詞 -ся は元来再帰代名詞 себя の古い対格形であった。

1. 本来的な再帰の意味

助詞 -ся は，動作が他の対象に及ばず，**動作者自身に向けられる**，つまり動作者が同時に動作の対象でもあることを示します: бри́ться（ひげを）剃る, умыва́ться（顔を）洗う, купа́ться 水浴する, причёсываться（髪を）とかす, одева́ться 着る, раздева́ться 脱ぐ。

> Мать *одева́ется*.
> 母は着物をきている。
> (比較: Мать одева́ет ребёнка. 母親が子供に着物を着せる)
>
> Он *умыва́ется*.
> 彼は顔を洗っている。
> (比較: Он умыва́ет бра́та. 彼は弟の顔を洗ってやる)

2. 被動の意味

助詞 -ся が他動詞に被動の意味を付与し，**受動態の文**で用いられます。この場合**動作主**は**造格**に置かれます：стро́иться 建てられる，выполня́ться 遂行される，реша́ться 解かれる，составля́ться 作成される。

План *выполня́ется* заво́дом.
計画は工場によって遂行される。
(比較：Заво́д выполня́ет план. 工場は計画を遂行する)
Дом *стро́ится* пло́тником.
家は大工によって建てられている。

注 ся 動詞が被動の意味で用いられるのは不完了体動詞の場合だけです。

3. 相互動作の意味

二人または数人（あるいはいくつかのもの）によって行われ，お互いへ向けられた動作を示します。前置詞 с を伴って用いられることが多い：встреча́ться 出会う，обнима́ться 抱き合う，целова́ться 接吻し合う，знако́миться 知り合う。

Он *встреча́ется* с бра́том ка́ждое у́тро.
彼は毎朝兄と出会います。
Я *познако́мился* с сестро́й дру́га.
私は友人の妹さんと知り合った。

4. 一般的な再帰の意味

助詞 -ся が上述の意味（1—3）を付与せず，主体の内面的な状態，気分，体験；主体による外的な動作（運動），等を意味します，ここへは様々な動詞が入ります：ра́доваться 喜ぶ，беспоко́иться 心配する，интересова́ться 興味をもつ；поднима́-

ться のぼる，возвраща́ться 帰る，развива́ться 発展する；начина́ться 始まる，конча́ться 終る。

Мать *ра́дуется* уда́че сы́на.

母は息子の成功を喜んでいる。

А́нна *у́чится* игра́ть в те́ннис.

アンナはテニスの仕方を習っている。

注　その他 -ся 動詞には次のようなものがある。

　　a.　-ся がついて無人称動詞として用いられるもの：хо́чется 欲する，ду́мается 思われる，ка́жется 思われる。

　　　Ви́ктору хо́чется пойти́ в кино́.

　　　ヴィクトルは映画へ行きたがっている。

　　б.　-ся がついてまったく別の意味になるもの：находи́ться 存在する，состоя́ться 開かれる，прости́ться 別れる。

　　　Чёрное мо́ре нахо́дится на ю́ге СССР.

　　　黒海はソビエトの南部にある。

　　в.　つねに -ся がついて用いられる動詞：стара́ться 努力する，стреми́ться 志す，нра́виться 気に入る，боя́ться 恐れる，наде́яться 期待する，смея́ться 笑う。

　　　Сестре́ нра́вится бале́т.

　　　妹はバレーが好きだ。

〔単語〕пло́тник 大工；познако́миться II. (с+造) 知り合う；ра́дует-ся＜ра́доваться（+与）喜ぶ；уда́ча 成功。

5.　ся 動詞の変化

ся 動詞は助詞 -ся を除いて変化させてから -ся をつければいいのですが，母音のあとでは -ся は -сь になります。

現在：я занима́юсь　　ты занима́ешься　　он занима́ется
　　　мы занима́емся　　вы занима́етесь　　они́ занима́ются
過去：он занима́лся　　она́ занима́лась　　они́ занима́лись

— 114 —

注 -ться, -тся は [ща] と発音されます。

II -овать, -евать 動詞と -авать 動詞の変化

1. -овáть と -евáть 動詞は人称変化の際, -ова-, -ева- は -у となります： организовáть 組織する, воевáть 戦う, совéтовать 助言する。

 рисовáть 描く： рису́ю, рису́ешь...рису́ют

 танцевáть 踊る： танцу́ю, танцу́ешь...танцу́ют

2. -авáть 動詞は -ва- の部分が脱落して人称変化します： создавáть 創造する, передавáть 伝える。

 давáть 与える： даю́, даёшь...даю́т；

       命令形 давáй(те)

 вставáть 起きる： встаю́, встаёшь...встаю́т；

       命令形 вставáй(те)

注 命令形は現在語幹からではなく不定形語幹から形成します。

 Я даю́ кни́гу учи́телю.

 私は先生に本をあげる。

 Я рису́ю её портрéт.

 私は彼女の肖像画を描いている。

III 感嘆文

 平叙・疑問・命令文は, 発言に喜怒哀楽の強い感情を表わして特別な抑揚で話されれば, 感嘆文となりえます。

 Сегóдня прекрáсная погóда！

 今日はすばらしい天気だ！

 Какóй прекрáсный день！

 何てすばらしい日だろう！

Как, ты не идёшь с нами?!
何ですって，一緒に行かないって？！

練習

I 次のテキストを読んで和訳しなさい。

Мой день

Я встаю́ ра́но у́тром, открыва́ю окно́. Пото́м бы́стро умыва́юсь, причёсываюсь, одева́юсь. В во́семь часо́в я за́втракаю.

Заня́тия в университе́те начина́ются в де́вять часо́в. Я не опа́здываю, поэ́тому в де́вять часо́в я всегда́ в кла́ссе.

Заня́тия конча́ются в три часа́. Обе́даем мы обы́чно в университе́те, пото́м занима́емся в лаборато́рии и́ли библиоте́ке. А у́жинаем мы иногда́ в университе́те, иногда́ в общежи́тии.

Ве́чером мы отдыха́ем до́ма и́ли в клу́бе. В клу́бе есть кружки́, где студе́нты у́чатся петь, танцева́ть, рисова́ть. Мой това́рищ уже́ непло́хо рису́ет.

Домо́й мы возвраща́емся в де́вять и́ли де́сять часо́в. Ве́чером я немно́го чита́ю и́ли пишу́ пи́сьма.

В двена́дцать часо́в я ложу́сь спать.

〔単語〕открыва́ть I. 開ける；в во́семь / де́вять / де́сять / двена́дцать часо́в 8 / 9 / 10 / 12 時に；опа́здывать I. おくれる；поэ́тому それ故；класс 教室；лаборато́рия 実験室；кружо́к サークル；где ［関係副詞］そこでは；петь 歌う；непло́хо かなりよく；возвраща́ться I. 帰る；ложи́ться спать 就寝する。

II 与えられた動詞のどちらかを選び，適当な形にして挿入せよ。

1. Пе́рвый уро́к ... в 9 часо́в. начина́ть
   Преподава́тель ... уро́к. начина́ться
2. Мой това́рищ ... в институ́те. учи́ть
   Мы ка́ждый день ... но́вые ру́сские
   слова́. учи́ться
3. В го́роде рабо́чие ... дом. стро́ить
   В го́роде ... дом. стро́иться
4. Брат ... и идёт в шко́лу. одева́ть
   Я всегда́ ... бра́та. одева́ться
5. У́тром она́ ... и идёт за́втракать. умыва́ть
   Я всегда́ ... сестру́. умыва́ться
6. Прое́кт ... архите́ктором. создава́ть
   Архите́ктор ... прое́кт. создава́ться
7. Я ... домо́й в 10 часо́в. возвраща́ть
   Я ... журна́л в библиоте́ку. возвраща́ться

[単語] начина́ть I. 始める；слова́ 複・対＜сло́во；рабо́чие 労働者たち；прое́кт 設計図；архите́ктор 建築家；создава́ть つくる；возвраща́ть I. 返す。

Урок 21

名詞単数の格変化の総まとめ

個別に見てきた格変化を表にまとめ，復習してみましょう。

I 男性名詞のまとめ

末尾 / 格	硬変化 ьなしの子音 (不活動体)	硬変化 ьなしの子音 (活動体)	末尾	軟変化 -й	軟変化 -ь	末尾
主	завóд	студéнт	ø	музéй	словáрь	-й/-ь
生	завóда	студéнта	-а	музéя	словаря́	-я
与	завóду	студéнту	-у	музéю	словарю́	-ю
対	завóд	студéнта	=主/生	музéй	словáрь	=主/生
造	завóдом	студéнтом	-ом	музéем	словарём	-ем
前	о завóде	о студéнте	-е	о музéе	о словарé	-е

注 軟変化にも活動体と不活動体の区別があります。

1. 格変化は大別して，語幹が硬音（語尾が硬母音）のいわゆる**硬変化**と，語幹が軟音（語尾が軟母音）のいわゆる**軟変化**に分けられます。

2. 不活動体名詞では対格＝主格，活動体名詞では対格＝生格になります：герóй 英雄, 生 герóя, 与 герóю, 対 герóя, 造 герóем, 前 о герóе

3. 一部の男性名詞ではすべての変化を通じ最終音節の母音 о, е が脱落するものがあり，これらの母音を**出没母音**と呼びます。

отéц 父：生 отцá, 与 отцý, 対 отцá, 造 отцóм, 前 отцé;
день 日：生 дня, 与 дню, 対 день, 造 днём, 前 дне
ýгол 隅：生 углá, 与 углý, 対 ýгол, 造 углóм, 前 углé/-лý

II 中性名詞のまとめ

末尾 格	硬変化 -o	末尾	軟変化 -e	-(и)е	末尾	特殊変化 -мя	末尾
主	слóво	-о	мóре	здáние	-е	и́мя	-мя
生	слóва	-а	мóря	здáния	-я	и́мени	-мени
与	слóву	-у	мóрю	здáнию	-ю	и́мени	-мени
対	слóво	=主	мóре	здáние	=主	и́мя	=主
造	слóвом	-ом	мóрем	здáнием	-ем	и́менем	-менем
前	о слóве	-е	о мóре	о здáнии	-е/-и	об и́мени	-мени

1. 中性名詞の変化は，и́мя 型を除き，男性名詞の変化とほぼ同じであり，それらは第 1 変化グループに入ります。

2. 中性名詞はほとんどすべて不活動体と考えてよい。

3. 母音 (а, я 以外) で終る外来語名詞は変化しません：
кинó 映画, метрó 地下鉄, шоссé 街道

III 女性名詞のまとめ

末尾 格	硬変化 -а	末尾	軟変化 -я	-(и)я	末尾	-ь	末尾
主	шкóла	-а	земля́	пáртия	-я	тетрáдь	-ь
生	шкóлы	-ы	земли́	пáртии	-и	тетрáди	-и
与	шкóле	-е	землé	пáртии	-е/-и	тетрáди	-и
対	шкóлу	-у	зéмлю	пáртию	-ю	тетрáдь	=主
造	шкóлой	-ой	землёй	пáртией	-ей	тетрáдью	-ью
前	о шкóле	-е	о землé	о пáртии	-е/-и	о тетрáди	-и

1. 女性名詞は -а/-я で終るものは第 2 変化グループ，-ь 型は第 3 変化グループに属します。

2. 女性名詞は 単数の変化には 活動体と不活動体の違いはありません。

IV 格変化の整理

　ロシア語の初級ではなんと言っても 格変化と格の用法の習得が要（かなめ）です。格は文章と共に覚えるのが一番しぜんであり，何度か繰り返して出会ううちにおのずと覚えられますが，少し苦しみながらも 最初のうちにある程度暗記してしまうという手もあるでしょう。

　これだけの変化表を覚えなければならないのかと思うと，つい戦意を喪失しそうになるかもしれませんが，よく見ると，複雑そうなのは表面だけで，その実たいしたことはないのです。記憶の仕方はいろいろあるかもしれませんが，次のように整理し，覚えて行くのも一方法だと思います。

　男性名詞と中性名詞（-мя 型を除き）の変化は第１グループに入り，同じです。**男性・中性名詞の硬変化の語尾は，生格 -а，与格 -у，造格 -ом，前置格 -е，軟変化の語尾は，生格 -я，与格 -ю，造格 -ем，前置格 -е** です。硬変化と軟変化の語尾の違いは а—я, у—ю, о—е の違いであり，従って硬・軟の母音の対応を知っていれば，硬変化の方だけ覚えておけば，用はすむということになります。あとは男性 -ий と中性 -ие 型の場合，前置格は両方とも -ии となること，活動体名詞の場合対格＝生格となることに注意すればいいでしょう。

　女性名詞の変化は全く違い，-а/-я 型は第２グループ，-ь 型は第３グループに入るので，別途記憶しなければなりません。しかし -а/-я 型について言えば，ここでも**硬・軟の主な変化形の違いは，生格 ы—и, 対格 у—ю, 造格 ой—ей** と，やはり硬・軟の母音の対応に帰せられるので，とりあえず硬変化の方でも覚えておけばよいでしょう。ここでも -ия 型は少し違っていますが，これは後で覚えればいいと思います。また -ь 型の

女性名詞は単数では生・与・前置格は同じであり、造格さえ気をつければいいのですが、めんどうくさければ、これも後まわしにすればいいでしょう。中性の -мя 型もはじめから無理して覚える必要はありません。それよりはあとは正書法の規則をなるべく覚えるようにして下さい。

格の用法について

本書では、初級ばかりでなくそれ以上のレベルのテキストにでも間に合う文法知識を与えるために、かなり詳しく格の用法等について述べました。それ故初級段階ではすべてが必要なわけではありませんので、各課で重要としている項をはじめは先ず覚えて下さい。原則的には各格の前置詞なしの用法の1つないしは2つを覚えればいいと思います。前置詞の用法は、忘れたら辞書を見れば分かりますので、今のところ最初の1つか2つを記憶すれば十分でしょう。

練習

I 次のテキストを読んで和訳しなさい。

Михаи́л Васи́льевич Ломоно́сов

Ломоно́сов роди́лся в 1711 (ты́сяча семьсо́т оди́ннадцатом) году́ на се́вере Росси́и недалеко́ от го́рода Арха́нгельска. Здесь он жил до девятна́дцати лет.

Оте́ц его́ был крестья́нином-рыбако́м. Вме́сте с отцо́м Ломоно́сов уходи́л в мо́ре: он помога́л отцу́ лови́ть ры́бу.

Ломоно́сов с де́тства люби́л приро́ду.

В дере́вне Ломоно́сов учи́лся гра́моте. Он самостоя́тельно изуча́л грамма́тику и арифме́тику. Здесь же у него́ появи́лась страсть к нау́ке. Ему́ о́чень хоте́лось учи́ться.

Но он был крестья́нином, а крестья́нина в то вре́мя никуда́ не принима́ли. Он мечта́л о Москве́. Он знал, что там есть шко́лы и библиоте́ки. И одна́жды Ломоно́сов ушёл из до́ма и пошёл в Москву́. В Москве́ с трудо́м он поступи́л в шко́лу.

〔単語〕 роди́ться II. 生まれる； недалеко́ от… …からほど遠くない所に； девятна́дцать 19； крестья́нин 農夫； рыба́к 漁師； уходи́ть II. 出かけて行く； лови́ть II. 捕る； ры́ба 魚； де́тство 幼年時代； приро́да 自然； гра́мота 読み書き； самостоя́тельно 独(自)力で； арифме́тика 算数； же 強勢の助詞； появи́ться II. 現われる； страсть [女] 情熱； хоте́ться …したい； в то вре́мя その当時； никуда́ どこへも～ない； принима́ть I. 受け入れる； мечта́ть I. 夢見る； что [接]； одна́жды ある時； ушёл (＜уйти́) 立ち去った； пошёл (＜пойти́) 出かけた； труд 困難； поступи́ть II. 入る。

II カッコ内の単語を用いて文を完成しなさい。

1. Я дал (това́рищ) кни́гу.
2. Они́ лю́бят гуля́ть в це́нтре (Москва́).
3. Мой брат лю́бит (му́зыка и спорт).
4. (Та́ня и Никола́й) ну́жно бы́ло е́хать на ро́дину.
5. Он явля́ется (дире́ктор) заво́да.
6. Вчера́ я ви́дела (Андре́й и Со́ня).
7. Сего́дня у нас не́ было (ле́кция) и (собра́ние).
8. Мы ре́жем мя́со (нож) и берём (ви́лка).
9. По (мо́ре) идёт кора́бль.
10. Моя́ сестра́ рабо́тает на (по́чта). Она́ прихо́дит с (по́чта) в 6 часо́в.
11. Никола́й возвраща́ется домо́й с (друг).

12. Мы сидéли у (окнó).
13. Вчерá мать приéхала из (дерéвня). Послезáвтра онá éдет в (дерéвня).
14. Они́ подхóдят к (автомоби́ль) и беру́т из (автомоби́ль) багáж.
15. Мéжду (фéрма и пóле) большóй сад.

〔**単語**〕 дирéктор …長; рéжем＜рéзать 切る; корáбль [男] 船; приéхать 来る; автомоби́ль [男] 自動車; багáж 荷物; фéрма 農場。

Урок 22

名詞複数の格変化

文法ノート

複数の格変化は簡単で**男性・中性・女性**とも三つの格の語尾は共通で，硬変化では与格 **-ам,** 造格 **-ами,** 前置格 **-ах,** 軟変化では与格 **-ям,** 造格 **-ями,** 前置格 **-ях,** となるのですが，ただ生格だけ複雑なので，それに特に注意して見て下さい。

I 男性名詞の複数の格変化

末尾 格	硬 変 化			軟 変 化		
	ьなしの子音 （不活動体）	ьなしの子音 （活動体）	末尾	-й	-ь	末尾
主	заво́д**ы**	студе́нт**ы**	-ы	музе́**и**	словар**и́**	-и
生	заво́д**ов**	студе́нт**ов**	-ов	музе́**ев**	словар**е́й** ·	-ев/-ей
与	заво́д**ам**	студе́нт**ам**	-ам	музе́**ям**	словар**я́м**	-ям
対	заво́д**ы**	студе́нт**ов**	=主/生	музе́**и**	словар**и́**	=主/生
造	заво́д**ами**	студе́нт**ами**	-ами	музе́**ями**	словар**я́ми**	-ями
前	о заво́д**ах**	о студе́нт**ах**	-ах	о музе́**ях**	о словар**я́х**	-ях

1. 単数複数とも**対格**は**不活動体**では**主格**と，活動体では**生格**と**同形**です：

геро́й 英雄： 複生・対 геро́ев

учи́тель 先生： 複生・対 учителе́й

2. a. 語幹が **ж, ч, ш, щ** で終るものは**複数生格**が **-ей** となります：

врач 医者： врачи́, враче́й, врача́м …

каранда́ш 鉛筆： карандаши́, карандаше́й, карандаша́м…

това́рищ 仲間： това́рищи, това́рищей, това́рищам …

б. 語幹が **ц** で終るものは**複数生格**は語尾に**力点のない時 -ев**, **力点のある時 -о́в** となります：

ме́сяц 月： ме́сяцы, ме́сяцев, ме́сяцам …

оте́ц 父： отцы́, отцо́в, отца́м …

II 中性名詞の複数の格変化

末尾 格	硬変化		軟変化			特殊変化	
	-о	末尾	**-е**	**-(и)е**	末尾	**-мя**	末尾
主	слова́	-а	моря́	зда́ния	-я	имена́	-мена
生	слов	ø	море́й	зда́ний	-ей/-й	имён	-мён
与	слова́м	-ам	моря́м	зда́ниям	-ям	имена́м	-менам
対	слова́	=主	моря́	зда́ния	=主	имена́	-мена
造	слова́ми	-ами	моря́ми	зда́ниями	-ями	имена́ми	-менами
前	о слова́х	-ах	о моря́х	о зда́ниях	-ях	об имена́х	-менах

1. 中性名詞の**複数生格**は **-о** で終るものは**無語尾**, **-е** で終るものは **-ей**, **-ие** で終るものは **-ий** となります (-ий は語尾ではなく語幹に入る)。

2. 語尾 **-е** の中性名詞も語幹が **ж, ч, ш, щ** および **ц** に終るとき, 複数生格は**無語尾**です：

учи́лище 学校： 複生 учи́лищ； се́рдце 心臓： 複生 серде́ц

3. 複数形で**力点が移動**するものがある。 複数の主格が単数の生格と同形のものは力点によって区別します：

по́ле 畑： 単生 по́ля, 複 поля́, поле́й, поля́м …

ме́сто 場所： 単生 ме́ста, 複 места́, мест, места́м …

о́зеро 湖： 単生 о́зера, 複 озёра, озёр, озёрам …

4. 語幹の末尾に2つ以上の**子音**が並ぶ場合,**複数生格**で**出没母音 о, е** が現われることが多い。2つの子音の間に ь がある場合には ь は е に交替される：

окно́ 窓：　単生 окна́, 複 о́кна, о́кон, о́кнам ...

се́рдце 心臓：

　　単生 се́рдца, 複 сердца́, серде́ц, сердца́м ...

письмо́ 手紙：

　　単生 письма́, 複 пи́сьма, пи́сем, пи́сьмам ...

III　女性名詞の複数の格変化

末尾 格	硬 変 化		軟 変 化				
	-а	末尾	-я	-(и)я	末尾	-ь	末尾
主	шко́лы	-ы	зе́мли	па́ртии	-и	тетра́ди	-и
生	школ	ø	земе́ль	па́ртий	-ь/-й	тетра́дей	-ей
与	шко́лам	-ам	зе́млям	па́ртиям	-ям	тетра́дям	-ям
対	шко́лы	=主/生	зе́мли	па́ртии	=主/生	тетра́ди	=主/生
造	шко́лами	-ами	зе́млями	па́ртиями	-ями	тетра́дями	-ями
前	о шко́лах	-ах	о зе́млях	о па́ртиях	-ях	о тетра́дях	-ях

1. -а/-я に終る**女性名詞**の**複数生格**は**無語尾**になります（-ия 型の複生 -ий は語幹に入る）。-я に終る女性名詞は複数生格が -ь に終るものが多い（-ь は語幹が軟子音で終ることを示すだけで語尾ではない）：

дере́вня 村：　複生 дереве́нь；

但し пе́сня 歌：　複生 пе́сен

2. **女性名詞は複数の場合だけ** 活動体・不活動体の違いが現われれ，　**対格は不活動体では主格と，活動体では生格と同形**になります：

же́нщина 婦人：

　　複 же́нщины, же́нщин, же́нщинам, же́нщин ...

лóшадь 馬:

 複 лóшади, лошадéй, лошадя́м, лошадéй …

3. -ья に終るものは複数生格で ь が e に交替, -ей となります:

 статья́ 論文: 複生 статéй; семья́ 家庭: 複生 семéй

4. -a, -я で終る男性名詞と総性名詞の複数生格も女性名詞のそれと同形です:

 мужчи́на 男性: 複生 мужчи́н; сирота́ 孤児: 複生 сирóт
 但し ю́ноша 若者: 複生 ю́ношей; дя́дя 伯父: 複生 дя́-
 дей

5. 単数主格で力点が最終音節にあるもの(主として短い綴りのもの)は, 複数主格(それと同形の対格)または**複数全部で力点が語幹に移動する**ものが多い。このタイプの名詞は単数対格でも力点が移動するものが多い:

 страна́ 国: 単対 страну́, 複 стрáны, стрáн, стрáнам …
 рука́ 手: 単対 рýку, 複 рýки, рук, рукáм …
 река́ 川: 単対 рéку, 複 рéки, рек, рéкам …
 гора́ 山: 単対 гóру, 複 гóры, гор, горáм …
 голова́ 頭: 単対 гóлову, 複 гóловы, голóв, головáм …

6. 語幹の末尾に**2つ以上の子音が続く場合, 複数生格で出没母音 o, e が現われる**。また ь, й があるときにはそれらは e と交替する:

 студéнтка 女子学生: 複 студéнтки, студéнток,
  студéнткам …
 сестра́ 姉妹: 複 сёстры, сестёр, сёстрам …
 дерéвня 村: 複 дерéвни, деревéнь, деревня́м …

судьба́ 運命： 複 су́дьбы, су́деб, су́дьбам …

копе́йка コペイカ： 複 копе́йки, копе́ек, копе́йкам …

IV 名詞の複数の格変化の整理

　複数名詞の格変化のすべてのタイプを一個所にまとめたので，うんざりした人もいるかもしれません。しかし前述のように複数の変化は生格以外は簡単なのです。**複数名詞**の変化の特徴は，**男・中・女**の三性とも共通で**硬変化**の語尾は，与格 **-ам**，造格 **-ами**，前置格 **-ах**，**軟変化**の語尾は，与格 **-ям**，造格 **-ями**，前置格 **-ях** になることです。硬・軟変化の違いは **а—я** だけなので，これはおそらく今すぐにでも覚えられることでしょう。次にはなるべく複数主格を覚えたらいいでしょう。男性・女性の複数主格は **ы**（硬変化）と **и**（軟変化）となります。複数主格を覚えれば，不活動体名詞の対格はそれと同形なので，複数対格の多くを覚えたことになります。

　あとは厄介な**複数生格**（活動体名詞複数対格はこれと同形）が残りますが，これはあわてずに一つずつ征服していけばどうでしょう。それらは個々に記憶するほかありませんが，**女性と中性**の複数生格は一部を除いて，基本的には**無語尾**であることと，三性とも語尾 **-ей** があらわれることを覚えておけばかなり楽になってくるはずです。

　その他こまかい規則を列挙しましたが，それらの中では**複数生格**等で見られる出没母音に関する規則，活動体の場合男・女とも対格＝生格になるなどのことを，今は覚えておくだけで，のこりはあとまわしにしてもかまいません。

練習

I 次のテキストの名詞の複数の格を言い，全文を和訳しなさい。

Же́нщины в Росси́и

В Росси́йской Федера́ции же́нщины име́ют таки́е же права́, как и мужчи́ны. В Росси́и лю́ди уважа́ют труд же́нщин. Среди́ же́нщин в Росси́и есть учёные, инжене́ры, архите́кторы, мно́го враче́й, агроно́мов. Наро́д доверя́ет же́нщинам высо́кие посты́. Населе́ние выбира́ет же́нщин в о́рганы управле́ния. Же́нщины в Росси́и, вме́сте с же́нщинами други́х стран, уча́ствуют в борьбе́ за мир, в борьбе́ за жизнь и сча́стье дете́й. Они́ ве́рят, что мир победи́т войну́.

Есть прекра́сные кни́ги о же́нщинах в на́ши дни, о достиже́ниях же́нщин в труде́, нау́ке и иску́сстве.

〔単語〕 федера́ция 連邦, 連盟; име́ть I. 持つ; тако́й же..., как... ...と同じ(ような)...; пра́во 権利; мужчи́на 男性; лю́ди 人々; уважа́ть I. 尊敬する; труд 勤労; среди́ [前]＋生, ...の中(間)に; учёный 学者; доверя́ть I. (＋与) 委ねる; пост 地位; населе́ние 住民; о́рган 機関; управле́ние 統治, 行政; други́х... その他の...; стран＜страна́ 国; уча́ствовать (в＋前置) 参加する; борьба́ 闘争; сча́стье 幸福; ве́рить II. 信じる; что [接]; победи́ть II. 勝利する; в на́ши дни 現在(の); достиже́ние 成果。

Урок 23

特殊変化 (мать, люди 等);語尾 -y (-ю) をもつ男性単数生格;ロシア人の名前・父称・姓・呼び方;父称の作り方

文法ノート

I 特殊変化

21, 22 課にあげたどの変化型にも入らないものが若干あります。

1. мать 母, дочь 娘 の変化

これは女性 -ь 型の変化ですが, 変化の際語尾の前に -ер- が挿入されます:

	主格	生格	与格	対格	造格	前置格
単	мать,	ма́тери,	ма́тери,	=主,	ма́терью,	ма́тери
複	ма́тери,	матере́й,	матеря́м,	=生,	матеря́ми,	матеря́х
単	дочь,	до́чери,	до́чери,	=主,	до́черью,	до́чери
複	до́чери,	дочере́й,	дочеря́м,	=生,	дочеря́ми,	дочеря́х

Де́ти покупа́ют буке́т *ма́тери.*
子供たちは母へ花束を買う。
Мать горди́тся сы́ном и *до́черью.*
母は息子と娘を誇りとしています。

2. лю́ди 人びと, де́ти 子供たち, の変化

造格が -ьми になることと, 力点に注意して下さい。

— 130 —

主格	生格	与格	対格	造格	前置格
лю́ди	люде́й	лю́дям	люде́й	людьми́	лю́дях
де́ти	дете́й	де́тям	дете́й	детьми́	де́тях

Я слу́шала по ра́дио переда́чу для *дете́й*.

私はラジオで子供のための放送を聞いた。

На заво́де не хвата́ет *люде́й*.

工場では人が足りない。

注 лю́ди は челове́к の複数, де́ти は ребёнок と дитя́ の複数。

3. 複数主格で -ья をもつ男性・中性名詞の変化

複数主格で -ья をもつ男性・中性名詞は全格で ь が保たれます：

	主格	生格	与格	対格	造格	前置格
兄弟 брат：	бра́тья,	бра́тьев,	бра́тьям,	=生,	бра́тьями,	бра́тьях
椅子 стул：	сту́лья,	сту́льев,	сту́льям,	=主,	сту́льями,	сту́льях
木 де́рево：	дере́вья,	дере́вьев,	дере́вьям,	=主,	дере́вьями,	дере́вьях

一部の格が例外となるものもあります：

| 友人 друг： | друзья́, | друзе́й, | друзья́м, | =生, | друзья́ми, | друзья́х |

Они́ ви́дели её *бра́тьев* в па́рке.

彼らは彼女の兄弟に公園で会った。

У него́ мно́го *друзе́й*.

彼には沢山の友だちがある。

〔単語〕 буке́т 花束； ма́тери 与格； горди́ться II＋造, 誇る； переда́ча 放送。

II 語尾 -y (-ю) をもつ男性単数生格

数量あるいは何等かの物質の部分をさす場合，若干の男性名詞が，**単数生格**で語尾 **-y (-ю)** をとることがあります。

стака́н *ча́ю* お茶一杯，килогра́мм *мёду* 蜂蜜一キロ

Налéйте мне, пожа́луйста, ча́шку *ча́ю*.

私にお茶を一杯どうぞついで下さい。

Да́йте мне, пожа́луйста, кило́ *са́хару* и ба́нку *мёду*.

どうぞ私に砂糖1キロと蜂蜜を一びん下さい。

〔単語〕 нали́ть I. (変則) 注ぎ入れる；мне 私に；ча́шка 茶わん，カップ；кило́〔不変〕＝килогра́мм キログラム；ба́нка びん，罐(かん)；мёд 蜂蜜。

III ロシア人の名前・父称・姓，および呼び方

1. ロシア人のフルネームは**名前**，父の名前から作られる**父称**，それに**姓**の三部分から成っています。

Алекса́ндр Серге́евич Пу́шкин

Ната́лья Никола́евна Пу́шкина

これは上がロシアの国民詩人プーキシンの，下はその妻のフルネームです。形態的に男女の区別がついていることに留意して下さい。

2. ロシア人の愛称

名前からは愛称が作られ，子供，親族，友人に対して用いられます：

名前(男)	愛称	名前(女)	愛称
Алекса́ндр	Са́ша	Мари́я	Ма́ша
Влади́мир	Воло́дя	Ната́лья	Ната́ша

Ива́н	Ва́ня	Со́фья	Со́ня
Серге́й	Серёжа	Татья́на	Та́ня

3. ロシア人の呼び方

ты で話しかける親族，友人，子供などが相手の場合には，名前または愛称で呼ぶが，それ以外の вы で話しかける相手の場合には名前と父称で呼ぶのが普通です。

Здра́вствуйте, Ива́н Ива́нович!
こんにちはイヴァン・イヴァーノヴィチ！
Здра́вствуй, Ви́ктор!
こんにちはヴィクトル！

公式的な場合には姓の前に господи́н（男）/ госпожа́（女）（時に това́рищ）や職名などをつけて呼ぶこともあります。

Здра́вствуйте, господи́н Ивано́в!
こんにちはイワノフさん！

IV 父称の作り方

父称は父親の名前から次のようにして作ります。

1. 父親の名前が子音で終る場合，**男 -ович, 女 -овна** をつけます：

Ива́н ⟨ + **-ович** → Ива́нович
　　　 + **-овна** → Ива́новна

2. 父親の名前が й で終る場合，-й をとって，**男 -евич, 女 -евна** をつけます：

Никола́й ⟨ + **-евич** → Никола́евич
　　　　 + **-евна** → Никола́евна

3. 父親の名前が -a または -я で終る場合, -a または -я をとって, **男 -ич, 女 -инична/-ична** をつけます:

Никита ⟨ + **-ич** → Никитич
       ⟨ + **-ична** → Никитична

この課では мать, дочь, люди, дети は頻度の高い語ですが, その変化は覚えにくいので, 序々に慣れればいいでしょう。他の事項は今は一通り読むだけでいいと思います。

練習

I 次のテキストを名詞の複数形に注意して読み和訳しなさい。

Московский зоопарк.

Московский зоопарк очень популярен среди жителей. Утром и днём здесь всегда много посетителей. Школы совершают экскурсии в зоопарк. Вместе с учениками приходят их учителя. Особенно много посетителей бывает в зоопарке по воскресеньям. Они с интересом осматривают парк, долго стоят перед клетками.

При зоопарке есть кружок школьников. Работой школьников здесь руководят научные сотрудники. Они учат детей наблюдать природу, зверей и птиц, рассказывают школьникам интересные истории об обитателях парка.

В зоопарке посетителям часто читают лекции. Кроме того, сотрудники зоопарка читают лекции и показывают кинофильмы на фабриках, заводах, в колхозах. Они ведут переписку с колхозниками. В письмах сотрудники зоопарка дают колхозникам советы по вопросам биологии.

〔単語〕 моско́вский モスクワの； зоопа́рк 動物園； жи́тель 住民； популя́рен 人気がある； посети́тель [男] 見学者； соверша́ть I. 行う； приходи́ть II. 来る； осо́бенно 特に； осма́тривать I. 見学する； парк ＝зоопа́рк； кле́тка 檻； шко́льник 学童； руководи́ть II.（＋造）指導する； нау́чный 科学・学問の； сотру́дник 職員； нау́чный 〜 研究員； учи́ть II. 教える； наблюда́ть I. 観察する； зверь [男] 獣； обита́тель [男] 居住者； кро́ме того́ その上； кинофи́льм 映画； веду́т＜вести́ 行う； перепи́ска 文通； биоло́гия 生物学。

II カッコ内の名詞の複数形を用いて文を完成しなさい。

1. На (стол) лежа́т кни́ги и словари́. 2. В сада́х (колхо́зник) зре́ют я́блоки. 3. У́тром рабо́чие иду́т на (фа́брика и заво́д). 4. Студе́нты живу́т в (общежи́тие). 5. Колхо́зники убира́ли пшени́цу (комба́йн). 6. Преподава́тель объясня́ет (студе́нт) но́вый текст. 7. На ми́тинге выступа́ли рабо́чие (заво́д и фа́брика). 8. Мы до́лго гуля́ли по (у́лица и пло́щадь) Москвы́. 9. Тури́сты проходи́ли ми́мо (село́ и дере́вня). 10. Студе́нты е́дут на экску́сию с (преподава́тель). 11. В го́роде нет (тролле́йбус и трамва́й). 12. Самолёт лете́л над (по́ле и лес). 13. Я был рад (успе́х) (това́рищ). 14. Учи́тель расска́зывал (учени́к) о (мо́ре). 15. В зоопа́рке мы ви́дели (медве́дь и лиси́ца).

〔単語〕 зреть I. 熟する； я́блоки [複]＜я́блоко りんご； пшени́ца 小麦； объясня́ть I. 説明する； ми́тинг 集会； выступа́ть I. 発言する； проходи́ть II. 通過する； село́ 大村； тролле́йбус トロリーバス； успе́х 成功； медве́дь [男] 熊； лиси́ца 狐。

Урок 24

動詞の体の意義と用法；完了体未来；
можно と нельзя の用法

文法ノート

I 動詞の体の意義と用法

1. 完了体動詞と不完了体動詞

ロシア語の**動詞**の大部分は互いに**対を成す完了体と不完了体**という**二つの形態**をもっています。つまり日本語の一つの動詞に対しロシア語は完了体動詞，不完了体動詞の二つのフォームが対応するのです。たとえば動詞「書く」に対しては不完了体動詞 писа́ть と完了体動詞 написа́ть の二つの形態が対応するのです。これまで出てきた動詞の大部分は不完了体動詞ですが，これからは動詞が出てきたなら，どちらの体かを注意する必要があります。本書ではこれから完了体動詞は［完］，不完了体動詞は［不完］と示すことにします。どの動詞がどちらの体に属するかはおおまかに言えば，上例のように語頭の**接頭辞**の有無で区別するか（それを有る方が完了体で無い方が不完了体），あるいは**接尾辞**によって区別します。たとえば「解く」に相当する動詞には реша́ть と реши́ть があるが，-а- の方が不完了体動詞で，-и- の方が完了体動詞，というように区別します。詳しくは体の形成の項で述べます。

2. 完了体・不完了体動詞の意義と用法

不完了体動詞は動作の過程（持続的な動作も含む），**反復動作**,

動作の事実の有無などを表わし，完了体動詞は主として具体的な単一動作を表わし，またその変種としての動作の完了，結果の達成などを意味するために用いられます。

a. Я до́лго *реша́л* зада́чу．(過程)
私は問題を長いこと解いていた。

б. Брат бы́стро *реши́л* зада́чу．(完了)
兄は問題をすばやく解き終えた。

в. Он ча́сто *получа́ет* пи́сьма．(反復)
彼は手紙をしばしば受け取る。

г. Сего́дня он *получи́л* два письма́．(単一動作)
今日彼は手紙を二通受け取った。

д. Ты *чита́л* э́ту кни́гу? (事実の有無)
君はこの本読んだことある？
Да, *чита́л*．(同上)
読んだことあるよ。

カッコ内は動詞がどのような意義で用いられているか示しています。ロシア語では進行形は動作の過程表現の機能をもつ不完了体動詞が単独で表現し、またふつう不完了体そのものは動作の完了を伝達しないので、動作の終了、結果の達成は б. のように完了体を使用することになります。最後の д. の用法は，完結や未完，継続や反復等に係わりなしに、たんに動作を命名，それが有ったか無かったかをたんに伝達するもので、事実の確認ということもあります。ある動詞が上記のどの意義で用いられるかは文脈と動詞の語義によります。

3. **完了体・不完了体動詞とよく用いられる語**（文法用語では**状況語**という）を覚えておくと便利です。

a. **不完了体動詞とよく用いられる状況語**。反復性を示す語：

ка́ждый день（毎日），ча́сто（しばしば），всегда́（いつも），обы́чно（ふつう），иногда́（時どき），не́сколько раз（数回），等々；過程性を示す語：до́лго（長い間），весь день/ве́чер（1日中/1晩中，等々。

б. 完了体動詞とよく用いられる状況語： вдруг（とつぜん），сра́зу（すぐに），обяза́тельно（必ず），наконе́ц（ついに）бы́стро（急いで）等々。

Он *до́лго чита́л* э́тот рома́н и, *наконе́ц, прочита́л*.
彼は長いことこの長編を読み，そしてついに読み終えた。
Я *всегда́ встава́л* в 7 часо́в, а сего́дня *встал* в 8 часо́в.

私はいつも7時に起きていたが，今日は8時に起きた。

〔単語〕реша́ть［不完］реши́ть［完］(問題などを)解く；получа́ть［不完］получи́ть［完］受け取る；э́ту（女・対）この；прочита́ть［完］読む，読了する；встава́ть［不完］встать［完］起きる。

　注　その他に不完了体動詞は物事の恒常的な関係・状態等を，完了体動詞は瞬時的動作や，また反復される動作(行為)をその中の一つの動作を示すことによって表わすことができます。

II 完了体未来

完了体動詞は，不完了体動詞の現在変化と全く同じように**人称変化**をしますが，それによって得られた形は第一義的には**未来形**となります。そして完了体動詞は現在進行中の動作を表現することは出来ません。

Сейча́с я *чита́ю* расска́з Че́хова.（現在）
今私はチェーホフの短編を読んでいる。
За́втра я обяза́тельно *прочита́ю* расска́з Че́хова.（未来）

明日私はチェーホフの短編を必ず読んでしまうでしょう。

Когда́ я *напишу́* письмо́, я *пойду́* у́жинать. (未来)

手紙を書いたら，私は夕食をとりに行くでしょう。

Мой брат *око́нчит* шко́лу и *посту́пит* в университе́т.

私の弟は学校を卒業して，大学へ入るだろう。　　　（未来）

〔単語〕 расска́з 短編；когда́ [接] …とき；написа́ть [完] 書く；пойти́ [完] 行く；око́нчить [完] 終える。

第7課で習った合成未来は実は不完了体動詞の未来形であり，ロシア語には従って**不完了体未来**と**完了体未来**の二つの未来が存在することになります。その使い分けは原則的には上述の完了体・不完了体の機能の差異に基づきます。完了体未来は単一（または単純）未来とも呼ばれます。

動詞の体というのは日本語や英語には存在しないので，かなり分かりにくい文法概念で，よく理解するためには結局ロシア語のテキストをなるべくたくさん読んで慣れることだと思います。それ故ここでは先ず，一つのロシア語動詞は完了体と不完了体の対から成っていること，不完了体動詞は一定時間の間に行われる過程的な動作，反復動作などを，完了体動詞は動作の完了などを表現すること，また完了体動詞の人称変化形はふつう未来を表わすこと，などを記憶して下さい。

III 可能，許可の意味の мо́жно と不可能と禁止の意味の нельзя́

a. **мо́жно＋完了体動詞**は，相手にある動作遂行の可能，許可，願いを表わして用いられます。

До ста́нции мо́жно дойти́ пешко́м.

駅まで徒歩で行くことができます。

Мо́жно посмотре́ть э́тот журна́л?

この雑誌を見てもいいですか。

Мо́жно попроси́ть к телефо́ну И́ру?

イーラを電話口へお願いできますか。

注 可能の意味は不完了体動詞と結合しても表わせます (71 ページ参照)。

б. нельзя́＋完了体動詞は不可能, нельзя́＋**不完了体動詞**は禁止, 不適合性をふつう表わします。

Э́то нельзя́ объясни́ть, э́то ну́жно про́сто запо́мнить.

これは説明できません，これはただ記憶せねばなりません。

Нельзя́ спать сли́шком до́лго.

余り長いこと寝てはいけない（寝ない方がいい）。

注 нельзя́＋[不完] は不可能の意も表わします (71 ページ参照)。

〔単語〕 дойти́ [完] 行き着く；посмотре́ть [完] 見る；попроси́ть [完] 願う；И́ра＜Ири́на の愛称形；объясни́ть [完] 説明する；про́сто ただ, 単に；запо́мнить [完] 記憶する。

練習

I 次のテキストを動詞の体に注意しながら読み, 和訳しなさい。

Разгово́р по телефо́ну

— Воло́дя, что ты де́лаешь? Ты за́нят?

— Да. У меня́ бу́дет в сре́ду англи́йский язы́к. Я сейча́с занима́юсь.

— Ты чита́ешь текст?

— Нет, я уже́ прочита́л текст. Текст был тру́дный, я до́лго чита́л его́ и учи́л но́вые слова́. Я прочита́л весь текст и вы́учил все но́вые слова́. Сейча́с я пишу́

расска́з. А ты что де́лаешь? То́же, наве́рное, чита́ешь и пи́шешь, но не по-англи́йски, а по-ру́сски?
— Нет, я уже́ прочита́л текст, вы́учил диало́г и написа́л небольшо́й расска́з. А пото́м я реша́л зада́чи. Ты зна́ешь, зада́чи бы́ли о́чень тру́дные, и я не все реши́л.
— Мо́жет быть, ве́чером бу́дем реша́ть вме́сте?
— Хорошо́. Воло́дя, когда́ мы пойдём в кино́?
— Я не зна́ю, когда́ я бу́ду свобо́ден. Мо́жет быть, в четве́рг.

〔**単語**〕 разгово́р 会話; за́нят 忙しい; англи́йский язы́к 英語; его́ (текст を指す) それを; вы́учить [完] 習う, 覚える; диало́г 会話; расска́з 話; ты зна́ешь 実はね; не все… すべてではない; мо́жет быть もしかしたら; вме́сте 一緒に; хорошо́ よろしい; свобо́дный 暇な。

II カッコ内のどちらか一方を選んで文を完成しなさい。

1. Он всё у́тро … слова́. Он, наконе́ц, … слова́. (вы́учил, учи́л)　2. Мы ка́ждый день … газе́ту «Пра́вда». Ско́ро мы … но́вый журна́л. (полу́чим, получа́ем)　3. Два часа́ он … упражне́ние. Наконе́ц, он его́ …. (сде́лал, де́лал)　4. Сего́дня я хорошо́ … уро́к. Я хорошо́ …, когда́ говоря́т ме́дленно. (по́нял, понима́ю)　5. Они́ всегда́ … вме́сте. Снача́ла они́ …, а пото́м пойду́т в библиоте́ку. (пообе́дают, обе́дают)　6. Обы́чно мы … рабо́ту в 6 часо́в. Сего́дня мы … рабо́ту в 7 часо́в. (ко́нчили, конча́ли)　7. Я всегда́ … ра́но. За́втра я … ра́но. (вста́ну, встаю́)　8. Он весь день … свой докла́д. Студе́нт … сочине́ние и сдал его́. (написа́л, писа́л)　9. Се-

го́дня мы ... в 6 часо́в. Мы ... и пойдём в кино́. (поу́жинаем, бу́дем у́жинать) 10. Я на́чал ... зада́чу. Мой това́рищ не мог пра́вильно ... зада́чу. (реши́ть, реша́ть)

〔単語〕 всё у́тро 朝中；ско́ро 間もなく；сде́лать〔完〕する；поня́ть〔完〕理解する；снача́ла はじめに；пойду́т＜пойти́〔完〕；пообе́дать〔完〕食事をとる；ко́нчить〔完〕, конча́ть〔不完〕終える；вста́ну＜встать〔完〕起きる；сочине́ние 作文；сдать〔完〕渡す；поу́жинать〔完〕夕食をとる；нача́ть〔完〕始める。

Урок　25

動詞の体の形成 (1); 個数詞 (3),
個数詞と名詞の結合; 不定数詞と名詞の結合

文法ノート

I　動詞の体の形成 (1)

　動詞がどちらの体かを見分けるためには，動詞の構造を知っていた方が有益なので，次に体の形成を簡単に見ることにします。

　動詞の体の形成は接頭辞と接尾辞によって行われます。

1.　不完了体の本源 (非接頭辞) 動詞に接頭辞がついて完了体動詞が形成される（語例は一部だけあげてあります）。

а.　接頭辞が不完了体動詞の語義を変えないで完了体化する場合（両者はペアを組む）。

писа́ть	→написа́ть	書く
де́лать	→сде́лать	する，作る
стро́ить	→постро́ить	建てる
обе́дать	→пообе́дать	食事をとる

б.　接頭辞が派生した完了体動詞に種々の意味を付加する場合（派生動詞は別の動詞なので両者はペアを組まない）

писа́ть	→переписа́ть	書き直す
	→дописа́ть	書き終える
	→приписа́ть	書き足す

— 143 —

```
стро́ить   →перестро́ить    建て直す
           →достро́ить      建て終える
           →пристро́ить     建て増す
```

注 派生動詞の意味に注意して下さい。接頭辞は元の動詞に原則的には同じ意味を付与するので，**接頭辞の意味**を覚えておくと，動詞の語彙数を大いに増すことができます。

2. 接尾辞による体の形成

a. 接尾辞 -ыва-, -ива- をもつ接頭辞動詞

接頭辞が派生した完了体形に新しい意味を付与した場合(1 の б. のように) その完了体形から二次的に不完了体動詞が形成されます（それらは同じ語義でペアを構成する）。

```
переписа́ть   →перепи́сывать    書き直す
дописа́ть     →допи́сывать      書き終える
перестро́ить  →перестра́ивать   建て直す
достро́ить    →достра́ивать     建て終える
```

б. 接尾辞 -ва- をもつ不完了体動詞

```
дать      →дава́ть      与える
вста́ть    →встава́ть    起きる，立つ
переда́ть  →передава́ть  伝える
откры́ть   →открыва́ть   開ける
```

（同一の語義で，体のペアを組む）

3. 接尾辞 -и- をもつ完了体動詞と接尾辞 -a / я- をもつ不完了体動詞の体の対

このタイプの体のペアを組むものがかなりあるので，この区別は覚えた方がいいです。

[完]	[不完]	
решить	решать	解く
изучить	изучать	学ぶ，研究する
кончить	кончать	終える
выполнить	выполнять	遂行する

注 -и- 型でも不完了体，-а/я- 型でも完了体のこともありうる。

4. 異なる語根をもつ動詞の体の対

対を組む完了体と不完了体が全く異なる語根からできている動詞が若干あります。

[完]	[不完]	
сказать	говорить	話す
взять	брать	取る
лечь	ложиться	横たわる
положить	класть	置く
сесть	садиться	座る
стать	становиться	…に成る

II 個数詞 (3)　21～100万

1. 21～29 は 20 と 1～9 を組合せて作り，31 以降も同じです。

21	двадцать один	40	сорок
22	двадцать два	50	пятьдесят
23	двадцать три	60	шестьдесят
30	тридцать	70	семьдесят
31	тридцать один	80	восемьдесят
32	тридцать два	90	девяносто

100	сто	700	семьсо́т
200	две́сти	800	восемьсо́т
300	три́ста	900	девятьсо́т
400	четы́реста	1000	ты́сяча
500	пятьсо́т	10000	де́сять ты́сяч
600	шестьсо́т	1000000	миллио́н

III 個数詞と名詞の結合

а. 《1》には男・女・中性形と複数形があり，名詞の性と数に合わせて用います。

оди́н дом　　1軒の家　　одно́ письмо́　　1通の手紙
одна́ кни́га　　1冊の本　　одни́ часы́　　　時計1個

б. 《2》には男・中性形 два と女性形 две があります。
　注　3以上の数詞には性別がありません。

в. 2, 3, 4 と給合する名詞は**単数生格**となります。

два до́ма (письма́)　2軒（通）の家（手紙）
две кни́ги　2冊の本
три до́ма (письма́, кни́ги)　3軒（通, 冊）の家（手紙, 本）
четы́ре до́ма (письма́, кни́ги)　4軒（通, 冊）の家（手紙, 本）

г. 5 以上の数詞と結合する名詞は**複数生格**となります。

пять домо́в (пи́сем, книг)　5軒（通, 冊）の家（手紙, 本）
со́рок студе́нтов (студе́нток)　40人の学生（女子学生）

д. 合成数詞と結合する名詞の形は最後にくる数詞の要求に従います。

два́дцать одна́ копе́йка　21コペイカ

двадцать две копейки	22 コペイカ
двадцать один рубль	21 ルーブル
двадцать два рубля	22 ルーブル

練習

I 次のテキストを動詞の体に注意して読み，和訳しなさい。

Рабочий день

Каждый день Саша, Джон и Андре́ вставали рано утром, надевали спортивные костюмы, открывали окно и делали зарядку. Но сегодня они встали поздно, потому что вчера, в вокресенье, они ходили на вечер. Они быстро сделали зарядку, умылись, оделись и пошли в столовую: она находится в общежитии, внизу. Когда они пришли, Лиля уже позавтракала. Они завтракали недолго. Джон и Андре́ ели яйца, рис, а Саша ел сосиски и картофель. Потом они пили кофе.

〔単語〕надевать [不完] 着る；спортивный костюм 運動着；открывать [不完] 開ける；потому что [接] なぜなら；вечер パーティ；умыться [完] 顔を洗う；одеться [完] 着る；пошли 過・複＜пойти [完]；в столовую 食堂へ；внизу 下の階に；пришли 過・複＜прийти [完] 来る；позавтракать [完] 朝食をとる；недолго 短い間に；ели, ел＜есть [不完] 食べる；яйцо 卵；рис 米，ご飯；сосиски ソーセージ；картофель [男] じゃがいも。

II カッコ内の動詞のどちらかを選んで文を完成しなさい。

1. Вчера вечером Володя долго ... задачу. Наконец, он ... эту задачу. (решить, решать)   2. Мы каждый день ... комнату. Мы быстро ... комнату и пошли в кино.

(убра́ть, убира́ть)   3. Мы весь день … дома́шнее зада́ние и … его́ то́лько ве́чером. (гото́вить, пригото́вить)   4. Мать вошла́ в ко́мнату и … графи́н на ма́ленький стол. Она́ всегда́ … его́ туда́. (ста́вить, поста́вить)   5. Воло́дя, что ты де́лал вчера́ ве́чером? — Я … докла́д. Ты … весь докла́д? — Да, весь. (писа́ть, написа́ть)   6. Ты до́лго … газе́ту? Ты ско́ро … газе́ту? (чита́ть, прочита́ть 未来)   7. Сего́дня мы … в 6 часо́в. Мы … и пойдём в кино́. (у́жинать, поу́жинать 未来)   8. Как ты ду́маешь, сего́дня вы … журна́л? Вы … э́тот журна́л два ра́за в неде́лю. (получа́ть, получи́ть 未来)

〔単語〕 э́ту この；убра́ть〔完〕убира́ть〔不完〕片づける；пригото́вить〔完〕準備する；вошла́ 過・女<войти́〔完〕入る；туда́ そこへ；поста́вить〔完〕置く；ду́мать〔不完〕考える；два ра́за в неде́лю 週に2回。

III カッコ内の名詞を正しい形に改めなさい。

1. Я взял в библиоте́ке 5 (кни́га).   2. Он поста́вил на стол 4 (таре́лка).   3. В магази́не я купи́ла 6 (тетра́дь), 10 (каранда́ш).   4. У меня́ есть 22 (рубль) 50 (копе́йка).   5. На собра́нии я ви́дела 8 (студе́нтка) и 7 (студе́нт).   6. Я гото́вил зада́ние 2 (час) 30 (мину́та).   7. Сего́дня она́ получи́ла 3 (письмо́).

〔単語〕 взять〔完〕借りる；копе́йка コペイカ；мину́та 分。

Урок 26

接頭辞のつかない運動の動詞―定動詞と
不定動詞；不定数詞と名詞の結合

文法ノート

I 接頭辞のつかない運動の動詞―定動詞と不定動詞

1. 定動詞と不定動詞

　運動を表わす動詞のなかには，同一の動作，運動を互いに対応し合う二つの異なった形の不完了体動詞，すなわち定動詞，不定動詞と呼ばれる動詞によって表わすグループがあります。たとえば「(歩いて)行く」を意味する動詞には定動詞 идти́ と不定動詞 ходи́ть があり，この動作のあり方に応じて二つの動詞を使いわけるのです。それらの用法はおおむね次のように言えます。

　定動詞は一定の時に**一方向**に向かって行われる**運動**を示し，それに対し**不定動詞**は**一方向へではない**（またはいろいろな方向への）**運動**，反復・往復**運動**，**動作一般**，**能力としての動作**などを表わします。

　定動詞，不定動詞グループへは次のような動詞が入る。

定動詞	不定動詞		定動詞	不定動詞	
идти́	ходи́ть	(歩いて)行く	вести́	води́ть	導く
е́хать	е́здить	(乗物で)行く	лете́ть	лета́ть	飛ぶ
нести́	носи́ть	(歩いて)行く	плыть	пла́вать	泳ぐ
везти́	вози́ть	(乗物で)行く	бежа́ть	бе́гать	走る

2. 用法

a. Де́ти *бе́гают* и игра́ют во дворе́. (非一方向)
   子供たちが中庭で走りまわり，遊んでいる。

б. Они́ *бегу́т* к ма́ме. (一方向)
   彼らはお母さんの方へ走って行く。

в. Я *е́зжу* в университе́т на электри́чке. (反復)
   私は大学へ電車で通っている。

г. Куда́ вы *е́дете*? Я *е́ду* в Москву́. (一方向)
   どこへ行くところですか？ モスクワへ行くところです。

д. Сего́дня я *ходи́л* в библиоте́ку. (往復)
   今日私は図書館へ行って来た。

е. Пти́цы *лета́ют*. (動作一般)
   鳥は飛ぶ。

ж. Ребёнок уже́ *хо́дит*. (能力)
   子供はもう歩ける。

〔単語〕 двор 中庭； бегу́т＜бежа́ть； ма́ма お母さん； е́зжу＜е́здить； электри́чка 電車； е́ду＜е́хать； пти́ца 鳥。

カッコ内に動詞がどの用法に該当するかを示しました。б, в, г, д の例で見れば分かると思いますが，ふつう定動詞は目的地へ未着の運動について，不定動詞は目的地へ到着した運動に関して用います。そして進行中の動作は б, г の例のように，定動詞によって表現します。反復は往復運動を含みますが，過去に一回「行って来た」場合，不定動詞が往復運動を表現して用いられるのです。いろいろ述べましたが，ここではまず，定動詞は一方向の運動を，不定動詞は一方向以上への（または多方向への）運動および反復運動を表現する，と覚えて下さい。

また運動の動詞と結合した場合前置詞 в, на のあとは対格に

なります。動詞により格支配が違うことを次の例で見て下さい。
(быть в/на＋前置格)。

昨日私は大学の講義へ行って来た。

Вчера́ я *был* в университе́те на ле́кции.

Вчера́ я *ходи́л* в университе́т на ле́кцию.

注 1 上記の外に運動の動詞には次のようなものがある。

定	不定	定	不定
гнать	гоня́ть	追う	брести́ броди́ть ぶらぶら歩く
ползти́	по́лзать	這う	тащи́ть таска́ть 引いて行く
лезть	ла́зить	よじ登る	

2 定動詞の現在形は近い未来の意味で用いられることもある。

За́втра она́ *е́дет* в Санкт-Петербу́рг.

3 定動詞は文脈によっては反復動作を表わすこともある。

Обы́чно я встаю́ в 7 часо́в, за́втракаю и *иду́* на рабо́ту.

II 定動詞と不定動詞の変化

1. 定動詞の変化

идти́： 現在 иду́, идёшь … иду́т；
　　　　過去 шёл, шла …

е́хать： 現在 е́ду, е́дешь … е́дут；
　　　　過去 е́хал, е́хала …

нести́： 現在 несу́, несёшь … несу́т；
　　　　過去 нёс, несла́ …

везти́： 現在 везу́, везёшь … везу́т；
　　　　過去 вёз, везла́ …

вести́： 現在 веду́, ведёшь … веду́т；
　　　　過去 вёл, вела́ …

плыть： 現在 плыву́, плывёшь ... плыву́т；
　　　　過去 плыл, плыла́ ...
бежа́ть： 現在 бегу́, бежи́шь, бежи́т ... бегу́т；
　　　　過去 бежа́л, бежа́ла ...

2. 不定動詞の変化

ходи́ть： 現在 хожу́, хо́дишь ... хо́дят；
　　　　過去 ходи́л, ходи́ла ...
е́здить： 現在 е́зжу, е́здишь ... е́здят；
　　　　過去 е́здил, е́здила ...
води́ть： 現在 вожу́, во́дишь ... во́дят；
　　　　過去 води́л, води́ла ...

　注　носи́ть, вози́ть, лете́ть の変化は p. 37 を参照。

概して言えば，現在変化は定動詞は語幹が不定形とは異なるものもありますが，だいたい第1式変化型です (бежа́ть 等は例外)。不定動詞は大部分は第2式変化型ですが，よく単数1人称で語幹に子音交替が起こります。過去形は不定動詞は規則的ですが，定動詞は不規則なものもあるので注意が必要です。идти́の過去は重要なので，ぜひ記憶した方がいいでしょう。また過去男性が語幹だけで -л のつかない形 (нёс, вёз) があることや，вести́ の過去形には注意が必要です。いずれも重要な動詞なのですが，一度には無理なので少しずつ覚えたらいいでしょう。

III　不定数詞と名詞の結合

ско́лько（どれだけの），мно́го（多くの），ма́ло（少しの），не́сколько（若干の），нема́ло（少なからぬ），сто́лько（それほどの）等と**結合する名詞**はふつう**複数生格**になります。

　В аудито́рии собрало́сь *мно́го студе́нтов*.

教室にはたくさんの学生たちが集まっていた。

У неё мáло друзéй.

彼女には友だちは少ししかいない。

На столé лежáло *нéсколько книг*.

机の上には数冊の本があった。

Скóлько у вас *урóков* в недéлю?

あなたたちのところでは一週間に何回授業がありますか。

〔単語〕 собрáться [完] 集まる；в недéлю 一週間に。

注 1 водá（水）, молокó（牛乳）, врéмя（時）等の数えられない物を意味する名詞の場合, 通常単数生格となります： мáло хлéба 少しのパン, мнóго молокá たくさんの牛乳。

2 不定数詞＋名詞はふつう単数中性として扱います。

3 мнóго と мáло は副詞と不定数詞の違いに注意して下さい。

練習

I 次の露文を運動の動詞に注意して読み，和訳しなさい。

Он éдет на мотоцикле

Почтальóн Кóстин éдет далекó. Он éдет на мотоцикле в посёлок. Прямáя дорóга идёт чéрез пóле и луг. Быстро éдут грузовики: они везýт зернó в гóрод.

Почтальóн Кóстин éздит кáждый день в посёлок, в сельсовéт, в колхóзы и вóзит газéты, журнáлы и письма. Вот и сейчáс он останáвливает мотоцикл, идёт в контóру и несёт тудá пóчту. Потóм он везёт пóчту дáльше. Колхóзники регуля́рно получáют письма, газéты и журнáлы.

〔単語〕 лéтний 夏の；почтальóн 郵便配達夫；мотоцикл オートバイ；посёлок（新開の）部落, 村；прямóй 真直な；луг 草地（原）；грузовик

トラック；зерно́ 穀物；сельсове́т 村ソビエト；остана́вливать [不完] 止める；конто́ра 事務所；по́чта 郵便物；регуля́рно 規則的に。

II カッコ内の適当な動詞を選んで文を完成しなさい。

А 1. Сейча́с я ... в шко́лу. Все де́ти в дере́вне ... в шко́лу. (иду́, хо́дят) 2. Высоко́ в не́бе ... самолёт. Э́тот самолёт ... в Москву́. (лети́т, лета́ет) 3. Вот идёт Са́ша. Он ... мне кни́гу. Он всегда́ тепе́рь ... мне кни́ги, потому́ что я бо́лен. (несёт, но́сит) 4. Сего́дня у нас экску́рсия. Преподава́тель ... нас в музе́й. Он всегда́ ... нас на экску́рсии. (ведёт, во́дит).

Б 1. Наступи́ли зи́мние кани́кулы. Мы (е́дем—е́здим) на экску́рсию. По́езд (везёт—во́зит) нас в Москву́. Вот мы в Москве́. Мы ча́сто (идём—хо́дим) в музе́и и теа́тры. За́втра мы (лети́м—лета́ем) в Ки́ев. 2. Мой друг хорошо́ (плывёт—пла́вает). 3. В Крым мы (лете́ли—лета́ли) на самолёте, а из Кры́ма (плы́ли—пла́вали) на парохо́де. Отдыха́ли мы в Я́лте. Ка́ждое у́тро (шли—ходи́ли) на мо́ре, купа́лись. Мы не все уме́ли (плыть—пла́вать). (Е́хали—Е́здили) ча́сто на экску́рсии, (шли—ходи́ли) в теа́тры и на конце́рты. Одна́жды, когда́ мы (шли—ходи́ли) на конце́рт, мы встре́тили друзе́й.

[単語] не́бо 空；мне (＜я) 私へ；наступи́ть [完] 到来する；нас (＜мы) 私たちを；зи́мний 冬の；парохо́д 汽船；купа́ться [不完] 泳ぐ；уме́ть [不完] できる；одна́жды ある時；встре́тить [完] 会う。

III カッコ内の単語を不定数詞に合せて変化させなさい。

1. В кла́ссе сиде́ли не́сколько (учени́к) и (учени́ца). 2.

Ско́лько (де́вушка) е́дет в Ленингра́д? 3. Здесь мно́го (помидо́р) и (я́блоко). 4. Сего́дня мы получи́ли ма́ло (газе́та) и (журна́л). 5. На фе́рмах мно́го (молоко́) и (ма́сло).

〔**単語**〕 помидо́р トマト; я́блоко りんご; фе́рма 農場, 畜産農場。

Урок 27

接頭辞のついた運動の動詞—体の形成 (2);
3人称・複数1人称の命令法;
接続詞 и, а, но; что

文法ノート

I 接頭辞のついた運動の動詞—体の形成 (2)

1. 接頭辞＋定動詞・不定動詞

原則として定動詞に接頭辞がつくと完了体動詞が形成されるが、不定動詞に接頭辞がついた場合は、不完了体動詞のままにとどまり、そして派生した完了体動詞と不完了体動詞は体の対を構成します。

完了体	不完了体	
войти́	входи́ть	入る
вы́йти	выходи́ть	出る
уйти́	уходи́ть	去る
прийти́	приходи́ть	来る
зайти́	заходи́ть	寄る
уе́хать	уезжа́ть	(乗物で)去る
прие́хать	приезжа́ть	(乗物で)到着する
дое́хать	доезжа́ть	(乗物で)着く
улете́ть	улета́ть	飛び去る
прилете́ть	прилета́ть	飛来する
привезти́	привози́ть	(乗物で)運んで来る

принести́	приноси́ть	運んで来る
перевести́	переводи́ть	翻訳する

注 1 動詞 е́здить の場合は語幹 езж- から形成されます。
　 2 -йти́＝идти́.

これらの語例から分かるように接頭辞の意味を知っていると動詞の理解と記憶が容易になります。これらの動詞の変化はまたもとの定動詞と不定動詞のそれに同じです。

2. 用法

Он *пришёл* в университе́т ра́но.
彼は大学へ早く着いた。
Он *ушёл* из университе́та по́здно.
彼は大学からおそく立ち去った。
Ка́ждый день я *приезжа́ю* на рабо́ту в 8 часо́в, сего́дня я *прие́хал* в 9 часо́в.
毎日私は8時に職場へ到着するが、今日は9時に着いた。
Ле́том они́ *приво́дят* коро́в в го́ры, а зимо́й *уво́дят* их в дере́вню.
夏に彼らは牛を山へ連れてき、冬に村へ連れ去る。
Самолёт *прилете́л* в Москву́. Самолёт *улете́л* в Москву́.
飛行機がモスクワへ飛来した。飛行機がモスクワへ飛び去った。
Мы *вошли́* в авто́бус и *пое́хали* к университе́ту.
私たちはバスへ乗り、そして大学の方へ向かって行った。
Начался́ дождь, и мы *пошли́* домо́й.
雨が降り出したので、私たちは家へ帰って行った。

接頭辞のついた運動の動詞は完了体と不完了体が体の対を形成し、一般的な体の用法に準じて用いられます。これらの動詞の場合、完了体と不完了体の機能の差異はいっそう鮮明に現われます（3番目の例文で対比されたい）。

 注 1 接頭辞 по- は定動詞に結合した場合には、動作の開始、発生を表わすが、不定動詞に結合したときには《しばし》の意味を表わします：

  Мы походи́ли полчаса́ о́коло до́ма.

  私たちは半時間ほど家の周りを歩いた。

  2 一部の不完了体動詞は、過去で動作の結果の"無効"を表わすことがあります：

  К тебе́ пришёл това́рищ.（友人が来てここにいる、の意）。

  К тебе́ приходи́л това́рищ.（友人が来て帰った、の意）。

〔単語〕 вошли́＜войти́［完］乗る； приводи́ть［不完］連れて来る； коро́ва 牛； уводи́ть［不完］連れ去る； пое́хать［完］（乗物で）出かける。

II 3人称・複数1人称の命令法

1. **3人称の命令形**は助詞 **пусть / пуска́й**＋動詞の現在・未来3人称形で表わします。

 Пусть он *расска́жет.*

 彼に話させなさい。

 Пусть де́ти *игра́ют.*

 子供たちを遊ばさせなさい。

 Пуска́й он *позвони́т* Са́ше по телефо́ну.

 彼にサーシャの所へ電話をかけさせなさい。

書き言葉の公式的、詩的文体（スローガン、挨拶、詩歌等）においては助詞 да が用いられます。

Да здрáвствует Первомáй!
メーデー万歳!

Да здрáвствует сóлнце, *да скрóется* тьма!
太陽が輝き,暗闇が隠れんことを!

2. 複数1人称の命令形は話者が1人または複数の人に共同動作を呼びかける場合に用いられます。

Пойдём(те) сегóдня в теáтр.
今日劇場へ行こう(行きましょう)。

Идём(те) гуля́ть.
散歩へ行こう(行きましょう)。

相手が複数か,1人でもていねいな呼びかけの場合 -те をつけます。口語文体ではさらによく助詞 давáй, давáйте をつけて用います。

Давáй(те) отдохнём.
さあ休みましょう。

Давáй(те) поéдем.
さあ行きましょう。

Давáй(те) пойдём в кинó.
さあ映画へ行きましょう。

注1 複数1人称の命令形は主として完了体動詞から形成され,運動の動詞は不完了体からも形成されるが,その他の不完了体動詞の場合には бýдем(те)+不定形が用いられます:
Бýдем(те) рабóтать. 働きましょう。

2 動作への呼びかけとして不定形も用いられるが,それは強い命令,要請の意味をもちます:
Прекрати́ть разговóры! 話をやめるんだ!

〔単語〕 позвони́ть [完] 電話をかける; здрáвствовать [不完] 健康で

— 159 —

ある；да ～ вует...! ...万歳！; Первома́й=Пе́рвое ма́я メーデー (5月1日); скро́ется＜скры́ться [完] 隠れる; тьма 暗闇; отдохну́ть [完] 休息する。

III　接続詞 (1) и, а, но; что

1. а) **и** 《そして，...も》 同種の単語を並立的に結合するほか，文を並立的に結合したり，また列挙する語の前につけて強意を示します。

б) **а** 《...が，だが》 意味の上で対比，対置される文を結合します。

в) **но** 《しかし》 相反するような内容の文を結合します。

Вчера́ пого́да была́ хоро́шая, 昨日は天気が良かった，
- **и** мы гуля́ли. それで私たちは散歩した。
- **но** мы не гуля́ли. しかし私たちは散歩しなかった。
- **а** сего́дня идёт дождь. が今日は雨が降っている。

2. 接続詞 **что** は通常，言表，思考，知覚等を意味する述語に関係する従属文を導きます。

　　Я зна́ю, **что** за́втра бу́дет собра́ние.
　　私は明日集会があるということを知っています。
　　Преподава́тель сказа́л, **что** они́ хорошо́ написа́ли дикта́нт.
　　先生は，彼らが書取りをよく書いた，と言った。

練習

I 次のテキストを読んで和訳しなさい。

Вчера́ мы е́здили на экску́рсию.

Вчера́ у нас была́ экску́рсия по го́роду. Мы вы́шли из общежи́тия в 10 часо́в утра́, пошли́ к остано́вке и ста́ли ждать авто́буса. Вско́ре подошёл авто́бус. Мы вошли́ в авто́бус и пое́хали к университе́ту. Там нас ждал экскурсово́д и преподава́тель. От университе́та мы все вме́сте пошли́ в центр го́рода, на Креща́тик. По э́той у́лице мы шли пешко́м. От Креща́тика до Днепра́ мы е́хали на метро́. Снача́ла мы ходи́ли по бе́регу Дне́пра, а пото́м пое́хали на трамва́е к дре́внему це́нтру Ки́ева. Там нахо́дится истори́ческий музе́й. Мы дое́хали до музе́я. Мы до́лго осма́тривали музе́й. Домо́й мы прие́хали ве́чером.

〔単語〕вы́шли＜вы́йти ［完］ 外へ出る； стать ［完］ (…し)始める； ждать ［不完］ 待つ； вско́ре 間もなく； подошёл＜подойти́ ［完］ 近づく； нас (＜мы) 私たちを； экскурсово́д ガイド； Креща́тик 街路の名前； э́той (＜э́та) この； пешко́м 徒歩で； дре́внему 古代の； истори́ческий 歴史の； дое́хать ［完］ (до＋生) (…まで)行く，着く； осма́тривать ［不完］ 見学する。

II カッコ内の動詞を選んで文を完成しなさい。

1. Вчера́ студе́нты … за́ город. Они́ … за́ город ра́но у́тром и … домо́й по́здно ве́чером. (пое́хали, е́здили, прие́хали) 2. Обы́чно я … из до́ма в 8 часо́в утра́. За́втра я … из до́ма в 9 часо́в утра́. (вы́йду, выхожу́) 3. В аудито́рии никого́ нет: все … домо́й. Они́ всегда́ …

домой поздно. (ушли, уходили)   4. Борис часто ... ко мне и ... новые марки. Вчера Борис ... ко мне и ... новые марки. (пришёл, приходил; принёс, приносил)   5. Мы ... из дома в 5 часов. Мы ... к остановке и стали ждать трамвая. Вот ... трамвай. Мы сели и .... Через 20 минут мы ... до станции метро. Мы ... из трамвая и ... в метро. (вышли, вышли, доехали, поехали, пошли, подошёл, подошли)

〔単語〕 за́ город 郊外へ; выйти [完] 外へ出る, (乗物から)降りる; никого́＜никто́ の生格, 誰も～でない; мне＜я の与格。

Урок 28

人称代名詞の格変化と用法；再帰代名詞 себя；普遍人称文；慣用表現 (5)

文法ノート

I 人称代名詞の格変化と用法

1. **人称代名詞は次のように変化します。**

数＼格	主格	生格	与格	対格	造格	前置格
単数	я	меня	мне	меня	мной	обо мне
	ты	тебя	тебе	тебя	тобой	о тебе
	он, онó	егó	емý	егó	им	о нём
	онá	её	ей	её	ей (éю)	о ней
複数	мы	нас	нам	нас	нáми	о нас
	вы	вас	вам	вас	вáми	о вас
	они́	их	им	их	и́ми	о них

2. **3人称の人称代名詞 он, онó, онá, они́ が前置詞と共に用いられるとき，人称代名詞の語頭に н が綴られます：**

к ней / ним 彼女／彼らの所へ

с ней / ни́ми 彼女／彼らと

Я пошёл к *немý*. 私は彼の所へ出かけた。

Я был у *негó* / *неё*. 私は彼／彼女の所へ行った。

注 1 ただし所有代名詞には綴りません：

Я был у егó брáта. 私は彼の兄の所へ行った。

2 онá の造格として éю が用いられることもあります。

— 163 —

3 前置詞 к, над, пе́ред, в, с, о 等は я の斜格の前では о を付加します: ко мне, надо мной, пе́редо мной, во мне, со мной, обо мне.

3. 表で見れば分かるように生格と対格はつねに同形です。複数形ではそれらとさらに前置格も同じ形になります。я, ты の場合，変化は似ており，それぞれ与格と前置格が同じです。она は生格・対格が её で，それ以外は ей だと覚えればいいでしょう。複数ではまた，基本的には生格，対格，前置格が同じで，造格は与格+и になっています。以上のように同じ形または類似の変化形に着眼し，生格＝対格のようによく使われるものから記憶したらいいと思います。

4. 人称代名詞を用いた表現

а. 名前のきき方

Как *вас* (*тебя́*) зову́т?

あなた(君)の名前はなんといいますか。

Меня́ зову́т Ива́н (Ива́нович).

私はイヴァン(イヴァーノヴィチ)と呼びます。

Его́ (*её*) зову́т Серге́й (А́нна).

彼(彼女)はセルゲイ(アーンナ)といいます。

б. 年齢の表わし方

Ско́лько *вам* (*тебе́*) лет?

あなた(君)は何歳ですか。

Мне два́дцать лет (два́дцать два го́да).

私は20歳 (22歳) です。

в. その他の人称代名詞を用いた表現

Тебе́ ве́село, а *мне* ску́чно.

君には楽しいが，私には退屈だ。

Что с *вáми* (*тобóй*)?

どうしたんですか。

Благодарю́ *вас* за по́мощь.

お手伝いどうもありがとうございます。

Спаси́бо *вам* за всё.

いろいろありがとうございました。

〔単語〕 звать, зову́, зовёшь [不完] (対, 主/造) (…を…と)呼ぶ; лет год の複生として用いる; ску́чно 退屈だ; благодари́ть [不完] 感謝する。

II 再帰代名詞 себя́ (自身)

1. 再帰代名詞 себя́ の格変化

主	生	与	対	造	前
—	себя́	себе́	себя́	собо́й	о себе́

себя́ は主格形をもたず，性，数に関係なく，格だけが ты 型に変化します。

себя́ はつねに主語と同一の対象を指して用いられます。

Как вы себя́ чу́вствуете?

ご気分はいかがですか。

Я чу́вствую *себя́* хорошо́.

気分はいいです。

Ты купи́л *себе́* уче́бник?

自分のために教科書を買ったの？

III 普遍人称文

普遍人称文とは主として，**動詞が現在と未来の単数2人称形**で示され，動詞の表わす動作が，あらゆる人にもあてはまるよ

うな文をいいます。格言，諺に多く見られます。

> Ума́ не ку́пишь.
> 知恵は買えるものではない。
> Ти́ше е́дешь — да́льше бу́дешь.
> ゆっくり行くほど遠くまで行ける（急がば回れ）。
> Что посе́ешь, то и пожнёшь.
> まいた種は刈らねばならぬ。

〔単語〕 ум 知恵；ти́ше より静かに；посе́ять [完] 種をまく；пожа́ть [完] 刈り取る。

> 注　2人称の命令形も普遍人称文で広範に用いられます：
> Век живи́, век учи́сь. 100年生きて100年学べ（生きている限り学べ）。

慣用表現 (5)

> Поздравля́ю вас с днём рожде́ния (с Но́вым го́дом)!
> 誕生日（新年）おめでとうございます。
> Жела́ю вам успе́хов в рабо́те (в учёбе).
> あなたに仕事（学業）でのご成功を願っています。
> Я вам о́чень благода́рен (благода́рна).
> 私はあなたにたいへん感謝しています。
> О́чень рад познако́миться с ва́ми.
> あなたとお知り合いになれてとても嬉しいです。
> Споко́йной но́чи!
> お休みなさい。

練習

I 次のテキストを読んで，和訳しなさい。

Вади́м лю́бит хва́статься.

Вади́м лю́бит хва́статься свои́м знако́мством. У него́ весёлый, общи́тельный хара́ктер. Е́сли во дворе́ вдруг начина́ют говори́ть о футбо́ле, Вади́м сра́зу говори́т: «Кто? Лев Я́шин? Я его́ хорошо́ зна́ю. Ра́ньше мы с ним жи́ли совсе́м ря́дом. Вчера́ я его́ встре́тил. Говорю́ ему́: "Не нра́вится мне, Лёва, как ты тепе́рь игра́ешь"».

И вот одна́жды Вади́м с Ве́рой и Анто́ном пошёл смотре́ть но́вый фильм «А́нна Каре́нина». Там игра́ет Татья́на Само́йлова. Анто́н поду́мал: «Наве́рно, сейча́с Вади́м начнёт расска́зывать, как он с ней ходи́л в де́тский сад». И, действи́тельно, ока́зывается, они́ вме́сте учи́лись в шко́ле, и он помога́л ей.

〔単語〕 хва́статься [不完]+造, 自慢する; свои́м 自分の; знако́мство 知り合い; общи́тельный 交際好きな; хара́ктер 性格; е́сли [接] もし; Лев Я́шин 有名なサッカーの選手; ря́дом そばに; встре́тить [完] 出会う; нра́виться [不完] ...に(与)気に入る; Лёва＜Лев; как [接] (いかに)...かを, 仕方; игра́ть [不完] 演じる; Т. Само́йлова 有名な女優; поду́мать [完] 思う; начнёт＜нача́ть [完] 始める; де́тский сад 幼稚園; действи́тельно 実際に; ока́зываться [不完] ...と判明する。

II カッコ内の人称代名詞を必要な格に改めなさい。

1. Вероя́тно, (ты) уже́ сказа́ли, что я заходи́л к (ты), но (ты) ещё не́ было до́ма. 2. Я хорошо́ зна́ю (он). Я познако́мился с (он) в университе́те и сейча́с быва́ю у (он), а он у (я). 3. Я хочу́ прийти́ к (вы), (я) о́чень ну́жно поговори́ть с (вы). 4. Где ты был вчера́? Я звони́л (ты). У (я) бы́ло два биле́та в цирк, и я хоте́л пойти́ вме́сте с (ты). 5. У сестры́ сего́дня день рожде́ния. Я позвони́л (она́) и поздра́вил (она́). 6. Когда́

ученики́ прихо́дят на заво́д, рабо́чие тепло́ встреча́ют (они́), помога́ют (они́). 7. Вчера́ у (мы) бы́ли студе́нты из МГУ. Мы игра́ли с (они́) в волейбо́л. 8. Э́та кни́га о́чень нужна́ (я). Спаси́бо (ты) за (она́). 9. Я (она́) хорошо́ зна́ю, я (ты) познако́млю с (она́).

〔単語〕 вероя́тно おそらく; заходи́ть [不完] 寄る; познако́миться [完] (с＋造) 知り合う; поговори́ть [完] 話す; цирк サーカス; рожде́ние 誕生; звони́ть [不完] 電話をかける; поздра́вить [完] お祝いを言う; встреча́ть [不完] 迎える; волейбо́л バレーボール; нужна́＜ну́жный 必要な; познако́мить [完] (対, с＋造) 紹介する。

III 次の諺を普遍人称の用法に注意して読みなさい。

1. Слеза́ми го́рю не помо́жешь.
   泣いても悲しみは消えるものではない。
2. Без труда́ не вы́нешь и ры́бку из пруда́.
   働かなければ池から小魚一匹とれない。
3. Е́дешь на день, хле́ба бери́ на неде́лю.
   一日の予定で出かけてもパンは１週間分持って行け。
4. За двумя́ за́йцами пого́нишься, ни одного́ не пойма́ешь.
   二兎追う者は一兎を得ず。
5. Лю́бишь ката́ться, люби́ и са́ночки вози́ть.
   そりに乗りたければ，そりを運ぶのもいとうな（楽あれば苦あり）。

〔単語〕 слеза́ 涙; го́ре 悲しみ; помо́жешь＜помо́чь [完] 助ける; вы́нуть [完] 取り出す; ры́бка (＜ры́ба) 小魚; пруд 池; двумя́＜два; за́йцами＜за́яц 兎; пого́нишься＜погна́ться [完] (за＋造) 追いかける; одного́（兎を）一匹も; пойма́ть [完] 捕える; ката́ться [不完] 乗りまわす; са́ночки＜са́ни そり。

Урок 29

形容詞の格変化；疑問代名詞 какой の変化

文法ノート

I 形容詞の格変化

前述のように形容詞の変化には三つの型があります。

1. 硬変化

	主格	生格	与格	対格	造格	前置格
男性	но́вый	но́вого	но́вому	=主/生	но́вым	но́вом
中性	но́вое			но́вое		
女性	но́вая	но́вой	но́вой	но́вую	но́вой	но́вой
複数	но́вые	но́вых	но́вым	=主/生	но́выми	но́вых

注 1 男性単数が -ой に終る形容詞の変化は -ый に終る形容詞の変化と同じですが，力点は常に語尾にあります：
молодо́й 若い： молодо́го, молодо́му …

2 女性造格は -ою をとることもあります。

3 男・中性の生格 -ого の г は в [v] と発音されます。

2. 軟変化

	主格	生格	与格	対格	造格	前置格
男性	си́ний	си́него	си́нему	=主/生	си́ним	си́нем
中性	си́нее			си́нее		
女性	си́няя	си́ней	си́ней	си́нюю	си́ней	си́ней
複数	си́ние	си́них	си́ним	=主/生	си́ними	си́них

注　女性造格は -ею をとることもあります。

a.　男性・中性は主格と対格以外は同じ変化形になります。女性は生, 与, 造, 前置格が同形で, 硬変化 **-ой,** 軟変化 **-ей** ですので, あとは対格, 硬 **-ую,** 軟 **-юю** に特に注意しましょう。

б.　男性と複数の対格は不活動体名詞に係るときは主格と同じで, 活動体名詞に係るとき生格と同じです：

　　Я люблю *украинский* борщ / *младшего* брата.
　　私はウクライナ風のボリシチ／弟が好きです。

в.　軟変化の語尾は**人称代名詞 3 人称の変化形とほとんど同じ**（女性形で若干異なる）です。対照し関連づけて覚えて下さい。

г.　硬変化と軟変化の違いは, 多くは **о—е,** それに **ы—и,** 一部に **а—я, у—ю** という, 名詞の場合と同じような硬・軟母音の違いなので, はじめはどちらか一方を覚えるようにしたらいいと思います。

3. 混合変化

a.　語幹が **г, к, х** または **ж, ч, ш, щ** に終る形容詞は主に正書法の規則により, 硬変化と軟変化のまじった**混合変化**をします。

б.　語幹が **г, к, х** に終る形容詞は, 男性・中性の造格と複数のすべての格で軟変化の語尾その他の格では**硬変化**の語尾：

　　男　ру́сский, -кого, -кому, ＝主／生, -ким, -ком
　　女　ру́сская, -кой, -кой, -кую, -кой, -кой
　　複　ру́сские, -ких, -ким, ＝主／生, -кими, -ких

　　注　語幹が г, к, х に終る形容詞は硬変化に属するが, ы は и と綴る, と記憶してもよい。

в. 語幹が ж, ч, ш, щ に終り**力点が語幹にある**場合，形容詞は女性の主格と対格で硬変化の語尾をとる以外，残りのすべての格で**軟変化**の語尾をとります：

男　хоро́ший, -шего, -шему, ＝主/生, -шим, -шем
女　хоро́шая, -шей, -шей, -шую, -шей, -шей
複　хоро́шие, -ших, -шим, ＝主/生, -шими, -ших

注　語幹が ж, ч, ш, щ に終り力点が語幹にあるものは軟変化に属すが，я は а, ю は у と綴る，と覚えてもよい。

しかし**力点が語尾にくる**ものは г, к, х の場合と同じになります。つまり**硬変化**に属するが，男性単数造格と複数のすべての格で ы を и と綴ります：

男　большо́й, -шо́го, -шо́му, ＝主/生, -ши́м, -шо́м
女　больша́я, -шо́й, -шо́й, -шу́ю, -шо́й, -шо́й
複　больши́е, -ши́х, -ши́м, ＝主/生, -ши́ми, -ши́х

形容詞の三つの変化型は類似しており，それほど複雑ではないのですが，お忙しい人ははじめのうちは無理して覚えることもありません。それというのも形容詞は多くの場合名詞と結合して用いられるので，名詞の変化を知っていれば，読解の点ではそれほどの不都合はないからです。人称代名詞等の他の品詞にも類似の変化形があるのでしぜんに覚えられます。少しずつ記憶するようにしましょう。

4. 用例

Мой това́рищ живёт в кварти́ре *но́вого сосе́днего* до́ма.
私の友人は新しい隣りの建物の住宅に住んでいます。
Автомоби́ль останови́лся пе́ред *но́вым сосе́дним* до́мом.
自動車は新しい隣りの建物の前に止まった。

При *нóвом сосéднем* дóме красúвый сад.
新しい隣りの建物のすぐそばに(建物に付属して)美しい庭園があります。

Какúе произведéния *рýсской* литератýры вам нрáвятся?
ロシア文学のどのような作品があなたは好きですか。

Я купúла себé *нóвую сúнюю* шляпу.
私は自分のために新しい青い帽子を買った。

Вот букéт *красúвых весéнних* цветóв.
ほらここに美しい春の花の花束があります。

Я написáл письмó *стáрым совéтским* товáрищам.
私は古いソビエトの友人たちに手紙を書いた。

〔単語〕украúнский ウクライナの; млáдший 年下の; сосéдний 隣りの; останови́ться [完] 止まる; произведéние 作品; шляпа 帽子。

II 疑問代名詞 какóй の変化

какóй は形容詞 рýсский と同じ変化をします。

男　 какóй, какóго, какóму …;
複　 какúе, какúх, какúм …

Какýю литератýру вы хотúте изучáть?
どのような文学をあなたは勉強したいですか。

Какúм языкóм вы занимáетесь?
何語をあなたはやっていますか。

練習

I 次のテキストを読んで和訳しなさい。

В библиотéке.

Нáша библиотéка нахóдится на пéрвом этажé большóго

дóма в цéнтре гóрода. В библиотéке имéется большóй читáльный зал.

В читáльном зáле мóжно получи́ть худóжественную и специáльную литератýру по рáзным óтраслям знáний. В библиотéке всегдá есть свéжие журнáлы и газéты. Кáждый день библиотéку посещáют мнóго людéй.

В библиотéке чáсто организýются вы́ставки худóжественной и наýчно-техни́ческой литератýры. Кáждый мéсяц в библиотéке провóдятся лéкции.

Я люблю́ занимáться в библиотéке по вечерáм. Я читáю здесь разли́чную наýчно-популя́рную литератýру, нови́нки худóжественной литератýры: расскáзы, ромáны, пóвести и стихи́ росси́йских и иностранных писáтелей.

〔単語〕 имéться [不完] (…が) ある； читáльный зал 閲覧室； худóжественный 芸術的な； литератýра 文学, 文献； специáльный 専門の； рáзный 色々な； óтрасль [女] 分野； знáния 学問； свéжий 最新の: организовáться [不完] 組織される； вы́ставка；展示会； наýчно-техни́ческий 科学・技術の； проводи́ться [不完] 行われる； разли́чный 様様な； популя́рный 一般向けの； нови́нка 新刊書； пóвесть [女] 中編小説； стихи́ [複] 詩； росси́йский ロシアの； писáтель 作家。

II カッコ内の形容詞を用いて文を完成させなさい。

1. Я перевожý с (рýсский) языкá на англи́йский. 2. Они́ хотя́т изучáть (рýсский) литератýру. 3. Я ожидáю (рýсский) дрýга. 4. Мы говори́ли о (зáвтрашний) лéкции. 5. Парохóд плывёт по (си́ний) мóрю. 6. ГУМ нахóдится на (Крáсный) плóщади. 7. Я люблю́ (тёплый лéтний) нóчи. 8. В кóмнате бы́ло мнóго (краси́вый ве-

сéнний) цветóв.   9. Я люблю́ (морóзный зи́мний) погóду.
10. Мы занимáемся (интерéсный зи́мний) спóртом.

〔単語〕 переводи́ть [不完] 訳す；ожидáть [不完] 待つ；зáвтрашний 明日の；плывёт＜плыть；весéнний 春の；морóзный 厳寒の。

III 次の句を正しい形にして入れなさい。

А. тёплый лéтний дождь：1. Мы бы́ли рáды …. 2. Пóсле … в лесу́ появи́лись грибы́. 3. В ию́ле чáсто шёл ….

Б. тóлстая си́няя тетрáдь：1. Я положи́л письмó в…. 2. Он выпи́сывал словá из …. 3. Он пришёл на лéкции с ….

〔単語〕 появи́ться [完] 現われる；гриб きのこ；тóлстый 厚い；выпи́сывать [不完] 書きぬく。

Урок 30

所有代名詞の格変化；
疑問代名詞 чей の格変化；
順序数詞 (2) とその格変化

文法ノート

I 所有代名詞の格変化

所有代名詞 мой（私の），твой（君の），наш（わたしたちの），ваш（君たちの，あなたの）は形容詞の**軟変化**のように格変化します。

1. мой, твой, свой

	主格	生格	与格	対格	造格	前置格
男性	мой	моего́	моему́	=主/生	мои́м	моём
中性	моё			моё		
女性	моя́	мое́й	мое́й	мою́	мое́й	мое́й
複数	мои́	мои́х	мои́м	=主/生	мои́ми	мои́х

2. наш, ваш

	主格	生格	与格	対格	造格	前置格
男性	наш	на́шего	на́шему	=主/生	на́шим	на́шем
中性	на́ше			на́ше		
女性	на́ша	на́шей	на́шей	на́шу	на́шей	на́шей
複数	на́ши	на́ших	на́шим	=主/生	на́шими	на́ших

注 1, 2型とも女性造格は -ею となることもある。

3. **а.** мой, твой 型と наш, ваш 型の変化はほとんど同じで，女性対格等で少し違う形をとるにすぎません。ただ力点は前者は語尾に，後者は語幹にあります。

б. 男性単数対格と複数対格では，不活動体名詞に係るとき対格＝主格，活動体名詞に係るとき対格＝生格となります。

в. его, её, их は性と数ばかりではなく，格の点でも**変化しません**。

4. **用例**

Моему́ мла́дшему бра́ту семь лет.
私の弟は7歳である。

Вме́сте с *мои́м* бра́том он пое́хал в Санкт-Петербу́рг.
私の兄と一緒に彼はサンクト＝ペテルブルグへ出かけた。

У *твое́й* сестры́ нет уче́бника ру́сского языка́?
君の妹はロシア語の教科書を持っていませんか。

Он зна́ет *ва́ше* и́мя и *ва́шу* фами́лию.
彼はあなたの名前とあなたの姓を知っています。

Переда́йте приве́т *ва́шим* друзья́м.
あなたの友人たちへよろしくお伝え下さい。

Мы расска́зывали о *на́шей* стране́ и о *на́ших* города́х.
私たちは私たちの国と私たちの町について話をした。

5. **свой**

а. свой は мой と全く同じ変化をします。

б. свой は，それが係る物体が動作主に属する場合にのみ用いられます。

Ты забы́л *свою́* кни́гу в аудито́рии.

君は教室へ自分の本を忘れた。

Она́ беспоко́ится о здоро́вье *свое́й* ма́тери.

彼女は自分の母親の健康を心配している。

Мне ну́жно собра́ть *свои́* ве́щи.

私は自分の荷物をまとめなければならない。

注　Студе́нтка чита́ла свою́ кни́гу.—Студе́нтка чита́ла её кни́гу.

　　2つの文の違いは，第1の文の本は女子学生のものだが，第2の文の本は他の人のものということです。

〔単語〕переда́ть［完］伝える；приве́т 挨拶；забы́ть［完］忘れる；беспоко́иться［不完］心配する；собра́ть［完］集める；вещь［女］（持ち）物。

II　疑問代名詞 чей の格変化

чей の格変化は мой のそれと同じですが，語幹が男性の主格以外は全部 чь- になります。

	主格	生格	与格	対格	造格	前置格
男性	чей	чьего́	чьему́	=主/生	чьим	чьём
中性	чьё			чьё		
女性	чья	чьей	чьей	чью	чьей	чьей
複数	чьи	чьих	чьим	=主/生	чьи́ми	чьих

Чью фотогра́фию ты подари́л сестре́?

誰の写真を君は妹にあげたの？

Чьи́ми рабо́тами он интересу́ется?

彼は誰の著作に関心を持っていますか。

III 順序数詞 (2) とその格変化

1. 第21の～第100万の

第21の	двáдцать пéрвый	第100の	сóтый
第22の	двáдцать вторóй	第200の	двухсóтый
第23の	двáдцать трéтий	第300の	трёхсóтый
第30の	тридцáтый	第400の	четырёхсóтый
第40の	сороковóй	第500の	пятисóтый
第50の	пятидеся́тый	第600の	шестисóтый
第60の	шестидеся́тый	第700の	семисóтый
第70の	семидеся́тый	第800の	восьмисóтый
第80の	восьмидеся́тый	第900の	девятисóтый
第90の	девянóстый	第1000の	ты́сячный
		第100万の	миллиóнный

合成順序数詞は最後の桁のみを順序数詞にします。

246番目の　двéсти сóрок *шестóй*

2. 順序数詞は形容詞と同じように格変化します。

Сегóдня двáдцать *пя́тое* апрéля.

今日は4月25日です。

Ты́сяча девятьсóт вóсемьдесят *четвёртый* год.

1984年。

Я учýсь на *пéрвом* кýрсе (во *вторóм* клáссе).

私は第1学年（第2学年）で学んでいます。

Я читáю двéсти сóрок *восьмýю* страни́цу.

私は248ページを読んでいます。

Я живý на *шестóм* этажé в три́дцать *четвёртой* кварти́ре.

私は6階の34号住宅に住んでいます。

　注　ただし трéтий は чей 型の変化：трéтий, трéтьего, трéтьему…

〔単語〕 курс（大学の）学年；класс（小中高の）学年，前置詞に注意。

練習

I 次のテキストを読んで和訳しなさい。

　Расскáз росси́йского тури́ста

　Поéздка в Еврóпу былá моéй мечтóй. Я сел в Одéссе на теплохóд «Побéда» с большóй грýппой росси́йских тури́стов. Среди́ мои́х нóвых знакóмых бы́ли лю́ди с рáзных концóв нáшей страны́. Нáше путешéствие бы́ло óчень интерéсным. Среди́ мнóжества впечатлéний однó бы́ло óчень неожи́данным.

　Это бы́ло óколо Неáполя. Сóлнце сади́лось. Мы любовáлись мóрем. И вдруг мы услы́шали пéсню. Что э́то? Знакóмый моти́в! Рыбаки́ пéли на итальянском языкé нáшу рýсскую пéсню «Катю́ша». Я закры́л на минýту глазá и я́сно предстáвил себé крутóй бéрег нáшей Вóлги и нáшу рýсскую дéвушку Катю́шу ….

〔単語〕 поéздка 旅行；мечтá 願望；сесть [完] 乗る；теплохóд（ジーゼル）船；знакóмый なじみの, [名] 知人；с рáзных концóв… 各地から；путешéствие 旅行；мнóжество 多数；впечатлéние 印象；неожи́данный 思いがけない；любовáться [不完] 見とれる；услы́шать [完] 聞こえる；моти́в 旋律；итальянский イタリヤの；на минýту しばしの間；предстáвить [完] (+себé) 想像する；крутóй 険しい。

II カッコ内の単語を正しい形に改めなさい。

　А． 1. Я ви́дел (твой) дрýга． 2. Я сказáл (твой) дрýгу,

что ты придёшь вéчером. 3. Пéред (наш) óкнами большóй сад. 4. В (мой) кóмнате мнóго свéта. 5. Газéта лежи́т на (твой) столé. 6. Недáвно я ви́дел (ваш) сестрý. 7. Нáдо поговори́ть с (наш) учи́телем. 8. Мы пойдём в гóсти к (твой) роди́телям. 9. Из (ваш) пи́сем я узнáл мнóго нóвого. 10. Он написáл учи́телю о (свой) рабóте.

Б. 1. Вéчером онá звони́ла (мой стáрший брат). 2. Я хочý рассказáть дрýгу о (своя́ нóвая жизнь). 3. Он встрéтился с (мой шкóльный друг). 4. Мы чáсто вспоминáем (наш мáленький гóрод и нáша срéдняя шкóла). 5. Я получи́л письмó от (мои́ стáрые ученики́). 6. В (вáши студéнческие общежи́тия) живýт инострáнные студéнты? 7. Я óчень люблю́ (твой мáленький брат и твоя́ стáршая сестрá). 8. Они́ послáли телегрáмму (своя́ пéрвая учи́тельница).

〔単語〕 свет 光； шкóльный 学校の； вспоминáть〔不完〕思い出す； студéнческий 学生の； послáть〔完〕送る。

Урок 31

指示代名詞・定代名詞の格変化と用法

文法ノート

I 指示代名詞の格変化と用法

指示代名詞は関係する名詞に性，数，格において一致して変化し，次のような形になります。

1. э́тот (この)

	主格	生格	与格	対格	造格	前置格
男性	э́тот	э́того	э́тому	=主/生 э́то	э́тим	э́том
中性	э́то					
女性	э́та	э́той	э́той	э́ту	э́той	э́той
複数	э́ти	э́тих	э́тим	=主/生	э́тими	э́тих

э́тот は形容詞 ру́сский と同じ型の硬・軟の**混合変化**をします。単数は男性造格を除いて硬変化型，複数は軟変化型となっています。

2. тот

	主格	生格	与格	対格	造格	前置格
男性	тот	того́	тому́	=主/生 то	тем	том
中性	то					
女性	та	той	той	ту	той	той
複数	те	тех	тем	=主/生	те́ми	тех

тот は этот と同じような変化をしますが，этот の変化で語尾が и の所 (軟変化型の部分) がすべて e になります。

3. такой (そのような)

такой は какой と同じ変化 (形容詞混合変化) をします。

注 этот, тот, такой とも女性造格の語尾が -ою となることもある。

4. 用例

Он живёт на *этой* улице, в *этом* доме.
彼はこの通りのこの建物に住んでいます。

Я видел *эту* артистку в новом фильме.
私はこの女優を新しい映画で見た。

С *тех* пор прошло много времени.
それ以来多くの時間が過ぎ去った。

Вы *это* читали? — Нет, я *этого* не читал.
あなたはこれを読みましたか —いいえ，私はそれを読んでいません。

Мне нужна писчая бумага. Здесь нет *такой* бумаги.
私には筆記用紙が必要です。ここにはそのような紙はありません。

注 中性形 это は名詞と結合せず単独で主語や補語としてしばしば用いられます。

〔単語〕 с тех пор それ以来 (пора 時); пройти [完] 過ぎて行く; писчая бумага 筆記用紙。

II 定代名詞の格変化と用法

1. весь (すべての)

	主格	生格	与格	対格	造格	前置格
男性	весь	всего́	всему́	=主/生	всем	всём
中性	всё			всё		
女性	вся	всей	всей	всю	всей	всей
複数	все	всех	всем	=主/生	все́ми	всех

весь はほぼ мой 等と同じような軟変化型の変化をしますが，男性造格と複数は тот と同じように語尾 и が e になります。

中性形 всё (すべてのもの・こと)，**複数形 все** (すべての人々) は単独にも，名詞を限定せずに主語または補語として用いられます。

　　Благодарю́ вас от *всего́* се́рдца.
　　衷心からあなたに感謝致します。
　　От *всей* души́ жела́ю вам сча́стья.
　　心(衷心)からあなたに仕合わせを祈ります。
　　Переда́йте приве́т *всем* друзья́м.
　　すべての友人たちへよろしくお伝え下さい。
　　Спаси́бо вам за *всё*.
　　いろいろありがとうございました。
　　Мы вспомина́ли обо *всём* и обо *всех*.
　　私たちはすべてのこと，すべての人たちについて思い出した。

　注　весь を用いた時の表現は p. 84 参照。

2. са́мый の変化と用法

са́мый は形容詞 (硬変化) のように変化します。

a. 《まさにその...》を意味します。э́тот, тот としばしば結合して用いられます。

Это та *са́мая* де́вушка, о кото́рой я тебе́ говори́л.
これが私が君に話した当のあの娘さんです。

б. 限定する事物の近接性を示します。

Они́ жи́ли у *са́мого* мо́ря.
彼らは海のすぐそばに住んでいた。

в. 形容詞の最上級を形成します (p. 199 参照)。

3. ка́ждый 各々の

ка́ждый も形容詞(硬変化)のように変化します。

а. 定語として関係する名詞と性・数・格が一致します。

В *ка́ждой* стране́ свои́ обы́чаи.
一つ一つの国に自分たちの慣習がある。

б. ときどき名詞として主語または補語に用いられます。

Ка́ждый хоте́л знать э́то.
めいめいがそれを知りたがった。

　注　この語を用いた時の表現は p. 84 参照。

4. сам

а. сам の格変化

	主格	生 格	与 格	対 格	造 格	前置格
男性	сам	самого́	самому́	=主/生	сами́м	само́м
中性	само́			само́		
女性	сама́	само́й	само́й	саму́	само́й	само́й
複数	са́ми	сами́х	сами́м	=主/生	сами́ми	сами́х

　сам の格変化は са́мый のそれと似ていますが，こちらは形容詞の **ру́сский** 型の**混合変化**(男性造格と複数が軟変化型)で

あることと，**力点が** cа́ми を除いて**語尾にある**ところが違います。

注　女性対格は caмoё となることもあります。

б. **cam** は主に活動体名詞（あるいは人称代名詞）に係り，《自身で，独力で》，《外ならぬその...》等を意味します。また ceбя́ と結合しても用いられます。

Мы узна́ли э́то от *самого́* профе́ссора.

私たちはそのことを教授自身から知った。

Расскажи́те нам о *само́м* ceбе́.

私たちに自分自身についてお話しして下さい。

〔単語〕душа́ 心 ; о кото́рой 関係代名詞, それ(彼女)について ; обы́чай 慣習 ; узна́ть [完] 知る。

30, 31 課は格変化のオンパレードのようになりましたが，それらはほとんど形容詞の格変化と同じかその変形なので，驚くことはありません。ここでは先ず単独にも使われる э́тот, весь 等の変化から少しずつ覚えたらいいと思います。

練習

I カッコ内の語を正しい形に改めなさい。

1. Иди́те да́льше по (э́тот) у́лице.　2. Портфе́ль (э́тот) студе́нта лежи́т на столе́.　3. Он прие́хал сюда́ в (э́тот) году́.　4. На (тот) горе́ лежи́т снег.　5. Я уви́жу за́втра (тот) люде́й.　6. Мы встре́тимся на (тот же са́мый) ме́сте.

〔単語〕встре́титься [完] 会う ; тот же са́мый... 同じ...。

II caм もしくは са́мый を正しい形にして挿入しなさい。

1. Лодка остановилась у ... берега.　2. Она ... рассказала нам эту историю.　3. Я был на его докладе с ... начала.　4. Я передал письмо ему ... .　5. Нам ... очень интересно услышать это.　6. Мы работали до ... утра.

〔単語〕 лодка ボート；начало 始め。

III весь を正しい形にして挿入しなさい。

1. Студенты написали ... упражнения.　2. Он спрашивал обо ... друзьях.　3. Он спрашивал обо ... .　4. На собрании были ... .　5. Я сказал ... .　6. Он сказал об этом при ... .　7. Мы боремся за мир во ... мире.

〔単語〕 бороться [不完] (за+対) (...のために)闘う。

Урок 32

姓の変化；形容詞起源の名詞の変化；
接続詞 (2)；不規則変化動詞

文法ノート

I 姓の変化

1. -ов (-ова)，-ев (-ева)，-ин (-ина) に終る姓は，一部は**名詞の変化**（男性の造格を除く全格，女性の対格），一部は**形容詞の硬変化**（男性の造格，女性の対格を除く全斜格，複数の全斜格）をします。

	主　格	生　格	与　格	対　格	造　格	前置格
男性	Па́влов	Па́влова	Па́влову	Па́влова	Па́вловым	о Па́влове
女性	Па́влова	Па́вловой	Па́вловой	Па́влову	Па́вловой	о Па́вловой
複数	Па́вловы	Па́вловых	Па́вловым	Па́вловых	Па́вловыми	о Па́вловых

2. Достое́вский, Толсто́й などの形容詞の語尾をもつ姓は，形容詞の変化に準じます。

  Достое́вский, Достое́вского, Достое́вскому …

  注 1　ロシア人本来の姓でないものは変化しないものがあり
       子音で終る女性の姓： Го́фман
       -ко / -енко で終るウクライナ語起源の姓は不変化：
       Шевче́нко, Короле́нко.

  2　名前と父称は名詞と同じ変化をします。

3. 用例

  Пе́ред до́мом стои́т па́мятник *Чайко́вскому.*

— 187 —

建物の前にはチャイコーフスキーの銅像が立っています。

Она расска́зывает об *А́нне Па́вловой*.

彼女はアンナ・パーヴロヴァについて話してきかせます。

Я хорошо́ зна́ю семью́ *Петро́вых*.

私はペトローフ家の家族をよく知っています。

II 形容詞起源の名詞の変化

形容詞から転化した名詞は形容詞と同じに変化します。

Они́ обе́дают в *столо́вой* при заво́де.

彼らは工場付属の食堂で食事をします。

Врач помо́г *больно́му*.

医者は病人の手当てをした。

Рабо́чему да́ли но́вую кварти́ру.

労働者は新しい住宅を与えられた。

〔単語〕 помо́г 過去男性＜помо́чь［完］(＋与) 助ける，援助する。

III 接続詞 (2)

接続詞 где, когда́, куда́, потому́ что, как, е́сли, хотя́ はそれぞれ，場所，時，理由，動作の様態，条件，譲歩等を表わす従属文を導くために用いられます。

Там, *где* сади́лось со́лнце, не́бо бы́ло кра́сное. (場所)

太陽が沈んで行った所では空は赤かった。

Тури́сты пришли́ туда́, *куда́* им хоте́лось. (場所)

旅行者たちは彼らが行きたがっていた所へやって来た。

Когда́ мы возвраща́лись домо́й, шёл дождь (時)

私たちが家へ帰って行った時，雨が降っていた。

Студе́нт отве́тил непра́вильно, *потому́ что* он не по́нял

вопро́са.（理由）

学生は，質問を理解しなかったので，不正確に答えた。

Я всё сде́лал так, *как* мне сове́товали.（様態）

私は，私が助言されたように，すべてをした。

Éсли бу́дет хоро́шая пого́да, мы пойдём на экску́рсию.
（条件）

もし良い天気になったなら，私たちは見学へ行くでしょう。

Хотя́ наступи́л ве́чер, бы́ло о́чень жа́рко.（譲歩）

夜が到来したけれども，たいへん暑かった。

Мы так уста́ли, *что* не мо́жем идти́ да́льше.（程度）

私たちはさらに先へ歩いて行くことができないほどに非常に疲れた。

〔単語〕непра́вильно 正しくなく；éсли [接] もし；хотя́ [接] …けれども；уста́ть [完] 疲れる；так…, что… …するほどとても…/とても…なので…。

IV 不規則変化動詞

1. -чь に終る動詞

a. бере́чь [不完] 大切にする：

現在 берегу́, бережёшь … берегу́т；

過去 берёг, берегла́ …； 命令 береги́(те).

лечь [完] 横たわる：

現在 ля́гу, ля́жешь … ля́гут；

過去 лёг, легла́ …； 命令 ляг(те).

このタイプは語幹の末尾が単1・複3人称で г, その他の人称では ж になるのが特徴です。

б. печь [不完] 焼く：
   現在 пеку́, печёшь … пеку́т；
   過去 пёк, пекла́ …；　命令 пеки́(те).
   течь [不完] 流れる：
   現在 (1・2人称なし) течёт, теку́т；
   過去 тёк, текла́ …

   このタイプは語幹の終りが単1・複3人称でк, その他の人称ではчになるのが特徴です。

2. пить 型の動詞

語幹が -и- で終る1音節の動詞（それにそれらに接頭辞のついた動詞）は全人称 и→ь のようになります。

пить [不完] 飲む：現在 пью, пьёшь…；命令 пей(те).
бить [不完] 打つ：現在 бью, бьёшь…；命令 бей(те).

3. 動詞 брать, взять の変化

брать [不完] 取る：現在 беру́, берёшь…；命令 бери́(те).
взять [完]　 取る：現在 возьму́, возьмёшь…；
　　　　　　　　　命令 возьми́(те).

4. 動詞 дать と есть の変化

дать [完] 与える：
   現在 дам, дашь, даст, дади́м, дади́те, даду́т
   命令 дай(те).
есть [不完] 食べる：
   現在 ем, ешь, ест, еди́м, еди́те, едя́т
   命令 ешь(те).

両方とも複数の語幹に д が現れるのが特徴です。

注　-нуть に終る動詞には過去で接尾辞 -ну- が無くなるものがあ

る：достигнуть [完] 達する достиг, достигла ...；исчезнуть [完] 消える исчез, исчезла ...

5. 用例

Берегите своё здоровье.
お体にお気をつけ下さい。
Обычно я поздно ложусь спать, а вчера лёг(-ла) рано.
ふつう私はおそく床につくが、きのうは早く床についた。
Утром мы пьём молоко и кофе.
朝に私たちは牛乳とコーヒーを飲みます。
Таня берёт графин и наливает в стакан воду.
ターニャは水差を取り、コップへ水を注ぐ。
Волга течёт с севера на юг и впадает в Каспийское море.
ヴォルガは北から南へ流れ、カスピ海へ注ぐ。
Завтра мама даст мне деньги на туфли.
明日お母さんは私に靴の代金をくれるだろう。
Утром я ем хлеб с маслом и сыром.
朝私はパンにバターとチーズをつけて食べます。

〔単語〕 берегите 命令形＜беречь [完] 大事にする；ложиться спать 就寝する；наливать [不完] 注ぎ入れる；впадать [不完] 注ぐ；туфли [複] 靴；сыр チーズ。

練習

I 次のテキストを読み和訳しなさい。

В Ясной Поляне

Дом Толстого стоит в большом парке. Перед домом большое дерево. Лев Николаевич любил сидеть на скамье под этим деревом. Парк очень хорош. Между высокими деревьями много аллей. Писатель любил гулять один по этому парку, часто во время этих прогулок он обдумывал свои произведения.

В парке и в доме Толстого всё сохраняется в том же виде, как было при жизни писателя. Если в парке какое-нибудь дерево погибает, то на том же месте сажают дерево той же породы.

〔単語〕 дерево 木; скамья ベンチ; аллея 並木道; во время＋生 …の時に; прогулка 散歩; обдумывать [不完] 構想を練る; сохраняться [不完] 保存される; в том же виде, как… …と同じ姿に; при жизни 生前に; какой-нибудь 何かの; погибать [不完] 滅亡する; порода 品種; том же…＜то же… 同一の; место 場所; той же…＜та же… 同一の。

Уро́к 33

比　較　級

文法ノート

I　比較級

比較級は性質形容詞とそれと同義の副詞からのみ形成され，合成的に作るものと，接尾辞で作るものがあります。

II　合成式比較級

合成式比較級は**形容詞長（短）語尾**と**副詞**に **бо́лее**（より多く）をつけて形成します。

　　бо́лее интере́сная кни́га　　より興味深い本

この場合 бо́лее は変化しませんが，形容詞原級は性，数，格の変化をします。合成式比較級は述語として，それに定語や状況語として用いられます。

　　Э́та кни́га *бо́лее интере́сна,* чем та.
　　この本はあの本よりもおもしろい。
　　Кавка́зские го́ры *бо́лее высо́кие,* чем ура́льские.
　　コーカサスの山々はウラルの山々よりも高い。
　　Я не по́мню у́тра *бо́лее голубо́го и све́жего.*
　　私はこれ以上に青くそして清々しい朝を覚えていない。
　　Вы говори́те ещё *бо́лее краси́во.*
　　あなたはいっそう美しく話します。

接続詞 чем は《…より》を意味し，その前には必ずコンマ

が打たれます。3番目の文の比較級は ýтра を限定する定語で中性生格に立ち，4番目は副詞の比較級として用いられています。

合成式比較級は次の単一式比較級に比べて，より文章語的であることがその特徴です。

  注 合成式比較級の形成にまれに ме́нее（より少なく）も用いられます。

  Брат ме́нее приле́жен, чем сестра́.

  兄は姉より勤勉ではない。

〔単語〕 кавка́зский コーカサスの；ура́льский ウラルの。

III 単一式比較級

単一式比較級は**性質形容詞**とそれから派生した**副詞**から，**接尾辞 -ee** と**接尾辞 -e**（または **-ше**）によって形成されます。

1. 接尾辞 -ee をもつ比較級

原級の語幹に接尾辞 **-ee** をつけて形成する。力点は通常接尾辞 -ee の最初の -e にきますが，三音節以上の語では語幹に残ります。この接尾辞は生産的で大部分の性質形容詞から形成します。

си́льный	強い	/ си́льно	сильне́е
све́тлый	明るい	/ светло́	светле́е
бы́стрый	速い	/ бы́стро	быстре́е
тёмный	暗い	/ темно́	темне́е
но́вый	新しい	/ но́во	нове́е
краси́вый	美しい	/ краси́во	краси́вее
интере́сный	興味深い	/ интере́сно	интере́снее

  注 接尾辞 **-ей** によって形成されることもあります。
    быстре́й より速い，светле́й より明るい。

— 194 —

2. 接尾辞 -e(ше) をもつ比較級

原級の語幹に接尾辞 -e/ше をつけて形成されるが，**子音の交替**を伴なうことが多く，力点はつねに語幹にあります。この接尾辞は非生産的で，一部の形容詞，副詞からだけしか形成されませんが，使用頻度は高い。

原級			比較級	子音交替等
дорогóй	高価な	/ дóрого	дорóже	г→ж
молодóй	若い	/ мóлодо	молóже	д→ж
грóмкий	大声の	/ грóмко	грóмче	к→ч
богáтый	富んだ	/ богáто	богáче	т→ч
тúхий	静かな	/ тúхо	тúше	х→ш
чáстый	頻繁な	/ чáсто	чáще	ст→щ
высóкий	高い	/ высокó	вы́ше	с→ш, ок→ø
нúзкий	低い	/ нúзко	нúже	з→ж, к→ø

注 -e をもつ比較級は語幹が г, к, х; д, т, ст に終るもの，及びその他の語幹をもつ若干の形容詞と副詞から形成されます。

б. -ше をとるもの

далёкий	遠い	/ далекó	дáльше	к→ø
рáнний	早い	/ рáно	рáньше	
стáрый	年老いた	/ стáро	стáрше	

в. 異なる語幹から形成される場合およびその他

хорóший	良い	/ хорошó	лу́чше
плохóй	悪い	/ плóхо	ху́же
мáленький	小さい	/ мáло	мéньше
большóй	大きい	/ мнóго(多く)	бóльше

注 若干の形容詞は長語尾の**比較級 -ш-ий** を持っています：большóй 大きい→бóльший; мáлый 小さい→мéньший; хорóший

良い→*лу́чший**；плохо́й 悪い→*ху́дший**；высо́кий 高い→
вы́сший*，その他。

　この型の比較級は性，数，格の変化をします。* 印の比較級
は最上級としても用いられます。

3. 用法

a. 接尾辞 -е/-ше をもつ比較級は性，数，格の変化をせず，通
常述語や状況語（副詞）として用いられます。

　Москва́ *бо́льше*, чем Санкт-Петербу́рг. (=Москва́ *бо́ль-
　ше* Санкт-Петербу́рга.)
　モスクワはサンクト=ペテルブルグよりも大きい。
　Во́лга *длинне́е* Днепра́. (=Во́лга *длинне́е*, чем Днепр.)
　ヴォルガ河はドニェプル河よりも長い。
　Мари́ чита́ет *лу́чше*, чем А́нна. (副詞)
　マリーはアンナよりも上手に読む。
　Он идёт *быстре́е* меня́. (=...*быстре́е*, чем я.) (副詞)
　彼は私よりも急いで歩いて行く。
　Сего́дня *холодне́е*, чем вчера́. (無人称述語)
　今日は昨日よりも寒い。
　Говори́те, пожа́луйста, *погро́мче* и *поме́дленнее*.
　どうぞもう少し大きな声でそしてもう少しゆっくり話して
　下さい。

比較の表現 «...より» は，**чем** を用いてか，もしくは比較の
対象となる語を生格形に置いて接続して表わします。単一式比
較級へ接頭辞 **по-** をつけると，«少し» の意味が加わります（最
後の例文）。

　注 1　接続詞 чем を用いる場合，比較される語は同じ格に立つ。
　　　Он интересу́ется геогра́фией бо́льше, чем исто́рией. (造格)

彼は歴史よりも地理により興味を持っている。
2 単一式比較級は定語として用いられることもある。
Он получи́л ко́мнату бо́льше мое́й.
彼は私のより大きい部屋をもらった。

練習

I 次の文章を読んで訳しなさい。太字の比較級とよく用いられる表現に注意して下さい。

1. Сталь *в* во́семь *раз* **тяжеле́е** воды́.
2. Моя́ сестра́ *на* два го́да **ста́рше** (**моло́же**) меня́.
3. Я стара́юсь учи́ться *как мо́жно* **лу́чше**.
4. Ночь станови́лась *всё* **темне́е**.
5. Ки́ев о́чень краси́вый го́род. Санкт-Петербу́рг *ещё* **краси́вее**.
6. *Чем* де́ло **трудне́е**, *тем* оно́ **интере́снее**.

〔単語〕 сталь [女] 鋼鉄; в…раз …倍; тяжёлый 重い; на два го́да 2歳だけ; стара́ться [不完] 努力する; как мо́жно (＋比較級) できる限り…; всё (＋比較級) ますます…; ещё いっそう; чем (＋比較級) …, тем (＋比較級) … …すればするほど…。

II 次のテキストを読んで訳しなさい。

Дру́жба

Одного́ мудреца́ спроси́ли:

— Есть ли на све́те что́-нибудь доро́же зо́лота?

Мудре́ц поду́мал и сказа́л:

— Дру́жба! Она́ доро́же зо́лота.

Тогда́ его́ спроси́ли:

— А есть ли на свете что́-нибудь кре́пче желе́за?

Ста́рый мудре́ц повтори́л:

— Дру́жба! Она́ кре́пче желе́за.

Тогда́ ему́ за́дали ещё вопро́с:

— Есть ли на све́те что́-нибудь сильне́е бу́ри?

И на э́тот раз мудре́ц отве́тил:

— Дру́жба! Она́ сильне́е бу́ри.

〔単語〕 одного́ мудреца́<оди́н мудре́ц 一人の賢者; свет 世の中; что́-нибудь 何か; зо́лото 金; кре́пче (<кре́пкий) より固い; желе́зо 鉄; бу́ря 嵐。

III カッコ内の語を比較級に改めなさい。

1. Э́ти го́ры (высо́кие), чем те. 2. Э́тот го́род (большо́й), чем тот. 3. Тот пода́рок (дорого́й) э́того. 4. Он (молодо́й) меня́. 5. Говори́те (гро́мко и ме́дленно)! 6. На у́лице ста́ло (тепло́). 7. Сего́дня пого́да (хоро́шая), чем вчера́. 8. Я чита́ю по-ру́сски (пло́хо) тебя́. 9. Э́та ко́мната ма́ленькая, а та ещё (ма́ленькая). 10. У меня́ (мно́го) книг, чем у него́. 11. Любо́вь (си́льная) смерть.

〔単語〕 пода́рок プレゼント; любо́вь [女] 愛; смерть [女] 死。

Урок 34

最　　上　　級

文法ノート

I　最上級

最上級も合成的に作る方法と，接尾辞で形成する方法とがあります。

II　合成式最上級

1. са́мый

最上級は**形容詞**の原級長語尾形の**前**に定代名詞 са́мый を置いて形成されます。са́мый は関係する形容詞に性，数，格を一致させます。

男	са́мый краси́вый го́род	最も美しい町
女	са́мая больша́я река́	最も大きな川
中	са́мое глубо́кое о́зеро	最も深い湖
複	са́мые высо́кие го́ры	最も高い山々

この形の最上級はすべての性質形容詞から形成され，定語または述語として用いられます。単一式の最上級よりもしばしば用いられ，そして書き言葉でも話し言葉でも見られる，最も一般的な最上級です。

Москва́ — *са́мый большо́й* го́род в Росси́и.

モスクワはロシアで最も大きな町です。

Из всех элеме́нтов кислоро́д игра́ет *са́мую ва́жную* роль.

すべての元素の中で酸素は最も重要な役を演じている。

Мора́ль э́той ба́сни *са́мая проста́я.*

この寓話の教訓は最も簡単です。

2. наибо́лее

ときに са́мый の代りに形容詞の**長語尾形**それに**短語尾形**の前に副詞 **наибо́лее**（最も多く）を置いて最上級を形成します。наибо́лее は不変化で，形容詞のみが変化します。この最上級は書き言葉で用いられます。

Сего́дняшний докла́д — *наибо́лее уда́чный* в э́том году́.

今日の報告は今年最も成功したものです。

Каки́е же элеме́нты *наибо́лее распространены́* на Земле́?

地球上ではどのような元素が最も分布しているのだろうか。

注 1 最上級形成にまれに副詞 наиме́нее（最も少なく）が用いられることがある：наиме́нее уда́чный 最も成功の少ない

2 наибо́лее はまた副詞の最上級形成にも用いられる：

Наибо́лее успе́шно зако́нчил курс институ́та Ивано́в.

一番成功裏に大学の課程を終えたのはイヴァノフだった。

3. 比較級+всех / всего́

この最上級は単一式比較級と定代名詞 все（すべての人々）の生格 всех と всё（すべてのもの）の生格 всего́ を組合せて形成，最上級の意味（«一番…(だ)»）を表わします。話し言葉的な最上級の形です。

Она́ поёт *лу́чше всех.*

彼女は誰よりも上手に歌をうたう。

Э́то мне нра́вится *бо́льше всего́.*

これは私には一番気に入っている。

Ему́ бы́ло *веселе́е всех.*

彼は一番陽気だった。

〔単語〕 элеме́нт 元素; кислоро́д 酸素; игра́ть роль 役割を演ずる; мора́ль モラル, 教訓; ба́сня 寓話; уда́чный 成功した; распространённый 普及した; Земля́ 地球。

III 単一式最上級

単一式最上級には三つの型があり，いずれも関係する名詞などに応じて，性，数，格の変化をします。

1. 形容詞語幹＋接尾辞 -айш-ий

語幹が **г, к, х** に終る形容詞には接尾辞 **-айш-ий** をつけて最上級を形成します。その際語幹には**子音交替**が起こり，**г→ж, к→ч, х→ш** となります。力点はつねに -айш- の **а** にあります。

высо́кий	高い	высоча́йший
вели́кий	偉大な	велича́йший
ти́хий	静かな	тиша́йший
стро́гий	厳しい	строжа́йший

2. 形容詞語幹＋接尾辞 -ейш-ий

語幹が **г, к, х** 以外で終る形容詞には接尾辞 **-ейш-ий** をつけて形成します。力点は単一式比較級 (-ее 型) と同じ位置にあります。

тру́дный	難しい	трудне́йший
но́вый	新しい	нове́йший
си́льный	強い	сильне́йший
интере́сный	興味深い	интере́сне́йший

注 -ий は正確には形容詞の語尾。

3. 形容詞の語幹＋接尾辞 -ш-ий

若干の形容詞からは接尾辞 **-ш-ий** をつけて形成します。この場合ときどき語幹が変わることがあります。

хоро́ший 良い **лу́чший**　высо́кий 高い **вы́сший**
плохо́й 悪い **ху́дший**　ма́ленький 小さい **ме́ньший**

注 1　単一式の最上級形にはときに強意のためにさらに接頭辞 наи- をつけることがあります： наилу́чший (最もよい), наиху́дший (最も悪い), наикраси́вейший (最も美しい)。

2　多くの形容詞からは単一式最上級は形成されません。（例, дру́жеский 友好的な, у́зкий 狭い, молодо́й 若い, 等々）

4. 用法

単一式最上級は定語あるいは述語として用いられます。

О́зеро Байка́л — *глубоча́йшее* о́зеро в ми́ре.
バイカル湖は世界で最も深い湖である。
Во́лга — *длинне́йшая* из рек Евро́пы.
ヴォルガはヨーロッパの川の中で一番長い。
Мы познако́мились с *нове́йшими* достиже́ниями нау́ки.
私たちは科学の最新の成果を知った。
Ломоно́сов был *крупне́йшим* учёным.
ロマノーソフは最大級の学者であった。
Во́лга — одна́ из *краси́вейших* рек в ми́ре.
ヴォルガは世界で最も美しい川の一つである。

最上級は前置詞 в, среди 等とよく使われ, またともに使われる前置詞 из のあとは複数生格になります。またこの最上級はしばしば絶対的な程度の高さ（他の事物との対比とは無関係

— 202 —

に)"極めて","非常に"を意味して用いられます。

単一式最上級は合成式のそれよりは用いられるのが少なく,それはふつう書き言葉で使われます。

練習

I 次のテキストを読んで訳しなさい。

　Из геогра́фии СССР.

　Посмотри́те на географи́ческую ка́рту: вы уви́дите, что Сове́тский Сою́з — са́мая больша́я страна́ ми́ра. Террито́рия СССР — 22,4 (два́дцать два и четы́ре деся́тых) миллио́на квадра́тных киломе́тров. Она́ бо́льше террито́рии США в 3 ра́за, И́ндии — в 7 раз.

　На физи́ческой ка́рте СССР вы уви́дите го́ры. Посмотри́те, где нахо́дится Пами́р. Э́то высоча́йшие го́ры в СССР. А са́мые бога́тые — э́то Ура́льские го́ры. В э́тих гора́х есть о́чень мно́го поле́зных ископа́емых.

　В СССР о́чень мно́го рек и озёр. Зна́ете ли вы, что о́бщая длина́ всех рек СССР 3 миллио́на киломе́тров? Ле́на, Обь, Енисе́й, Аму́р, Во́лга вхо́дят в число́ са́мых больши́х рек в ми́ре. А ско́лько озёр в СССР? Их бо́лее 250 ты́сяч! О́зеро Байка́л — глубоча́йшее о́зеро в ми́ре.

〔単語〕 геогра́фия 地理; географи́ческий 地理学(上)の; террито́рия 領土; квадра́тный 平方の; физи́ческая ка́рта 地勢図: поле́зные ископа́емые 有用鉱物, 鉱物資源; о́бший 全体の; длина́ 長さ; входи́ть в число́... ……の中へ入る。

　注 СССР (ソ連邦)は8月政変後崩壊に向かい, 1991年12月に消滅し, 独立国家共同体 (Содру́жество Незави́симых Госуда́рств, 略称 СНГ エスエンゲ) が形成された。

— 203 —

II イタリックの語を単一式の最上級に変えなさい。

1. Учёный решил *очень трудную* задачу.   2. Достоевский был одним из *самых великих* мировых писателей.   3. МГУ — *самый старый* университет страны.   4. Советские люди построили в Сибири *самую крупную* гидроэлектростанцию.   5. Успешный полёт человека в космос был *самым важным* событием 61-го года.   6. На выставке было много *очень интересных* картин.   7. Мы посетили выставку с *огромным* интересом.   8. Мы получили несколько *очень новых* журналов.

〔単語〕 мировой 世界的な; гидроэлектростанция 水力発電所; полёт 飛行; событие 事件; посетить [完] 訪れる。

Урок 35

接続語（関係代名詞，関係副詞）

文法ノート

I 接続語（関係代名詞）

接続語は言うまでもなく，単文を結び合せて〔従属〕複文を形成する役割をします。

Вот мой брат.
ほら，これが私の兄です。
Он у́чится в университе́те.
彼は大学で学んでいます。

Вот мой брат, **кото́рый** у́чится в университе́те.
ほらこれが大学で学んでいる私の兄です。

接続語は関係代名詞あるいは関係副詞とも呼ばれます。

接続語として疑問代名詞 **кото́рый, кто, что, чей, како́й**, 疑問副詞 **где, куда́, отку́да, когда́, почему́** 等が用いられます。

1. кото́рый

кото́рый は性，数，格の変化をします（形容詞硬変化型）。**性**と**数**は主文の中の係る名詞に一致し，**格**は従属文の中での役割によって決まり，動詞や前置詞の要求する格に立ちます。
кото́рый は最もよく用いられる一般的な関係代名詞です。

Вот мой брат,
ほらこれが私の
{
у кото́рого я живу́. （男・単・生）
私がそのもとに住んでいる。
кото́рого вы хоте́ли ви́деть. （男・単・対）

兄です, あなたが会いたがっていた。
о **кото́ром** мы говори́ли. (男・単・前)
私たちが (それについて) 話をした。

Вот моя́ сестра́,
ほらこれが私の妹です,
кото́рая живёт здесь. (女・単・主)
ここに住んでいる。
кото́рую вы ви́дели. (女・単・対)
あなたが会ったことのある。
о **кото́рой** вы слы́шали. (女・単・前)
あなたが (それについて) 聞いた。

Вот мои́ това́рищи, с **кото́рыми** я игра́ю в ша́хматы.
ほらこれが私がチェスをやる相手の仲間たちです。

Я верну́л в библиоте́ку кни́ги, **кото́рые** я уже́ прочита́л.
私はすでに読み終えた本を図書館へ返しました。

大部分の場合 кото́рый はコンマをうって係る語のすぐ後ろに立ち, そしてその従属文は主文の後ろの外, その間にも置かれます。

Кни́ги, **кото́рые** я уже́ прочита́л, я верну́л в библиоте́ку.

注 1　кото́рый は従属文の文頭に立たないこともありうる。
Я встре́тил учи́теля, сын *кото́рого* у́чится вме́сте со мной.
私はその息子が私と共に学んでいる先生に出会った。
この場合通常 кото́рый は従属文中で係る名詞の後に立つ。

2　関係代名詞が関係する主文の語にしばしば **тот** (性, 数, 格の変化をする) が伴って用いられ, 主文と従属文の結びつきを強める働きをします: Мы расска́зывали о *тех* о́пытах, *кото́рые* проводи́ли в на́шей лаборато́рии. 私たちは実験室で行った実験について話をした。

2. кто, что

ふつう **кто** は活動体名詞を指す語, **что** は不活動体名詞を指す語を受けて用いられ, 従属文における役割によって格だけが変化します。また主文に相関的に用いられる語として, кто の場合人を表わす **тот, все, ка́ждый** 等, что は事物を表わす **то, всё** が見られることが多い。

Все, **кто** пришёл на ве́чер, собрали́сь в за́ле.
パーティへ来たすべての人たちがホールに集まった。
Кто не рабо́тает, тот не ест. (=Тот, кто не рабо́тает, не ест.)
働かない者は食べない。(働かざる者食うべからず)
Я не зна́ю того́, о **ком** вы говори́те.
私はあなたが話している人を知りません。
Я о́тдал това́рищу всё, **что** у меня́ бы́ло.
私は仲間に私が持っていたすべての物を渡した。
Случи́лось то, **чего́** никто́ не ожида́л.
誰も予期していなかったことが起きた。

注 1 従属文で кто と что が主語に立つとき, 述語は通常 кто の場合には男性単数として扱い, что の場合には主文の関係する語と性, 数において一致します。
Дере́вня, что стоя́ла на берегу́ о́зера, сгоре́ла.
湖の岸辺にあった村は焼けてしまった。

2 а. 接続詞, б. (間接疑問文の) 接続語, в. 主文に相関的語をもつ接続語, としての что を区別する必要があります。接続語 (関係代名詞) のとき что は従属文を主文に結びつけるだけでなく, 従属文の中の主語, 補語等の一成員に立ちますが, たんなる接続詞の場合, そのような文の成員にならずに, ただ主文と従属文を結びつける役だけをします:

a. Я ви́дел, *что* он принёс кни́ги.
   私は彼が本を持って来たのを見た。
б. Я ви́дел, *что́* он принёс.
   私は彼が何を持って来たかを見た。
в. Я принёс то, *что* ты проси́л.
   私は君が頼んだものを持って来た。
   間接疑問文の接続語のとき что には力点を打ちます。

3. како́й

како́й の用法は кото́рый のそれに非常に似ているのですが、こちらは比較、準(なぞら)えの意味が加わります。како́й は кото́рый と同様に**性**，**数**は主文の関係する語に一致し，**格**は従属文における役割で決まります。主文には相関的な語として тако́й が用いられることが多い。

С у́лицы доноси́лся шум, **како́й** быва́ет то́лько днём.
往来からただ昼にだけあるような騒音が聞こえてきていた。
Мы подошли́ к де́реву, **како́го** ещё никогда́ не ви́дели.
私たちはまだ決して見たことのないような木へ近寄った。

注1 上の文を定語的な意味の кото́рый の文と比較されたい。
   Мы подошли́ к де́реву, кото́рое стои́т на опу́шке.
   私たちは森のはずれに立っている木へ近寄った。
  2 先行詞が単数でも како́й は複数に立つこともあります。
   На нём бы́ло пальто́, каки́е тепе́рь не но́сят.
   彼は今では着ないような外套を身につけていた。

4. чей

чей は所属の意味を伝え，それ故大部分主文の活動体名詞に係ります。чей は主文の関係する名詞とではなく，従属文において係る名詞の性，数，格と一致します。

Я был рад уви́деть дру́га, **чьи** сове́ты мне бы́ли нужны́.
私はその助言が私に必要だった友人に会うのを喜んだ。

Челове́к, **чьей** рабо́той вы интересу́етесь, — кру́пный учёный.

あなたがその著作に関心を持っている人は大学者である。

〔単語〕 ша́хматы [複] チェス; верну́ть [完] 返す; ест＜есть [不完]; отда́ть [完] 渡す; случи́ться [不完] 起こる; ожида́ть 予期する; доноси́ться [不完] 聞こえてくる; опу́шка 森のはずれ; нужны́＜ну́жный; кру́пный учёный 大学者。

II 接続語 (関係副詞)

где, куда́, отку́да, когда́ 等は接続語として主文の名詞を限定して用いられます。

Дере́вня, **где** он роди́лся, была́ далеко́.
彼が生まれた村は遠くにあった。

Все смотре́ли на тот бе́рег, **куда́** прича́лила ло́дка.
皆が舟が接岸した岸を見ていた。

Я хорошо́ по́мню то воскресе́нье, **когда́** мы вме́сте е́здили за́ город.

私は私たちが一緒に郊外へ行ったあの日曜日をよく覚えている。

Мы отпра́вились в го́ры, **отку́да** неда́вно верну́лась на́ша экспеди́ция.

私たちは、そこから最近私たちの遠征隊が帰ってきた山へ出発した。

〔単語〕 прича́лить [完] 接岸する; верну́ться [完] 帰る; экспеди́ция 遠征隊。

練習

I 接続語に注意しながら次の文を訳しなさい。

1. Каждому, кто не прочитал ещё этой книги, нужно её прочитать. 2. Такие большие горы, какие были вокруг нас, я видел в первый раз. 3. Борис приглашал к себе всех, кому хотелось кататься на лодке. 4. Того, над чем в молодости я думал и работал, я никогда не забуду. 5. Был тот особенный вечер, какой бывает только на Кавказе. 6. Наконец было готово всё, что нужно для путешествия. 7. Товарищ дал мне газету, где была его статья. 8. Я хорошо помню то утро, когда я покинул родной дом. 9. Я позвонил около той двери, куда только что вошла девушка. 10. Мы поднялись на холм, откуда открывался прекрасный вид на поля.

〔単語〕 приглашать [不完] 招待する；кататься [不完] 乗り回る；молодость [女] 若い時；забыть [完] 忘れる；особенный 特別な；покинуть [完] 立ち去る；позвонить [完] 呼りんを鳴らす；только что……………したばかりだ；подняться [完] 登る；холм 丘；открываться [不完] 開ける；вид на поля 野原の景色。

II который を用いて単文を複文にしなさい。

1. Мы были в музеях. Музеи находятся в Москве. 2. Я узнал мальчика. Я встречал мальчика раньше. 3. Деревня находилась на берегу моря. В этой деревне родился мой отец. 4. Доклад должен быть в четверг. Он готовится к докладу. 5. Мы читаем статью. Вы написали статью. 6. Вчера у меня были товарищи. Вы знаете их.

Урок 36

否定代名詞・副詞；不定代名詞；
不定形の用法

文法ノート

I 否定代名詞・否定副詞

1. 否定代名詞 ничто́（何も...でない），**никто́**（誰も...でない），**никако́й**（いかなる...でない），**ниче́й**（誰の...でない）

これらの否定代名詞は疑問代名詞に否定の助詞 **ни** を綴って形成したもので，対応の疑問代名詞のように格変化をします。つねに否定の助詞 **не** を伴って用いられます。

Никто́ не отве́тил на мой вопро́с.
誰も私の質問に答えなかった。
Я *никому́* не скажу́ об э́том.
私は誰にもこのことについて言わないだろう。
Он не забы́л *никого́* и *ничего́*.
彼は誰一人そして何一つ忘れなかった。
Ему́ не ну́жно *ничье́й* по́мощи.
彼には誰の援助も要らない。

前置詞は **ни** と疑問代名詞の間に置かれます。

Я *ни у кого́* не мог узна́ть, где вы живёте.
私はあなたがどこに住んでいるか誰からも知ることが出来なかった。
Я его́ *ни о чём* не спра́шивал.

私は彼に何事についてもたずねなかった。

2. 否定代名詞 néчего (すべき…がない), некого (すべき人がいない)

この否定代名詞は疑問代名詞に否定の助詞 не を綴って形成したものであるが，主格はなく，疑問代名詞の変化をします。

ふつう動詞の**不定形と結合**して《…すべき…がない》を表わす無人称文で用いられます。前置詞の扱いは1と同じです。

Мне *некого* спросить.
私にはたずねるべき人がいない。
Ему *нечего* было сказать.
彼には話すべきことがなかった。
Нам *не о чём* говорить.
私たちには何についても話すことがない。
Ей *не с кем* посоветоваться.
彼女には相談すべき人がいない。

注 1　否定代名詞・副詞は ни- は無力点だが，не- は有力点です。
　　2　не- 型の否定代名詞・副詞を含む文は無人称文なので動作主は与格，過去は было, 未来は будет で示します。

3. 否定副詞 нигде́ (どこにも…ない), никáк (どうしても…ない), никудá (どこへも…ない), никогдá (一度も…でない) 等。

Я *нигде* не был.
私はどこにも行かなかった。
Он *никуда* не идёт.
彼はどこへも行かない。
Я *никогда* не читал этой книги.
私はこの本を一度も読んだことがない。

— 212 —

4. 否定副詞 **не́когда** (すべき時がない), **не́где** (すべき場所がない), **не́куда** (すべき所がない), **не́зачем** (すべき理由がない) 等。

> Мне *не́куда* сего́дня идти́.
> 私には今日行くべき所がない。
> За́втра мне бу́дет *не́когда* идти́ в теа́тр.
> 明日私には劇場へ行く暇はないでしょう。
> Тебе́ *не́зачем* е́хать в го́род.
> 君には町へ行くべき理由がない。
>
> **注** 否定副詞の用法は対応の否定代名詞のそれとほぼ同じです。

II 不定代名詞・不定副詞

不定代名詞は疑問代名詞に，不定副詞は疑問副詞に，助詞 **-то, -нибудь, -либо, кое-** を付加して形成します。両者は必ずハイフンで結ばれ，疑問代名詞の部分は格変化します。

1. -то のつく**不定代名詞・副詞**はふつう話者と聞き手に不明な人または物を意味します。

> Вчера́ к тебе́ *кто́-то* приходи́л.
> 昨日君の所へ誰かが来た。
> Вчера́ тебе́ *что́-то* принесли́.
> 昨日君の所へ何かを持って来た。
> Я ви́дел его́ *где́-то*.
> 私は彼にどこかで会った。

2. -нибудь のつく**不定代名詞・副詞**はふつう«誰(何)でもいい» を，全く不明な人・物を示します。

> Расскажи́те нам *что́-нибудь*.

— 213 —

私たちに何か話して下さい。

Позовите *кого-нибудь*.

誰かを呼んで下さい。

Вы *куда-нибудь* поедете летом?

夏にどこかへ行きますか。

注 1 -либо は -нибудь と同じ意味ですが, ふつう文語で用いられます。

  2 кое- は話者には明らかだが聞き手に不明な人・物を示します：
    Я хочу прочитать тебе *кое-что*. 私は君にあるものを読んであげたい。

〔単語〕 принесли＜принести［完］持って来る；позвать［完］呼ぶ。

III 動詞の不定形の用法

不定形の用法については, 1. быть の未来形と結合して合成未来を形成する（7課）, 2. 無人称述語と結合して無人称文で用いられる（13課）, 3. 形容詞の短語尾と結合して用いられる（12課）等をすでに習いましたが, その外に次のような用法があります。

4. 他の変化した動詞と結合して動詞の合成述語としてや, 目的を表わす状況語として用いられます。

Преподаватель начал *объяснять* новую тему.

先生は新しいテーマを説明し始めた。

Я думаю летом *поехать* в Москву.

私は夏にモスクワへ行こうと思っています。

Мы приехали сюда *учиться*.

ここへ勉強するために来た。

5. 独立不定形が文の主要成員となっているいわゆる **不定法文**

で用いられます。この場合それらは必要，義務，不可能等々のニュアンスを表わし，またしばしば疑問詞や否定代名詞と共に用いられます。

> Вам *начинáть*.
> あなたは始めねばならない。
> Емý *не понять* этого.
> 彼にはこれは分からない。
> Кудá нам *идти*?
> 私たちはどこへ行くべきなの？
> Что мне *дéлать*?
> 私は何をすべきなのか？

また不定形は断固とした命令を表わして用いられます。

> *Молчáть*!
> だまれ！
> *Прекратить* разговóры!
> 話を止め（なさい）！

注 この他不定形は補語や定語として，また助詞 бы と結合しても用いられます。

〔単語〕 начáть [完] 始める；молчáть [不完] 黙る；прекратить [完] 中止する。

練習

I 次の文を読み和訳しなさい。

1. Я никомý не звонил и никогó не просил помóчь мне.
2. Ничегó не подéлаешь！ 3. Он ни в чём не виновáт.
4. Он не боится никаких трýдностей. 5. Я остаюсь дóма и никудá не идý. 6. Вчерá мне нé с кем было

пойти́ в го́ры.　　7. От не́чего де́лать я пошёл в кино́. 8. Мне не́когда бы́ло чита́ть э́ту кни́гу.　　9. Когда́ я пришёл домо́й, я узна́л, что кто́-то приходи́л ко мне. 10. Я не зна́ю, придёт ли к нам кто́-нибудь сего́дня.　　11. Он сказа́л мне что́-то, но я не расслы́шал.　　12. Что ты и́щешь? — Я ищу́ каку́ю-нибудь интере́сную кни́гу.

〔単語〕 поде́лать [完] しばしする； винова́тый (в+前) 罪がある； тру́дность [女] 困難； расслы́шать [完] 聞きとる； иска́ть, ищу́, и́щешь [不完] 探す.

II カッコ内の適当な方を選び文を完成しなさい。

1. До́ма, кро́ме меня́, (ни, не́)кого не́ было, мне (ни, не́)кого бы́ло попроси́ть сходи́ть в магази́н.　　2. Он (ни, не́)чего не ска́жет Та́не, ему́ (ни, не́)чего бу́дет ей сказа́ть.　　3. Нам (ни, не́)где бы́ло остана́вливаться. Мы (ни, не́)где не остана́вливались.　　4. Он (ни, не́)куда не пошёл в воскресе́нье. Ему́ (ни, не́)куда бы́ло пойти́ в воскресе́нье.　　5. Мне (ни, не́)откуда ждать пи́сем. Я (ни, не́)откуда не жду пи́сем.　　6. Де́ти сидя́т за столо́м и что́(-то, -нибудь) рису́ют. Вы что́(-то, -нибудь) слу́шали сего́дня по ра́дио?　　7. Звони́л мне кто́(-то, -нибудь)? Тебе́ кто́(-то, -нибудь) звони́л.

〔単語〕 сходи́ть [完] 行って来る； пи́сем＜письмо́； рису́ют＜рисова́ть.

Урок 37

仮定法；接続詞 чтобы；時の表現 (2)

文法ノート

I 仮定法

仮定法は動詞の**過去形**に助詞 **бы** をつけて形成され，動作の可能性，願望，依頼・助言，譲歩を意味して用いられます。

1. 動作の可能性

仮定法は一定の条件のもとでなら可能でありうる，想定されうる動作を表わして用いられます。

Я *пошёл бы* сегодня в театр, если *бы* у меня *было* время.

もし時間があったなら(あれば)，私は今日劇場へ行った(行く)のだが。

Была бы хорошая погода, мы *пошли бы* гулять.

天気が良ければ，私たちは散歩へ行った(行く)のだが。

На вашем месте я *бы* этого *не сделал*.

あなたの立場なら，私はそれをしなかった(しない)だろう。

注 1 助詞 бы の位置は固定されていず，それは動詞の後，その他の語の後に立ちえます。

2 仮定法には時制の区別がなく，時は文脈によって決まります。

3 1, 2 番目の文例は条件の従属文をもつ複文に入るが，条件の従属文は主文の前にも後にも間にも位置しえます。

2. 動作の願望

仮定法は動作が実現されるように，到来するようにという願望を表わします。

> *Прочитáл бы* я сейчáс интерéсную кнúгу!
> いまおもしろい本を読めたらなあ！
> Скорéй бы *пришлó лéто*!
> 早く夏が来ればいいのに！
> 注　この意味は不定形＋бы でも表現します。
>> *Закóнчить бы* нам рабóту на э́той недéле!
>> 私たちは今週仕事を終えられればいいのだが！

3. 助言，依頼，希望の意味

仮定法は命令法のように動作への喚起を表現し，その場合，助言，依頼，希望等の意味を表わします。

> *Помоглú бы* вы ей.
> あなたは彼女のお手伝をすればいいのに。
> Что ты всё сидúшь дóма? *Пошёл бы* погуля́ть!
> なんで始終家にばかりいるの？散歩へ行けばいいのに！
> Мне *хотéлось бы* побесéдовать с вáми.
> 私はあなたとお話し合いをしたいのですが。

4. 譲歩の意味

仮定法は譲歩の従属文をもつ複文でも用いられ，それは接続語の疑問詞と助詞 **бы** と **ни** の結合によって表現され，この場合述語は過去形の形をとります。
(где бы ни… どこに…でも；когдá бы ни… いつ…でも)

> *Что бы* я *ни* говорúл, ты всё равнó мне не вéришь.
> 私が何を言おうと，いずれにしろ君は私を信じない。

Как бы ни было трýдно, я не остáвлю э́той рабóты.
いかに困難であろうと、私はこの仕事をやめないだろう。
〔単語〕 помогли́>помо́чь [完]; побесе́довать [完] しばし話し合う; погуля́ть [完]=гуля́ть; остáвить [完] 見捨てる。

II 接続詞 чтóбы の用法

接続詞 чтóбы をもつ従属文は主文の述語へ係り, それは**目的**を表わすときと, 主文に希望, 依頼, 要請, 必要, 警告等を意味する動詞や無人称述語があるとき用いられます。

Я изучáю рýсский язы́к, *чтóбы* говори́ть по-рýсски.
私はロシア語を話すためにロシア語を勉強している。
Он éдет в Ло́ндон, *чтóбы* рабóтать там.
彼はロンドンへそこで働くために行く。

従属文の動作主が主文のそれと同一のとき, чтóбы の従属文では動詞は**不定形**に, 同一でないとき主語が入り動詞は**過去形**になります。

Я бýду говори́ть мéдленнее, *чтóбы* вы лýчше меня́ по́няли.
私は, 諸君が私の言う事をよりよく理解するように, もっとゆっくり話しましょう。
Я хочý, *чтóбы* вы меня́ прáвильно по́няли.
私はあなたが私を正しく理解するよう望んでいます。
Нýжно, *чтóбы* все учáствовали в э́той рабóте.
すべての人がこの仕事へ参加することが必要である。

чтóбы はほぼ《…(する)ため・ように, …(する)こと》と訳します。

— 219 —

III 時の表現 (2)

год (年), ме́сяц (月), век (世紀) は, **«в+前置格»**
неде́ля (週) は **«на+前置格»**
«…日に» は **«(順序数詞の)生格»**, で表わします。

в э́том (сле́дующем) *году́*　　今年（来年）
в э́том (про́шлом) *ме́сяце*　　今月（先月）
в ты́сяча девятьсо́т се́мьдесят пя́том *году́*　1975年に
в двадца́том *ве́ке*　　20世紀に
на э́той (про́шлой) *неде́ле*　　今週（先週）

В про́шлом *году́* мы е́здили в Москву́.
去年私たちはモスクワへ行って来た。

На сле́дующей *неде́ле* мы ждём вас в го́сти.
来週私たちはあなた（たち）をお客に待っています。

Вы́ставка япо́нских промы́шленных това́ров откры́лась
в 1984-ом *году́*.
日本工業製品見本市は 1984 年に開かれた。

Я роди́лся (родила́сь) *второ́го* апре́ля 1965 го́да.
私は 1965 年 4 月 2 日に生れた。

〔単語〕 промы́шленный 工業の; откры́ться [完] 開く, 開かれる。

練習

I 次の文を読み訳しなさい。

1. Я уе́хал бы на Кавка́з, соверши́л бы похо́д в го́ры.
2. Е́сли бы он хорошо́ занима́лся весь год, он сдал бы экза́мен на отли́чно. 3. Лёг бы ты отдохну́ть! 4. Без твое́й по́мощи я не смог бы добра́ться домо́й. 5. При-

несли бы вы ему воды.　6. Хорошо было бы, если бы такие вечера устраивались почаще.　7. Когда бы он ни пришёл, я всегда ему рад.　8. Какую бы книгу я ни взял, не нахожу нужного примера.　9. Я пошёл к товарищу, чтобы помочь ему решить задачу.　10. Учитель требует, чтобы ученики были внимательны.　11. Помните, что наука требует от человека всей его жизни. И если у вас было бы две жизни, то и их не хватило бы вам.

〔**単語**〕 совершить［完］行う； сдать экзамен 試験に合格する；(на) отлично 優(で)； смочь［完］できる； добраться［完］たどり着く； устраиваться［不完］催される； почаще もう少ししばしば； находить［不完］見出す； пример 例(文)； требовать［不完］要求する； хватить［完］足りる。

Урок 38

副動詞；無人称文のまとめ・無人称動詞

文法ノート

I 副動詞

副動詞は，動詞と副詞の特徴をあわせもつ動詞の一形態で，文中で述語動詞を説明し，補足的な動作を意味します。副詞のように性，数，格の変化をしない不変化形で，不完了体副動詞と完了体副動詞があります。

1. 不完了体副動詞

不完了体副動詞は不完了体動詞の**現在語幹**に接尾辞 **-я**（シュー音のあとでは **-a**）をつけて形成します。

чита́ть	чита́-ют	чита́-я	読みながら
сиде́ть	сид-я́т	си́д-я	座っていて
лежа́ть	леж-а́т	лёж-а	横になって
нести́	нес-у́т	нес-я́	運びながら
занима́ться	занима́-ют-ся	занима́-я-сь	従事しながら

例外として **-ава́ть** 動詞（語幹 да-, зна-, ста- のあとに接尾辞 -ва- をもつもの）は**不定形語幹**から作ります。

дава́ть	да-ю́т	дава́-я	与えながら
узнава́ть	узна-ю́т	узнава́-я	知りながら

注 1　次のような動詞は副動詞を形成しません：

　　　a. 一連の一音節動詞（ждать, пить, бить），б. -чь 動詞（течь, мочь），в. -нуть 動詞（со́хнуть），г. その他若干の動詞（пи-

сáть, петь 等)。
2 -ся 動詞の不完了体副動詞の末尾は -ясь となります。

2. 完了体副動詞

完了体副動詞は完了体動詞の **過去語幹に母音のあと**では接尾辞 **-в**（ときに **-вши**），**子音のあと**では接尾辞 **-ши** をつけて形成します。-ся 動詞は **-вшись, -шись** となります。

прочитáть	прочитá-л	прочитá-**в** (**-вши**)	
			読み終って
принести́	принёс	принёс-**ши**	持って来て
встрéтиться	встрéти-л-ся	встрéти-**вши-сь**	
			会って

注 1 例外的に一部の完了体動詞は未来語幹に **-я (-a)** をつけて形成します
　　прочéсть (прочт-ýт)→прочт-**я**　　読み終って
　　прийти́ (прид-ýт)→прид-**я**　　やって来て
　2 -ся 動詞の完了体副動詞は接尾辞 **-вшись, -шись** だけをとる。

3. 副動詞の用法

ふつう**不完了体副動詞**は述語動詞の動作と**同時**の補足的な動作を，**完了体副動詞**は述語動詞の動作に**先行**した補足的な動作を表わします。

副動詞は動詞と同じく補語や状況語（副詞〔句〕）をとり，文のどこへでも立ちえ，ふつうコンマで区切って用いられます。

副動詞の動作の時は述語動詞のそれと同じで，副動詞の動作主は述語動詞のそれとつねに同じでなければなりません。

Студе́нт сиди́т у стола́, (現在)
Студе́нт сиде́л у стола́, (過去) } *чита́я* кни́гу.
Студе́нт бу́дет сиде́ть у стола́, (未来) 本を読みながら
学生は机の側に座っている (現在)

Ко́нчив чте́ние, { мы ухо́дим / мы ушли́ / мы уйдём } из чита́льного за́ла.
読書を終えて 閲覧室から去って行く。
(現在)

Игра́я в ша́хматы, они́ слу́шали му́зыку.
チェスをしながら，彼らは音楽を聞いていた。

Возвраща́ясь с конце́рта, мы говори́ли о му́зыке.
コンサートから帰りながら，私たちは音楽について話した。

Прочита́в кни́гу, я сдам её в библиоте́ку.
本を読み終えて，私はそれを図書館へ返すでしょう。

Возврати́вшись домо́й, я уви́дел на своём столе́ письмо́.
家へ帰ってから，私は自分の机の上に手紙を見い出した。

副動詞は**時**の外に**理由**，**条件**等の状況語として用いられる。

Не поня́в вопро́са, студе́нт не смог отве́тить。(理由)
質問が分からないので，学生は答えることが出来なかった。

Примени́в но́вый ме́тод, брига́да мо́жет перевы́полнить но́рму。(条件)
新しい方法をとり入れたら，作業班はノルマを超過遂行することができる。

〔単語〕 чте́ние 読書；возвраща́ться [不完] возврати́ться [完] 帰る；сдам＜сдать [完] 返す；примени́ть [完] 適用する；брига́да 作業班；перевы́полнить [完]（計画を）超過遂行する；но́рма ノルマ。

II 無人称文のまとめ・無人称動詞

無人称文については，**1.** 無人称述語が単独または不定形と結合して (13課)，**2.** 否定生格のある文で (16課)，**3.** 否定代名詞と結合して (36課)，**4.** 不定法文で (36課) 用いられる例をすでに習いましたが，その他に **5.** として，無人称動詞を用いた次のような無人称文があります。

無人称動詞が述語の無人称文。

これには自然や周囲の状態や精神的肉体的状態を意味する動詞，話者の種々の思いを伝える動詞などがあり，そして -ся 動詞に多く見られます。この動詞は現在は単数3人称，過去は中性で用いられます。

Вечере́ет. К ве́черу *похолода́ло.*
暮れてきた。夕方近くに寒くなった。
Больно́го весь ве́чер *зноби́ло.*
病人は夕方ずっと寒気がしていた。
Мне *хо́чется* пить.
私はのどがかわいた（水を飲みたい）。
Нам *пришло́сь* останови́ться.
私たちは止まらざるをえなかった。

〔単語〕 вечере́ть [不完] 夕方になる; похолода́ть [完] 寒くなる; зноби́ть [不完] 悪寒を起こさせる; прийти́сь [完]（する）ことになる・せざるを得ない。

注 被動形動詞過去短尾中性 (40課参照) も無人称文で用いられます:
Уже́ объя́влено о собра́нии. すでに集会について発表された。

練習

I カッコ内の動詞を選んで副動詞にして挿入し、和訳しなさい。

1. Оте́ц лежи́т на дива́не, ... газе́ту. ... газе́ту, он на́чал чита́ть журна́л. (чита́ть, прочита́ть).   2. ... в ко́мнате, Лю́ся начала́ занима́ться. ... в ко́мнате, она́ ве́село пе́ла. (убира́ть, убра́ть)   3. ... ру́сский язы́к, я мно́го и упо́рно занима́лся. ... медици́ну, мы вернёмся на ро́дину врача́ми. (изуча́ть, изучи́ть)   4. ... в столо́вой, я люблю́ сиде́ть у окна́. ..., я пришёл домо́й и лёг отдохну́ть. (обе́дать, пообе́дать)   5. Я всегда́ кладу́ кни́гу на ме́сто, ... чте́ние. Я положи́л кни́гу на ме́сто, ... чте́ние. (ока́нчивать, око́нчить)   6. ... на́ гору, тури́сты отдохну́ли. ... на́ гору, тури́сты любова́лись краси́выми ви́дами. (поднима́ться, подня́ться)   7. ... друг с дру́гом, они́ всегда́ вспомина́ли студе́нческие го́ды. ... случа́йно в Москве́, они́ снача́ла не узна́ли друг дру́га. (встреча́ться, встре́титься)

〔単語〕убира́ть〔不完〕убра́ть〔完〕片付ける；упо́рно 根気よく；медици́на 医学；кладу́＜класть〔不完〕置く；положи́ть〔完〕置く；ока́нчивать〔不完〕終える；друг с дру́гом, друг дру́га お互いに；случа́йно 偶然に；узна́ть〔完〕見分ける。

Урок 39

能動形動詞；間接疑問文

文法ノート

I 形動詞

　形動詞は動詞と形容詞の特徴をもつ動詞の一形態で，**動詞**のように名詞を支配し，時，体，相の形態を有するが，**形容詞**のように事物の特徴を意味し，人称変化の代りに**形容詞変化**をして，限定する語に**性，数，格を一致**させます。能動形動詞と被動形動詞があり，それぞれに現在形，過去形が存在します。形動詞は主として書き言葉で用いられます。

II 能動形動詞

1. 能動形動詞現在の形成

　能動形動詞現在は不完了体動詞の現在語幹に次の接尾辞をつけて形成します：

　　第1式動詞　現在語幹 + -ющ-ий（母音の後）；

　　　　　　　　　　　　　-ущ-ий（子音の後）

　　第2式動詞　現在語幹 + -ящ-ий；

　　　　　　　　　　　　　-ащ-ий（シュー音の後）

чита́-ют	чита́**ющий**	読んでいる（ところの）
пи́ш-ут	пи́ш**ущий**	書いている（ところの）
говор-я́т	говоря́**щий**	話している（ところの）
леж-а́т	лежа́**щий**	横たわっている（ところの）

занима́-ют-ся　занима́ющийся　従事している（ところの）

しかし，実際には，動詞の**現在形複数3人称**の **т** をとり **-щий** を付ける，と覚えた方が便利でしょう：

лю́бя-т→лю́бя-щий

2. 能動形動詞過去の形成

能動形動詞過去は完了体・不完了体動詞の過去語幹（または不定形語幹）に次の接尾辞をつけて形成します：

過去語幹 + -вш-ий（母音の後）；

　　　　　 + -ш-ий（子音の後）

писа́-л	писа́вший	書いていた（ところの）
написа́-л	написа́вший	書いてしまった（ところの）
прочита́-л	прочита́вший	読んでしまった（ところの）
нёс	нёсший	運んでいた（ところの）
занима́-л-ся	занима́вшийся	従事していた（ところの）

注１　過去語幹が母音で終り，かつ現在・未来語幹が д, т で終る動詞は，現在・未来語幹に -ш-ий をつけます。

　　　вести́　вёл / вед-у́т→ве́дший　導いていた（ところの）

　　　идти́ の能動形動詞過去は ше́дший　歩いていた（ところの）

　２　ся 動詞の ся は形動詞の場合母音の後でも сь になりません。

3. 能動形動詞の用法

能動形動詞は，形動詞によって表わされる動作を行うものを意味する語に係ります。形動詞構文はそれが限定する語の前にも，後にも立ちえます。被限定語の後に立つとき（文末文中で），形動詞構文はコンマで区切られます。能動形動詞は хоро́ший 型の変化をします。

За столо́м сиди́т студе́нт, *чита́ющий* кни́гу.

机に向かって，本を読んでいる学生が座っている。

Студе́нтка, *прочита́вшая* газе́ту, ушла́ из аудито́рии.

新聞を読み終えた女子学生は教室から立ち去った。

На дворе́ шумя́т *игра́ющие* в мяч де́ти.

中庭でボール遊びをしている子供たちが騒いでいる。

Я взял газе́ту, *лежа́вшую* на столе́.

私は机の上に横たわっていた新聞を手にとった。

Я встре́тил моего́ дру́га, до́лго *жи́вшего* на Кавка́зе.

私はコーカサスで長い間住んでいた私の友人に出会った。

С ка́ждым го́дом увели́чивается число́ ю́ношей и де́вушек, *занима́ющихся* спо́ртом.

年ごとにスポーツをやる青年男女の数が増えつつある。

В саду́, *находи́вшемся* о́коло до́ма, бы́ло мно́го цвето́в.

家の近くにあった庭園にはたくさんの花が咲いていた。

注　形動詞構文は кото́рый の限定的従属文と同じ意味を持ちます。第 1, 2 のそれを кото́рый の従属文で書き替えると、こうなります：

... студе́нт, кото́рый чита́ет кни́гу.

Студе́нтка, кото́рая прочита́ла газе́ту, ...

〔単語〕шуме́ть [不完] 騒ぐ；игра́ть в мяч ボール遊びをする；с ка́ждым го́дом 年ごとに；увели́чиваться [不完] 増加する。

III　間接疑問文

1. 疑問詞のある間接疑問文 — 従属文の文頭に疑問詞が接続語として立ちます。

Когда́ ты прие́дешь? → Я спроси́л его́, когда́ он прие́дет.

Я зна́ю, | что он чита́ет.　　彼が何を読んでいるか。
　　　　| куда́ он идёт.　　　彼がどこへ行くか。

— 229 —

私は知っ	где он был.	彼がどこへ行ったか。
ている，	почему́ он смеётся.	なぜ彼が笑っているか。
	как э́то сде́лать.	これをどのようにすべきか。
	когда́ он вернётся.	彼がいつ帰って来るか。

2. 疑問詞のない間接疑問文 ― 従属文の文頭に疑問の中心になる語を置き，その直後に**接続詞 ли** を立てて形成します。

Ты ко́нчил рабо́ту? →Он спроси́л меня́, ко́нчил *ли* я рабо́ту.

君は仕事を終えた？　　彼は私が仕事を終えたかどうかを私にたずねた。

Учени́к спроси́л, пра́вильно *ли* он реши́л зада́чу.
生徒は，問題を正しく解いたかどうかをたずねた。

間接疑問文を形成する際には，人称代名詞や動詞の人称形等の用法に注意する必要があります。

練習

I 次の文を形動詞に注意しながら訳して下さい。

1. Студе́нты, прие́хавшие из Япо́нии, бу́дут учи́ться в на́шем университе́те.　2. Мы идём в Третьяко́вскую галере́ю, находя́щуюся в Лавру́шинском переу́лке.　3. Прия́тно смотре́ть на игра́ющих и ве́село смею́щихся дете́й.　4. Мой друг чита́ет газе́ту «Пра́вда», выходя́щую в Москве́.　5. За обе́дом верну́вшийся Пе́тя расска́зывал свои́ но́вости.　6. Он получи́л письмо́ от свои́х друзе́й, живу́щих в Росси́йской Федера́ции.　7. Писа́тели говори́ли о но́вом рома́не, принёсшем а́втору изве́стность.　8. Ко́ля, прише́дший по́здно, ско́ро ушёл.

〔単語〕 галере́я 美術館, 画廊；переу́лок 横町；смея́ться [不完] 笑う；выходи́ть [不完] 発行される；росси́йский ロシアの；принести́ [完] もたらす；изве́стность [女] 名声；прише́дший＜прийти́ [完] の能動形動詞過去。

II 例にならって次の文を能動形動詞を用いて書き替えなさい

例 За столо́м сиди́т студе́нт, кото́рый чита́ет кни́гу.→
За столо́м сиди́т студе́нт, чита́ющий кни́гу.

1. Де́ти, кото́рые игра́ли во дворе́, подбежа́ли к нам.
2. Мы вошли́ в аудито́рию и уви́дели студе́нтку, кото́рая реша́ет зада́чу. 3. Ты зна́ешь аспира́нта, кото́рый стои́т у окна́? 4. Преподава́тель разгова́ривал с аспира́нткой, кото́рая сиди́т о́коло меня́. 5. Я подошёл к челове́ку, кото́рый вы́ступил на собра́нии. 6. Мы бы́ли на вы́ставке, кото́рая откры́лась неда́вно в Москве́.

〔単語〕 подбежа́ть [完] 駆け寄る；аспира́нт [男] аспира́нтка [女] 大学院生；челове́к 人；вы́ступить [完] 発言する。

Урок 40

被動形動詞(現在, 過去)

文法ノート

I 被動形動詞

被動形動詞は他動詞のみから形成され, 現在と過去があり, それぞれ短尾形を有します。

1. 被動形動詞現在

被動形動詞現在は不完了体動詞の現在語幹に次のような接尾辞をつけて形成します。

  第 1 式動詞　　**現在語幹 + -ем-ый**
  第 2 式動詞　　**現在語幹 + -им-ый**

чита́-ем	чита́-**емый**	読まれている(ところの)
организу́-ем	организу́-**емый**	組織されている(ところの)
лю́б-им	люб-**и́мый**	愛されている(ところの)
произво́д-им	производ-**и́мый**	生産されている(ところの)

ただし **-авать** 動詞 (語根 да-, зна-, ста- のあとに接尾辞 -ва- をもつ) の場合には, **不定形語幹**から作ります。

  дава́ть (даём) дава́емый 　与えられている(ところの)

 注 1　現実には, 被動形動詞現在の形成は多くの場合動詞の現在形
　　　　複数 1 人称に形容詞の語尾をつけても同じになるわけです。
  2　能動形動詞現在は多くの動詞から形成されず, 作られるのは
　　　　主に -ать (-ять) 型動詞や, 接尾辞 -ыва (ива)-, -ова- をも
　　　　つ動詞等からで, ждать, жечь, пить 等の非生産型の動詞か

― 232 ―

らは形成されません。

2. 被動形動詞過去

被動形動詞過去は主として完了体の他動詞から形成され，その**過去語幹に接尾辞 -нн-, -енн-, -т-** をつけてつくります。

a. 過去語幹 + -нн-ый： 語幹が **-а(ть)** で終る動詞

прочита́-л　　прочи́та-нный　　読み終えられた(ところの)
написа́-л　　написа́-нный　　書かれた(ところの)

注　力点は不定形で -а́(ть) にあるときその一つ前の音節に移り，それ以外のときは移動しません： обрабо́тать 加工する→обрабо́танный.

б. 過去語幹 + -енн-ый；語幹が**子音, -и(ть), -е(ть)** に終る動詞

принёс　　принес-ённый　　運んでこられた(ところの)
изучи́-л　　изу́ч-енный　　学ばれた(ところの)
уви́де-л　　уви́д-енный　　見られた(ところの)

-ить に終る第2式動詞には単数1人称の変化の場合と同じ**子音交替**を伴なうものがあります。

встре́ти-л　　встре́ч-енный　　出会われた(ところの)
возврати́-л　　возвращ-ённый　　返された(ところの)
поста́ви-л　　поста́вл-енный　　置かれた(ところの)

注 1　-ить, -еть の場合は過去語幹の最後の母音 и, е をとって接尾辞をつけます。

　　2　未来語幹が д, т で終る動詞はその語幹から形成されます。
　　　найти́ / найду́т найд-енный　　見い出された…
　　　изобрести́ / изобрету́т изобрет-ённый　発明された…

　　3　力点は原則として現在形三人称と一致します。

— 233 —

B. **過去語幹 + -т-ый**: 単音節の動詞 (それに接頭辞のついた動詞), **-ну(ть), -о(ть)** に終る動詞, その他若干の動詞

взя-л	взя́-**тый**	取られた(ところの)
заверну́-л	заверну-**тый**	包まれた(ところの)
откры́-л	откры́-**тый**	開かれた(ところの)

注 現代語では不完了体動詞からの被動形動詞過去は次のような若干のものを除いては用いられません: ви́деть 見る→ви́денный, слы́шать 聞こえる→слы́шанный, чита́ть 読む→чи́танный.

3. 被動形動詞の用法

被動形動詞は 動作主の側から一定の対象に向けられた動作を表わし, その動作を受けるものを意味する語に係ります。その場合**動作主**は**造格**に置かれます。被動形動詞は形容詞 но́вый 型の変化をします。

Кни́га, *чита́емая* студе́нтом, о́чень интере́сна.
学生によって読まれている本は大変おもしろい。

Я получа́ю журна́л «Но́вое вре́мя», *издава́емый* в Москве́.
私はモスクワで出版されている雑誌 《新時代》 を受取っている。

В э́той гру́ппе, *руководи́мой* изве́стным профе́ссором, мно́го иностра́нных студе́нтов.
有名な教授によって 指導されているこのグループには多くの外国人学生がいる。

Газе́та, *прочи́танная* студе́нтом, лежи́т на столе́.
学生によって読み終えられた新聞は机の上にある。

Все кни́ги, *взя́тые* в библиоте́ке, мы прочита́ли.
図書館で借りられたすべての本を私たちは読み終えた。

Он живёт в до́ме, *постр́бенном* в про́шлом году́.

彼は去年建設された建物に住んでいる。

注　被動形動詞構文もやはり кото́рый の従属文と同じ意味を持つので，кото́рый を用いて書き替えられます。

Кни́га, кото́рую чита́ет студе́нт, о́чень интере́сна. (第1の例文)

Газе́та, кото́рую прочита́л студе́нт, лежи́т на столе́ (第4の例文)

〔単語〕 издава́ть [不完] 出版する; руководи́ть [不完] 指導する; взять [完] 借りる。

練習

I 次の文を被動形動詞に注意しながら訳して下さい。

1. Ве́чер, организу́емый на́шим факульте́том, до́лжен быть интере́сным.　2. В реша́емой на́ми зада́че мно́го тру́дностей.　3. На́ша библиоте́ка получа́ет мно́го газе́т, издава́емых в ра́зных стра́нах.　4. В конце́рте, передава́емом по ра́дио, уча́ствует ру́сский наро́дный хор.　5. Мой ма́ленький брат дово́лен пода́рком, ку́пленным тобо́й.　6. Я прочита́л письмо́, полу́ченное мои́м дру́гом от шко́льного учи́теля.　7. На не́бе, покры́том облака́ми, не́ было ви́дно луны́.　8. Из прочи́танного те́кста я узна́л о жи́зни вели́кого ру́сского учёного.

〔単語〕 факульте́т 学部; тру́дность 困難; уча́ствовать [不完] (в+前) 参加する; наро́дный хор 民謡合唱団; дово́льный 満足した; пода́рок 贈物; ку́пленным＜купи́ть [完] 買う; покры́том＜покры́ть [完] 覆う; ви́дно 見える。

— 235 —

II 次の文を例にならい被動形動詞を用いて書き替えなさい。

例, Вопрóс, котóрый вы изучáете, давнó интересýет меня.
→Вопрóс, изучáемый вáми, давнó интересýет меня.

1. Рабóта, котóрую я выполняю, óчень трýдная.   2. В газéтах, котóрые мы получáем, чáсто бывáют статьи́ о теáтре.   3. В кóсмос полетéли корабли́, котóрые сóздал совéтский человéк.   4. Мой отéц рассказáл мне о кни́ге, котóрую он прочитáл недáвно.   5. Я не читáл ещё письмá, котóрое написáла моя́ сестрá.   6. В упражнéниях, котóрые сдéлал э́тот студéнт, мнóго оши́бок.

〔単語〕 интересовáть［不完］（＋対）（誰かに）興味を起こさせる；полетéть［完］飛び立つ；корáбль 宇宙船；оши́бка 間違い；упражнéние 練習問題。

Урок 41

被動形動詞短語尾；形動詞の名詞化と形容詞化；個数詞の格変化

文法ノート

I 被動形動詞短語尾

被動形動詞は，形容詞のように，短語尾形を持ちます。

1. 被動形動詞過去短語尾

被動形動詞**過去短語尾**は，男性形は変化語尾 **-ый** を落とした**無語尾**の形で，それに**女性形**は **-a,** 中性形は **-o,** 複数形は **-ы** をつけて形成する（形容詞の短語尾形成の場合と同じです）。ただし -(e)нный 型は **-н-** は**一つ**だけになります。被動形動詞短語尾は性，数の変化はしますが，格変化はしません。

	男性	女性	中性	複数
напи́санный	напи́сан	напи́сан**а**	напи́сан**о**	напи́сан**ы**
ку́пленный	ку́плен	ку́плен**а**	ку́плен**о**	ку́плен**ы**
откры́тый	откры́т	откры́т**а**	откры́т**о**	откры́т**ы**

2. 被動形動詞過去短語尾の用法

被動形動詞短語尾は，長語尾はふつう限定詞として使用されるのに対し，もっぱら**述語**として用いられ，**性と数において主語と一致**します。過去と未来は быть の過去と未来と共に用いて表わされます。

Э́та шко́ла *постро́ена* молоды́м архите́ктором.

この学校は若い建築家によって建てられた。

— 237 —

Эти письма *получены* утром.

これらの手紙は朝受取られた。

Артист тепло *встречен* зрителями.

俳優は観客に暖く迎えられた。

Книга *будет куплена* через две недели.

その本は二週間後に買われるだろう。

В газете *было написано*, что в городе построили новый институт.

新聞に町には新しい大学が建設されたと書かれていた。

　被動形動詞過去短語尾は 受動態文形成のために書き言葉においても話し言葉においても広範に用いられます。

　注　被動形動詞現在短語尾は若干の動詞からしか形成されません：

　　　любимый 愛されている, любим, любима, любимо, любимы

〔単語〕 зритель [男] 観客； купленный＜купить [完] 買う； открытый＜открыть [完] 開ける； встреченный＜встретить [完] 迎える。

II　形動詞の形容詞化と名詞化

1. 形容詞化したもの

    блестящая техника　　　　すばらしい技術
    подходящий момент　　　　適当な時期
    образованный человек　　　教養のある人
    бывший товарищ　　　　　以前の同僚

    Петербург — мой *любимый* город.
    ペテルブルグは私の好きな町です。

2. 名詞化したもの

    учащийся　学習者　　служащий　勤め人
    трудящийся　勤労者　　прошедшее　過去

ра́неный 　　負傷者

Трудя́щиеся всех стран хотя́т ми́ра.

万国の勤労者たちは平和を欲している。

Уча́щиеся гото́вятся к экза́менам.

学生たちは試験の準備をしている。

注 ра́неный のように名詞化または形容詞化するとき н が一つになるタイプもあります。

III 個数詞の格変化

ロシア語の個数詞は格変化をします。学習者泣かせのなんとも厄介なことですが，一通り見ることにしましょう。もっとも名詞，代名詞など他の格変化と共通性が多いので，少しずつ慣れられると思います。

1. 1 の格変化 (э́тот と同じ変化です)

	主格	生格	与格	対格	造格	前置格
男性	оди́н	одного́	одному́	主 / 生	одни́м	одно́м
中性	одно́			одно́		
女性	одна́	одно́й	одно́й	одну́	одно́й	одно́й
複数	одни́	одни́х	одни́м	主 / 生	одни́ми	одни́х

2. 2, 3, 4 の格変化

	主格	生格	与格	対格	造格	前置格
2	два, две	двух	двум	主 / 生	двумя́	двух
3	три	трёх	трём	主 / 生	тремя́	трёх
4	четы́ре	четырёх	четырём	主 / 生	четырьмя́	четырёх

3. 5〜20, 30

5〜20, 30 は -ь に終る女性名詞と同一の変化をします。

	主格	生格	与格	対格	造格	前置格
5	пять	пяти́	пяти́	пять	пятью́	пяти́
8	во́семь	восьми́	восьми́	во́семь	восемью́	восьми́

注 5〜10, 20, 30 では力点は主・対格以外は語尾に移ります。

4. 50, 60, 70, 80

これらの数詞はたとえば 50 をとると, пять の部分と де́сят(ь) の部分の両方が変化します。

	主格・対格	生格・与格・前置格	造格
50	пятьдеся́т	пяти́десяти	пятью́десятью
70	се́мьдесят	семи́десяти	семью́десятью

5. 40, 90, 100

	40	90	100
主・対格	со́рок	девяно́сто	сто
生・与・造・前置格	сорока́	девяно́ста	ста

6. 200〜900

	200	300	500
主・対格	две́сти	три́ста	пятьсо́т
生 格	двухсо́т	трёхсо́т	пятисо́т
与 格	двумста́м	трёмста́м	пятиста́м
造 格	двумяста́ми	тремяста́ми	пятьюста́ми
前置格	двухста́х	трёхста́х	пятиста́х

これらは 2, 3, 5 の変化形と 100 の複数変化形を組合せたものです。600, 700, 800, 900 も 500 のように変化します。

練習

I カッコ内の動詞を被動形動詞短語尾形に直し，文章を訳しなさい。

1. Это произведéние (написáть) поэ́том в дéтстве. 2. Э́та книга ужé (прочитáть). Прочи́танная книга (сдать) в библиотéку. 3. На собрáнии бы́ло (приня́ть) вáжное решéние. 4. Статьи́ для стенгазéты бýдут (написáть) зáвтра. 5. Статья́, напи́санная им, бýдет (помести́ть) в слéдующем нóмере стенгазéты. 6. Дорóга в кóсмос былá (откры́ть) совéтскими космонáвтами. 7. После революции все произведéния поэ́та бы́ли (напечáтать) и (перевести́) на мнóгие языки́. 8. Я хотéл войти́ в аудитóрию, но онá (закры́ть).

〔単語〕 приня́ть решéние 決議(定)を採択する； стенгазéта 壁新聞； помести́ть (→помещённый) ［完］ 掲載する； космонáвт 宇宙飛行士； револю́ция 革命； напечáтать ［完］ 印刷する； перевести́ (→переведённый) ［完］ 翻訳する；закры́ть ［完］ 閉じる。

II 例にならって被動形動詞短語尾を用いて文を書き替えなさい。

例 Э́ту кни́гу написáл совéтский журнали́ст.→Э́та кни́га напи́сана совéтским журнали́стом.

1. Э́ту рабóту сдéлал молодóй инженéр. 2. В нáшем гóроде недáвно откры́ли большóй кинотеáтр. 3. Э́тот

портре́т нарисова́ла украи́нская худо́жница.　4. Э́то письмо́ получи́ли позавчера́.　5. На факульте́те соста́вили но́вое расписа́ние.　6. Э́тот дом постро́ят молоды́е рабо́чие.　7. Э́ти стихи́ ско́ро переведу́т на ру́сский язы́к.

〔**単語**〕 нарисова́ть〔完〕描く； украи́нский ウクライナの； худо́жница 女流画家；соста́вить〔完〕作成する；расписа́ние 時間割。

Урок 42

個数詞と名詞・形容詞の語結合；
概数の表現；時の表現 (3)—時間の言い方

文法ノート

I 個数詞と名詞・形容詞の語結合

1. 〈1〉は関係する名詞と性，数，格が一致します。

Студе́нт написа́л докла́д за *одну́ неде́лю.*
学生は一週間で報告を書きあげた。

2. 2, 3, 4 と関係する名詞は，主格およびそれと同形の対格においては単数生格に置かれます。2, 3, 4 のあとで形容詞は男性・中性名詞を限定するとき通常複数生格であり，女性名詞のときには複数主格になるのが普通です（複生にもなりうる）。

два больши́х до́ма	2つの大きな建物
три ва́жных изве́стия	3つの重要な知らせ(ニュース)
две тру́дные зада́чи	2つの難しい問題

3. 5以上の個数詞と関係する名詞・形容詞は，主格および主格と同形の対格では性と関係なく，複数生格となります。

пять больши́х домо́в (зда́ний)	5つの大きな建物
шесть тру́дных зада́ч	6つの難しい問題

4. 主格および主格と同形の対格以外の格においては，個数詞と形容詞は関係する名詞と格において（名詞，形容詞は複数）一致します。

Он не реши́л *двух (пяти́) тру́дных зада́ч.*
彼は 2 (5) つの難しい問題を解けなかった。
Заня́тия иду́т в *четырёх (десяти́) больши́х аудито́-
риях.*
授業は 4 (10) の大きな教室で行われています。

5. 数詞 **1000** (ты́сяча) は女性名詞と，**100万** (миллио́н) は男性名詞と同一の変化をし，それらと結合する名詞は複数生格になります。

Библиоте́ка купи́ла *ты́сячу книг.*
図書館は千冊の本を買った。

6. 合成数詞は各桁ごとに変化します。例 362 冊の本：

主・対	три́ста	шестьдеся́т	две	кни́ги
生	трёхсот	шести́десяти	двух	книг
与	трёмста́м	шести́десяти	двум	кни́гам
造	тремяста́ми	шестью́десятью	двумя́	кни́гами
前	трёхста́х	шести́десяти	двух	кни́гах

こうなると本当に厄介です。ロシア人でも数詞を変化すべき所で変化させないで用いることもあるようですので，今は数詞も名詞と同じ格に変化するとおおまかに記憶し，あとで少しずつ慣れるようにしたらいいと思います。

II 概数の表現

概数の表わし方には，**а.** 語順を変える，**б.** 前置詞 **о́коло**, **в.** 副詞 **приблизи́тельно, приме́рно, почти́** を用いる，等があります。

Ему́ *лет два́дцать (приблизи́тельно* два́дцать лет*).*

彼は20歳位です。

Он пришёл *часа́ в три* (*о́коло* трёх часо́в).

彼は3時頃にやって来た。

III 時の表現 (3)―時間の言い方

1. **何時**，の表わし方

Ско́лько сейча́с *вре́мени?*

今何時ですか。

Кото́рый час?

何時ですか。

時間の答え方は，日本語と同じように数詞で順番に言う場合，順序数詞を用いる場合等があります。

Сейча́с *три часа́ два́дцать пять мину́т*.

今3時25分です。

Сейча́с *че́тверть четвёртого*.

今3時15分です。

Сейча́с *без пяти́* четы́ре.

今4時5分前です。

順序数詞はマイナス1が日本語表現に相当します。4時15分なら че́тверть пя́того となります。

2. **何時間**，は前置詞なしの対格で表わします。

Ско́лько вре́мени? 何時間， Как до́лго? どのくらい

Вчера́ мы занима́лись *пять часо́в*.

昨日5時間勉強した。

Фильм продолжа́ется *два часа́*.

映画は2時間続きます。

3. 何時に，は数詞は **в+対格**, полови́на（…半）は **в+前置格**で表わします。

Когда́? いつ，何時に？ В кото́рому часу́ 何時に？

Ле́кция начина́ется (конча́ется) *в 10 часо́в 30 мину́т.*
講義は10時30分に始まる（終わる）。

Они́ у́жинают *в полови́не восьмо́го.*
彼らは7時半に夕食をとります。

注　第1の文の時間表現はこの句がセットで対格に立っている。

4. その他の時間，時の表わし方

По́сле обе́да он отдыха́л *с двух до трёх часо́в.*
昼食後彼は2時から3時まで休んだ。

Мы пришли́ *за пять мину́т до* нача́ла конце́рта.
私たちはコンサート開始の5分前に来た。

Два ра́за в неде́лю по́сле рабо́ты я хожу́ в бассе́йн.
週に2回仕事の後私はプールへ行きます。

Три дня (тому́) наза́д я получи́л письмо́ от ма́тери.
3日前に私は母からの手紙を受取った。

練習

I 次の文を時の表現に注意しながら読み訳しなさい。

1. Кото́рый час? Сейча́с полови́на восьмо́го.　2. Я ка́ждый день встаю́ в полови́не седьмо́го.　3. Без двадцати́ де́вять я выхожу́ из до́му и отправля́юсь на рабо́ту.　4. На́ше учрежде́ние начина́ет рабо́тать в де́вять (в во́семь часо́в 30 мину́т).　5. С ча́су до двух у нас переры́в.　6. Я пришёл за 10 мину́т до нача́ла ле́кции. Я

— 246 —

пришёл через 10 минут после начала лекции. 7. В тысяча девятьсот семнадцатом году́ в России произошла революция.　8. До сих пор я помню день начала войны. Двадцать второго июня в девять часов я пришла в школу, где работала преподавателем русского языка. Там я узнала, что началась война.

〔単語〕 учреждение 官庁・役所；перерыв 休憩時間；произойти [完] 起こる；до сих пор これまで。

II　与えられた語句を用いて文を完成しなさい。

1. Русский учёный　　　　　а. 1857 год
　 Циолковский родился　　б. сентябрь 1857 года
　　　　　　　　　　　　　в. 17/IX 1857 года
2. Студенты ехали на ....　пять машин
3. Все жили сначала в ..., находящихся недалеко.
　 два села
4. Здесь мы встретили ... в белых халатах.　две сестры
5. Они встретили артистку ....　четыре букета цветов

〔単語〕 белый халат 白衣。

ロシア語のイントネーション

　文章を読むかまたは話す場合，アクセントと並んでイントネーションが非常に重要なわけですが，概してロシア語には大別して5つ（ИК-5 まで）または7つのタイプのイントネーションがあると言われ，それを интонационная конструкция，つまり ИК と呼んでおります。次に，モスクワ大学の E. A. ブルィズグノーヴァ先生の説などに基づきそれについて略述しておきましょう。

　どの文章にもイントネーション中心部（文の力点部）がありますが，この場合その力点部と，その前部および後部の抑揚の付け方に注意する必要があります。

ИК-1

　ИК-1 は平叙文において完結性を表す際に最も明瞭に現れます。文の力点前部は並（中程度）の音調で発音され，力点部で音調を急に下げ，その後部では並の調子よりも低いレベルで発音されます。原則としてこのタイプではイントネーション中心部は文の最後にありますので，文末が下げ調子で発音されることになります。

　　Это мама.　　　　Он учится в университете.

ИК-2

　ИК-2 は疑問詞をもつ疑問文や呼掛けの文などで最も明瞭に現れます。文の力点部はやや高い音調でそしてアクセント部分は強く発音され，その前部は並の調子で，後部は並よりも低い音調で，文末ではそれよりも低い音調で発音されます。

　　Где он учится?　　　Какой это автобус?

ИК-3

ИК-3 は疑問詞のない疑問文での質問の表現の際に最も明瞭に現れます。文の力点前部は並の音調で発音され、その力点部で音調が急激に高められます。この場合当該音節の最後近くで高い調子は中断され、低下して行きます。力点後部は並よりも低く、文末ではなお低い音調で発音されます。文の力点後部では調子を上げないことに注意する必要があります。

Он учится в университете?   Мама дома?

ИК-4

ИК-4 は対比接続詞 a をもつ不完全疑問文などで最も明瞭に現れます。文の力点前部は並の音調で発音され、力点部で音調がなだらかに高められます。もしも力点後部があれば、力点部では音調は低められ、その後部でなだらかに高められます。

А вы?   А Наташа?

ИК-5

ИК-5 は特徴の現れ方が大きいことを伝える文、すなわち感嘆文で最も明瞭に現れます。このタイプには2つの中心部があり、第1は特徴やその現れの程度を意味する単語（疑問詞など）の力点音節にあり、第2はそれが関係する単語の音節にあります。文の力点前部は並の音調で発音され、第1の力点部は並よりも高い上昇音調、第2の力点部は下降音調で発音されます。そして力点後部は並よりも低い音調レベルで発音されます。

Как хорошо!   Замечательный голос!

ИК-6

ИК-6 は特徴や動作や状態の現れの大きいことを伝える文で最も明瞭に現れます。文の力点前部では並の音調で発音され, 力点部では上昇音調で発音され, 力点後部でも高められた音調は持続されます。

  ／ ‒ ‒ ‒   ‒ ‒ ／ ‒ ‒ ‒
  Ветер тёплый!   Какой сок вкусный!

ИК-7

ИК-7 は不可能や特徴や動作や状態などを伝える代名詞のある文で最も明瞭に現れます。また肯定や否定や評価の強調の際にも用いられます。文の力点前部では並の音調で発音され, 力点部では前部に比べて音調が急激に高められます。力点後部では音調は前部よりも低いレベルになります。

  ‒ ／ ＼ ‒ ‒ ‒ ‒
  Какой он отличник! (то есть он не отличник)
  ‒ ‒ ／ ‒
  Хорошо здесь!

よみもの

Москва́

Москва́ — э́то полити́ческий, промы́шленный и нау́чно-культу́рный центр Росси́йского госуда́рства. Москва́ — са́мый большо́й го́род страны́, в нём живёт 8 миллио́нов 967 ты́сяч челове́к.

В це́нтре столи́цы нахо́дится Кра́сная пло́щадь, Кремль, Мавзоле́й В. И. Ле́нина. Кремль стои́т на ле́вом берегу́ реки́ Москвы́. В Кремле́ нахо́дится рабо́чий кабине́т и кварти́ра В. И. Ле́нина, зда́ние бы́вшего Верхо́вного Сове́та СССР и Дворе́ц съе́здов. В Кремлёвский сад собра́ли расте́ния из ра́зных райо́нов огро́мной страны́. В це́нтре го́рода нахо́дится ста́рое зда́ние Моско́вского университе́та, теа́тры, музе́и.

Восто́к и ю́го-восто́к — гла́вные промы́шленные райо́ны го́рода. Ю́го-за́падный райо́н — оди́н из са́мых больши́х райо́нов го́рода. Э́тот райо́н на́чали стро́ить в 1949 году́. Тогда́ на э́том ме́сте бы́ли дере́вни, сады́. Пе́рвое зда́ние, кото́рое постро́или там, — зда́ние Моско́вского университе́та. Сейча́с э́то огро́мный райо́н но́вых домо́в и широ́ких

〔単語〕полити́ческий 政治の；промы́шленный 工業の；нау́чно-культу́рный 学術・文化の；госуда́рство 国家；мавзоле́й 廟；ле́вый 左の；рабо́чий кабине́т 執務室；бы́вший 以前の；Верхо́вный Сове́т 最高会議；съезд〔代表〕大会；кремлёвский クレムリンの；расте́ние 植物；райо́н 地域；оди́н из…（＋複・生）…の一つ；…на́чали стро́ить 不定人称文である；дере́вьев＜де́рево 木。

улиц, на которых растёт много молодых деревьев. Московский университет стоит на самом высоком месте Москвы, на Ленинских горах. Внизу река Москва, с высокого правого берега которой можно увидеть весь город. На низком левом берегу реки находится Центральный стадион, на трибунах которого в дни больших спортивных соревнований собирается 100 тысяч человек.

На севере столицы вырос ещё один новый район. Здесь много зелёных улиц, несколько старых красивых парков. В этом районе находится Ботанический сад и Выставка достижений народного хозяйства (ВДНХ).

Площадь столицы Российской Федерации огромна, поэтому очень большую роль в жизни города играет метро. Первая линия московского метро начала работать 15 мая 1935 года. Длина первой линии была всего 11,6 километра, а сейчас линии метро связывают все районы города. Московское метро очень красиво. Все станции разные. В метро очень чисто, много света, воздуха.

Москва — центр науки и культуры. В Москве находится около ста институтов, больше тысячи школ, много театров, музеев. В Москве выходит много разных книг, журналов,

〔単語〕 правый 右の； …берега которой… 関係代名詞は река を受け，女性生格形で前の語に係っている。従属文の中は無人称文；низкий 低い；трибуна 観覧席；дни＜день 日；соревнование 競技；вырос 過去・男→вырасти [完] 成長する，現われる；ботанический 植物学の；～ сад 植物園；ВДНХ（ヴェデンハ）国民経済達成博覧会場；площадь 面積；играть роль 役割を演じる；линия 路線；длина 長さ；всего たった；связывать [不完] 結ぶ；В метро … чисто 無人称文；воздух 空気；больше（＋生）…以上；выходить [不完] 発行される。

газе́т.

В Москве́ 9 вокза́лов и 3 по́рта. Из Москвы́ мо́жно прое́хать на по́езде во все райо́ны Росси́йской Федера́ции и в други́е стра́ны, а на парохо́де — в Балти́йское, Чёрное и Каспи́йское моря́.

Москва́ — э́то го́род промы́шленности, нау́ки и культу́ры.

Двена́дцать ме́сяцев

В одно́й ма́ленькой дере́вне жила́ же́нщина с до́черью Зо́ей и па́дчерицей Ма́шей. У них не́ было отца́. Зо́я це́лые дни лежа́ла и е́ла конфе́ты, а Ма́ша рабо́тала: носи́ла во́ду, гото́вила обе́д, мы́ла посу́ду.

У неё не́ было краси́вых пла́тьев, не́ было тёплой оде́жды. Она́ зна́ла зи́мний хо́лод, ле́тнюю жару́, весе́нний ве́тер и осе́нний дождь. Поэ́тому, мо́жет быть, она́ уви́дела все двена́дцать ме́сяцев сра́зу.

Была́ зима́. Шёл янва́рь. На у́лицах и в лесу́ лежа́ло мно́го сне́гу, бы́ло хо́лодно. В таку́ю пого́ду ве́чером ма́чеха сказа́ла Ма́ше:

— За́втра у твое́й сестры́ день рожде́ния. Иди́ в лес за цвета́ми.

Де́вочка посмотре́ла на ма́чеху: «Мо́жет быть, шу́тит она́? Каки́е сейча́с цветы́? Нет зимо́й цвето́в и ра́ньше

〔単語〕 па́дчерица まま娘; мыть [不完] 洗う; не́ было... (＋生) 否定生格の用法である; осе́нний 秋の; мо́жет быть 〔挿入語〕もしかしたら; рожде́ние 誕生; ма́чеха まま母; шути́ть [不完] 冗談を言う.

ма́рта их не бу́дет. То́лько поги́бну в лесу́».

А сестра́ сказа́ла ей:

— Е́сли ты да́же поги́бнешь, никто́ не бу́дет пла́кать о тебе́! Иди́ и без цвето́в домо́й не возвраща́йся! Вот твоя́ корзи́нка.

Де́вочка запла́кала, оде́лась и вы́шла из до́ма. Дул холо́дный ве́тер, шёл си́льный снег. Всё темне́е станови́лось круго́м.

Ма́ша пришла́ в лес. Тут уже́ совсе́м ста́ло темно́. Доро́ги не́ было. Ма́ша се́ла о́коло де́рева. И вдруг далеко́-далеко́ она́ уви́дела ого́нь. Ма́ша вста́ла и пошла́ туда́, где был э́тот ого́нь. Она́ шла ми́мо дере́вьев, па́дала, но шла. А ого́нь горе́л всё я́рче.

Ма́ша вы́шла на поля́ну. Посреди́ поля́ны горе́л ого́нь, а вокру́г огня́ сиде́ли двена́дцать челове́к: одни́ молоды́е, други́е ста́рые. Молоды́е сиде́ли бли́же к огню́, а старики́ да́льше от огня́. Они́ ти́хо разгова́ривали.

И вдруг оди́н стари́к — са́мый высо́кий — огляну́лся и посмотре́л в ту сто́рону, где у де́рева стоя́ла де́вочка.

Она́ испуга́лась и хоте́ла уйти́, но бы́ло по́здно. Стари́к спроси́л её:

〔単語〕 поги́бнуть [完] 非業な死をとげる；пла́кать [不完] 泣く；корзи́нка かご；запла́кать [完] 泣き出す；дуть [不完] 吹く；круго́м 周囲に；ого́нь 生 огня́ 火, 灯；...туда́, где... ...の方へ (関係副詞の構文)；па́дать [不完] 倒れる；горе́ть [不完] 燃える；поля́на 森の中の草地；посреди́ 〔前置〕+生, ...の真中に；одни́..., други́е... ある者..., 他の者は；огляну́ться [完] 振りかえって見る；в ту сто́рону, где... ...の方(向)を, ту сто́рону＜та сторона́, где は関係副詞；испуга́ться [完] びっくりする。

— Кто ты? Зачем ты пришла в лес?

Девочка показала ему свою пустую корзину и сказала:

— Я пришла в лес за цветами.

Старик засмеялся:

— В январе цветы?

— Моя мачеха послала меня в лес и не разрешила мне возвращаться домой без цветов.

— Но где ты найдёшь цветы? Сейчас нет в лесу цветов и раньше марта их не будет. Что же ты будешь делать?

— В лесу останусь. Буду ждать марта. Я не могу вернуться домой без цветов, — сказала Маша и заплакала.

Тогда один из двенадцати, самый молодой, весёлый, встал и подошёл к старику:

— Брат Январь, дай мне на час своё место!

— Я могу дать, — ответил старик, — но Февраль бывает раньше Марта.

— Дай, — сказал старик Февраль, — я спорить не буду. Мы знаем Машу, часто встречаем её в лесу, на реке и в поле, когда она работает.

— Хорошо, — сказал Январь и передал Февралю палку, которую он держал в руке. И сразу сильнее подул в лесу холодный ветер, закружился снег. Тогда Февраль передал палку младшему брату и сказал:

— Теперь ты, Март.

〔単語〕 корзина かご; засмеяться [完] 笑い出す; разрешить [完] 許す; найти [完] 見出す; остаться [完] 残る; на час 一時間だけ; спорить [不完] 言い争う; палка 杖; держать [不完] 持つ, 握る; подуть [完] 吹き出す; закружиться [完] (ぐるぐる)回り出す。

То́лько мла́дший брат прикосну́лся к па́лке, и сра́зу в лесу́ исче́з снег, на дере́вьях появи́лись зелёные ли́стья, а на поля́не расцвели́ пе́рвые весе́нние цветы́.

Ма́ша собрала́ по́лную корзи́ну цвето́в, поблагодари́ла бра́тьев и пошла́ домо́й.

Любо́вь ма́тери

А́нна Серге́евна, получи́в письмо́ от сы́на, сейча́с же ста́ла чита́ть его́. Пе́тя писа́л: «У вас, коне́чно, ещё лежи́т снег, а у нас в Чрта-Гюль уже́ цветы́. Живём в пала́тках. Рабо́ты о́чень мно́го. Неда́вно был большо́й похо́д. Я не заме́тил, что у меня́ с руки́ упа́ли часы́, и пошёл да́льше. Часы́ упа́ли на ка́мни и разби́лись. О́чень жаль, что поги́бли часы́ — твой пода́рок...». Прочита́в э́то, А́нна Серге́евна покача́ла голово́й: «Бе́дный ма́льчик!...». В конце́ письма́ бы́ло напи́сано: «Узна́й, почему́ молчи́т Ве́ра. Ско́ро уже́ две неде́ли, как ничего́ от неё нет». А́нне Серге́евне вдруг ста́ло о́чень гру́стно. Она́ засмея́лась и запла́кала, поня́в, что её сын, её ма́льчик стал совсе́м взро́слым... Оте́ц Пе́ти поги́б на фро́нте. По́сле сме́рти му́жа

〔単語〕 то́лько (1行目)〔接〕...するや否や；прикосну́ться [完] (к+与) 軽く触れる；исче́з 過去男＜исче́знуть [完] 消える；появи́ться [完] 現われる；ли́стья 複＜лист 葉；расцвести́ [完] 花が咲く；по́лный 一杯の；поблагодари́ть [完] 感謝する；бра́тьев＜брат。
пала́тка テント；похо́д 団体旅行；заме́тить [完] 気づく；упа́сть [完] 落ちる；разби́ться [完] 割れる；жаль〔無人述〕残念だ；поги́бли 過去複＜поги́бнуть [完] だめになる；покача́ть [完] 少し振る，～ голово́й 少し首を横に振る；бе́дный かわいそうな；молча́ть [不完] 黙っている。

Анна Сергеевна жила, думая только о сыне. Петя был похож на отца. Анна Сергеевна и её муж жили очень дружно, обо всём рассказывая друг другу. Она считала, что и сын всё рассказывает ей... Кончив школу, сын получил от матери подарок — часы. Часы были очень хорошие. Принимая часы, Петя был очень счастлив.

Поступив на геологический факультет университета, он сразу стал взрослым. Однажды, увидев на столе забытую Петей фотокарточку незнакомой девушки, она прочитала на ней: «Дорогому Пете от Веры». Прочитав эти слова и посмотрев на весёлое лицо на фотокарточке, Анна Сергеевна заволновалась: почему Петя ничего не рассказал ей об этой девушке? Значит, он не всё ей рассказывает... Немного поплакав, Анна Сергеевна положила карточку на место, ничего не сказав сыну...

Через год Петя сообщил матери, что они с Верой решили пожениться. Анна Сергеевна не знала отдыха, готовясь к свадьбе сына. После свадьбы Петя стал жить у Веры, а мать, оставшись одна, продолжала жить, думая только о том, что и как лучше сделать для сына...

Получив диплом и став геологом, Петя уехал в Среднюю Азию. Три месяца не получая ничего от сына, мать вол-

〔単語〕принимать [不完] 受け取る；поступить [完] (в/на＋対) (学校等へ) 入る；забытый＜забыть [完] 忘れる；фотокарточка 写真；незнакомый 見知らぬ；заволноваться [完] 心配し始める；поплакать [完] しばし泣く；карточка＝фотокарточка；пожениться [完] 結婚する；свадьба 結婚式；оставшись＜остаться；...о том, что и как лучше... ...何をどのようにしたら良いかについて...；диплом 卒業証書；геолог 地質学士・研究者。

новала́сь и ждала́ письмо́ с огро́мным нетерпе́нием. И вот, наконе́ц, письмо́ от него́! Она́ прочита́ла его́ ве́чером, придя́ с рабо́ты. Да́же забы́в разде́ться, она́ сообщи́ла о письме́ всем сосе́дям. А на сле́дующий день, вы́учив письмо́ сло́во в сло́во, она́ говори́ла о нём у себя́ на рабо́те. Она́ не́сколько раз позвони́ла Ве́ре, но не смогла́ поговори́ть с ней. Ве́ры не́ было до́ма. А ве́чером она́, взяв все де́ньги, кото́рые у неё бы́ли, пошла́ в магази́н, реши́в купи́ть Пе́те но́вые часы́, потому́ что жить без часо́в сы́ну невозмо́жно. А ещё че́рез не́сколько дней Пе́тя, получи́в посы́лку от ма́тери, нашёл в ней часы́ и письмо́. «Ми́лый ма́льчик, я живу́ хорошо́, ты обо мне не ду́май. Ве́ра тебя́ о́чень лю́бит, не волну́йся, ско́ро полу́чишь от неё письмо́», — чита́л Пе́тя, чу́вствуя, что э́тот лист бума́ги начина́ет жечь ему́ ру́ки. Он вспо́мнил, как невнима́телен был он к ма́тери, ду́мая всегда́ о себе́, о Ве́ре.

Дом поэ́тов — Мура́ново

Стари́нный дом в подмоско́вной дере́вне Мура́ново вошёл в исто́рию ру́сской культу́ры под назва́нием «дом поэ́тов». Дом э́тот — па́мять о двух выдаю́щихся ру́сских ли́риках

〔単語〕 нетерпе́ние 焦燥, с ~ нием じりじりして; придя́ прийти́ の完了体副動詞; разде́ться [完] 衣服・外套を脱ぐ; сосе́д 隣人; сло́во в сло́во 一言も違わずに; чу́вствовать [不完] 感じる; лист 一枚; жечь [不完] 焼く・焦がすように感じさせる; невнима́тельный 不注意な。
стари́нный 昔の; подмоско́вный モスクワ近郊の; под назва́нием……という題(名)で; па́мять 思い出; ли́рик 叙情詩人。

— Е. А. Бараты́нском и Ф. И. Тю́тчеве.

Дом, постро́енный Е. А. Бараты́нским в 1840 году́, стал изве́стен мно́гим литера́торам Москвы́ и Петербу́рга как ме́сто встреч и задуше́вных бесе́д писа́телей и поэ́тов.

По́сле сме́рти Бараты́нского уса́дьба Мура́ново перешла́ к его́ ро́дственнику, изве́стному моско́вскому литера́тору Н. В. Путя́те. Здесь быва́ли мно́гие изве́стные писа́тели того́ вре́мени: Н. В. Го́голь, С. Т. Акса́ков, (его́ уса́дьба — Абра́мцево — находи́лась недалеко́), А. Н. Ма́йков и др. Прия́тельские отноше́ния свя́зывали Путя́ту с Ф. И. Тю́тчевым. В 1869 году́ друзья́ породни́лись: мла́дший сын Тю́тчева Ива́н Фёдорович жени́лся на до́чери Путя́ты О́льге Никола́евне, к кото́рой пото́м и перешло́ Мура́ново. После́дний прие́зд Ф. И. Тю́тчева в Мура́ново состоя́лся ле́том 1871 го́да — бу́дучи в Москве́, он навести́л сы́на в его́ име́нии.

По́сле сме́рти поэ́та его́ жена́ и сын перевезли́ в мура́новский дом его́ ли́чные ве́щи, кни́ги, ру́кописи. Тогда́ же из

〔単語〕 Е. А. Бараты́нский (1800-44) 哲学的な詩を書き，プーシキンにも評価された詩人； Ф. И. Тю́тчев (1803-73) 宇宙の神秘を深くうたった哲学詩人でロシア詩人の代表者の一人； изве́стен＜изве́стный； литера́тор 文学者； задуше́вный 真心のこもった； ро́дственник 親類の人； Н. В. Путя́та (1802-77) 軍人あがりの作家でプーシキンの友人； то вре́мя 当時； Н. В. Го́голь (1809-52) ロシア・リアリズム文学の創始者として著名な作家；С. Т. Акса́ков (1791-1859) 有名な作家；А. Н. Ма́йков (1821-97) 詩人；др. は други́е の略；прия́тельский 友達の；породни́ться [完] 親類になる； прие́зд 来訪； бу́дучи＜быть の副動詞； навести́ть [完] 訪れる； име́ние 領地； перевезти́ [完] 輸送・移送する； мура́новский＜Мура́ново の； ли́чный 個人的な； ру́копись〔女〕原稿。

Петербу́рга была́ перевезена́ цели́ком обстано́вка тю́тчевского кабине́та и спа́льни.

«До́мом поэ́тов» Мура́ново продолжа́ло остава́ться до конца́ XIX ве́ка. В 1919 году́ в Мура́нове был откры́т Госуда́рственный музе́й и́мени Ф. И. Тю́тчева, кото́рый получи́л большу́ю популя́рность.

В мура́новском до́ме нет ро́скоши и бога́тства, характе́рных для поме́стий про́шлого ве́ка. Здесь ца́рствует простота́, сочета́ющаяся с то́нким вку́сом. Ме́бель, изгото́вленная ру́сскими мастера́ми, хорошо́ иллюстри́рует сме́ну сти́лей с середи́ны XVIII ве́ка по 80-е го́ды XIX ве́ка. Внима́ние посети́телей привлека́ют портре́ты, карти́ны и рису́нки Ф. Ро́котова, О. Кипре́нского, К. Брюлло́ва, акваре́ли рабо́тавшего в Росси́и англи́йского ма́стера В. Гау. Представля́ет та́кже большо́й интере́с колле́кция фарфо́ра ру́сских и иностра́нных заво́дов XVIII—XIX веко́в.

〔単語〕 перевезена́＜перевезти́; цели́ком そっくり; обстано́вка 家具; тю́тчевский チュッチェフの; остава́ться ［不完］（＋造）残る; откры́т ＜откры́ть［完］; госуда́рственный 国（立）の; популя́рность 〔女〕人気; ро́скошь 〔女〕ぜい沢, 豪華; бога́тство 富, 豊富; характе́рный 特有な; поме́стье, 複生 -тий（地主の）領地; про́шлый 過去の; ца́рствовать［不完］君臨する; простота́ 質素さ; сочета́ться［不完］（с＋造）結合する, 合う; то́нкий 繊細な; вкус 趣味; ме́бель 〔女〕家具; изгото́вленная＜изгото́вить［完］作る, 製作する; ма́стер 職人; иллюстри́ровать［不完］例証する; сме́на 交替; стиль 〔男〕スタイル, 様式; внима́ние 注意; привлека́ть［不完］引く; Ф. Ро́котов (1735?-1808) 肖像画家; О. Кипре́нский (1782-1836) ロマンチシズムの代表的画家; К. Брюлло́в (1799-1852) リアリズムへの移行期の代表的画家; акваре́ль 〔女〕水彩画; В. и. Гау 宮廷関係者に人気のあった19世紀中葉の肖像画家; представля́ть［不完］示す, 表わす; фарфо́р 陶磁器。

Большая исследовательская работа ведётся в библиотеке и архиве музея-усадьбы «Мураново», содержащей восемь тысяч томов на русском и иностранном языках, а также много рукописей. В библиотеке Муранова хранятся все издания сочинений Е. А. Баратынского и Ф. И. Тютчева, литература о них, коллекция фотокопий их рукописей, звукозаписи музыкальных произведений, написанных на слова поэтов.

〔単語〕 исследовательский 研究の ; вестись〔不完〕行われている ; архив 古文書保管所 ; содержать〔不完〕含む, 有する ; храниться〔不完〕保存されている ; издание 出版物 ; фотокопия 写真コピー ; звукозапись〔女〕録音 ; музыкальный 音楽の。

練習問題解答

第3課 I これは教室です。

これは教室です。ここに窓があります。あそこにドアがあります。ここに机と椅子があります。ほら先生がいます。こちらの方は男子学生と女子学生です。いまは授業です。

「これは何ですか」
「これは窓です」
「これは椅子ですか」
「いいえ，これは椅子ではなくて，机です」
「これは万年筆ですかあるいは鉛筆ですか」
「これは万年筆です」
「この方はどういう人ですか」
「この方は女子学生です」
「ノートはどこにありますか」
「ノートはあそこにあります」

II 1. Э́то дом. 2. Э́то студе́нтка. 3. Э́то преподава́тель. 4. Тетра́дь там. 5. Каранда́ш здесь (тут). 6. Да, э́то ру́чка. 7. Нет, э́то не стол. 8. Нет, э́то не журна́л, а газе́та.

第4課 I 彼はロシア人です。

「この方はどなたですか」
「この方は私の同僚のヴラジーミルです」
「彼はロシア人ですか」
「はい，彼はロシア人です」
「タチヤーナはロシア人ですか」
「はい，彼女もまたロシア人です」

「リュ・シーニは日本人ですか」

「いいえ, 彼は中国人です, がイネコは日本人です」

II 男性名詞　го́род, парк, учи́тель, сыр, университе́т, геро́й, институ́т, портфе́ль, трамва́й；女性名詞　ко́мната, пе́сня, ка́рта, аудито́рия, тетра́дь, ры́ба, му́зыка, шко́ла, семья́；中性名詞　письмо́, по́ле, ма́сло, молоко́, зда́ние, зна́мя, я́блоко.

第5課　**I**　いま授業である。

これは教室です。ほらここにジャンがいます。隣りにはジョンが座っています。いま授業中です。私たちはロシア語を勉強しています。私たちはロシア語で読みそして話します。先生は質問し, 私たちは答えます。

「あなたは何をしていますか」と先生はたずねる。

「私は本を読んでいます」と学生は答える。

「女子学生は何をしていますか」

「彼女は聞いています」

「私は何をしていますか」と先生はたずねる。

「あなたは質問をしています」と学生は答える。

「ここに何がありますか」

「ここに教科書とノートがあります」

「何を私たちはいま習っていますか」

「私たちは"私たちの大学"を習っています」

II　1. изуча́ем, чита́ет, слу́шаем, чита́ем.　2. чита́ет, чита́ю.　3. спра́шивает, отвеча́ет, говори́т.　4. говори́те, говорю́.　5. говоря́т, чита́ют.　6. зна́ете, зна́ешь.　7. лежа́т, стои́т.

第6課　**I**　写真

「これは誰のアルバムですか, あなたのですか」

「はい，私のです」

「ほらここに写真がありますけど。これは誰の家族ですか。あなたのですか」

「はい，私たちのです。ほら右側にいるのが私の父で，左側にいるのが私の母です。ほらさらに別の写真がありますけど。ここにいるのは私の姉と彼女の家族です」

「あなたの姉さんは結婚しているのですか。彼女の夫はどういう方ですか」

「彼は技師です。彼の名字はジミーンといいます。ほらこれが彼の写真です」

「彼らはすでにだいぶ前に結婚したのですか」

「はい，だいぶ前にです」

「これは彼らの子供たちですか」

「はい，右側に座っているのが彼らの息子です」

「彼の名前はなんといいますか」

「彼の名前はニコライです」

「左側に立っているのは彼らの娘さんですか。彼女の名前はなんというんですか」

「ええ，これは彼らの娘です。彼女の名前はエレーナです」

II　1. шко́лы, портфе́ли, магази́ны, ко́мнаты, зда́ния, тетра́ди, семина́ры, карти́ны, па́рки, преподава́тели, ле́кции, кни́ги, уро́ки, студе́нтки, две́ри, ло́жки, аудито́рии.　2. врачи́, карандаши́, словари́, ножи́, дома́, города́, леса́, поля́, слова́.　3. ру́ки, о́кна, го́ловы, ре́ки, сёстры, пи́сьма.

III　1. мой, моя́, мой, моё.　2. ва́ша, ва́ши, ваш, ва́ше.　3. твоя́, твоё, твой, твой.　4. на́ша, на́ше, наш, на́ши.

第7課 I 手紙

親愛なるアンドレイ！

間もなく夏になり，私たちのところでは休みになります。私の兄と姉それに私は休養することでしょう。私たちはこういう風に休養するつもりです。私の兄は夏に遠出の旅行をするでしょう。私の姉はたくさんテニスをやることでしょう，これは彼女の好きなスポーツなのです。

私はもう一カ月ここで暮らし，それからクリミヤへです！そして毎日泳ぐことでしょう。夏に君は何をするつもりですか。もしかして一緒に休息したらどうだろうね？

君の返事を待っています。お達者で

君のヴォロージャ

II 1. бу́дешь 2. бу́ду 3. бу́дет 4. бу́дет 5. бу́дете 6. бу́дем 7. бу́дут 8. бу́дут

III 1. 〔За́втра днём〕 я бу́ду чита́ть. 2. 〔Сего́дня ве́чером〕 я бу́ду до́ма. 3. 〔За́втра〕 мы бу́дем (я бу́ду) выполня́ть дома́шнее зада́ние. 4. Экску́рсия бу́дет послеза́втра. 5. 〔За́втра у́тром〕 они́ бу́дут гото́вить уро́ки. 6. 〔Сего́дня〕 он бу́дет отдыха́ть.

第8課 I 日曜日

きのうは日曜日だった。9時に私はビュッフェで朝食をとった。そこには私の友人たちがいた。私たちは一緒に座った。テーブルの上には皿があり，ホーク，ナイフ，スプーンがあった。ユーラはオープンサンドイッチを食べてコーヒーを飲み，イーラはサラダを食べてお茶を飲み，私はパンを食べて牛乳を飲んだ。

その後で私は宿題をした。単語を習い，テキストを読んだ。

ジャンは横になって雑誌を読んでいた。彼は宿題をきのうやったのだ。

晩に私たちは散歩し，それから家にいて，ラジオを聞き，話をした。

II 1. говори́ла. 2. учи́ли, спра́шивал, отвеча́л(-ла). 3. чита́л, слу́шали. 4. обе́дали. 5. ел, пил (пила́). 6. у́жинал(-ла), у́жинал(-ла). 7. писа́ла, отдыха́л. 8. е́ла, разгова́ривала

III Чита́йте, Пиши́те, Учи́те, Говори́те, Отвеча́йте, Смотри́те

第9課 I 買物

ガリーナは若い娘です。ヴィクトルは若い男です。彼等は兄妹です。ガリーナは言う：

「ヴィクトル，間もなく祭日よ，ほらこれが私の新しい買物なの：空色のワンピースと空色の帽子，それに黒い靴よ」

「すばらしい買物だ！ ワンピースも帽子も靴も流行のものだ。今度はこっちを見なよ」

「おやっ！ 新しい服に新しい外套ね?」

「そうだよ，さらに新しいルバシカと新しい編上げ靴だ」

「洋服はグレー，編上げ靴は黒色で，ルバシカは白く，外套はグレーなのね。ネクタイはどんなの? どこにあるの?」

「ネクタイは赤色だ。ほらこれだよ」

「同じようにすばらしい買物ね」

II 1. жа́ркое, жа́ркий, жа́ркие, жа́ркая. 2. тёплая, тёплое, тёплый, тёплые. 3. я́ркие, я́ркое, я́ркий, я́ркое. 4. холо́дный, холо́дное, холо́дная, холо́дные. 5. хоро́шая, хоро́ший, хоро́шее, хоро́шие. 6. краси́вое, краси́вый, краси́вые, красивая.　7. си́няя, си́нее, си́ний, си́ние

III　1. Э́то высо́кое но́вое зда́ние.　2. Э́то ма́ленькая си́няя тетра́дь.　3. Э́то интере́сные ру́сские кни́ги.　4. Э́то большо́й сове́тский го́род.　5. Э́то молода́я краси́вая же́нщина.

第10課　I　私はモスクワに住んでいる。

　私の家族は日本の広島市に住んでいます。私たちの家族には父，母，弟，妹，おじいさん，おばあさん，それに私がいます。父は工場で働いています，彼は技師なのです。母の方はふつう家にいます，彼女は家庭の主婦なのです。弟は単科大学で学び，妹はまだ学校で学んでいます。おじいさんとおばあさんは別に，田舎に住んでいます，彼らは農夫なのです。

　私は今モスクワにいて，大学で学んでいます。私はヴァヴィーロフ通りに住み，毎日大学へ市電かバスで通っています。そこで私はロシア語を学んでいます。私はよく勉強をし，夜はしばしば大学の付属図書館で勉強します。時おり父や母のことを思い，なつかしくなります。

II　1. конце́рте　2. портфе́ле　3. у́лице　4. аудито́рии　5. общежи́тии　6. доске́, тетра́ди　7. дру́ге/сестре́　8. Япо́нии　9. шко́ле

III　1. Мы живём (я живу́) в Ки́еве.　2. Они́ живу́т в дере́вне.　3. Мы у́чимся (я учу́сь) в университе́те.　4. Мы занима́емся (я занима́юсь) в библиоте́ке.　5. (Вчера́) Я был (была́) в теа́тре (на спекта́кле).　6. Оно́ нахо́дится на пло́щади.　7. Они́ разгова́ривают о Ната́ше.　8. Он расска́зывает об А́нглии.

第 11 課 I 私たちのところは大家族である。

　私たちのところは大家族である。私の両親はすでに年老いている。彼らの子供たちはみな大人である。私は彼らのもとでは一番年下の娘である。私たちは一緒に住んでいます。

　私には兄と姉があります。私の兄はすでにずっと以前に結婚しており，彼にはすてきな妻がいます。彼らには子供たちがあります，息子と全く小さな娘が。男の子は浅黒く，彼は黒っぽい髪と黒い目をしており，女の子はブロンドで，彼女は明るい色の髪（金髪）と大きな空色の目をしています。

　私の姉は結婚しています。私の姉と彼女の夫は両方とも医者です。彼らは同じ専門なのです。

　私の方はまだ学生です。私には大きな将来の計画があります。

　皆さんのところはどういう家族ですか。大きいですか，それともそうではありませんか。

II 1. эта 2. этот 3. это 4. этот 5. эти 6. эта 7. эти 8. это 9. этот 10. это

III 1. то 2. те 3. та 4. те 5. тот 6. то 7. та 8. те 9. тот 10. та

第 12 課 I 私の兄，私の姉，そして私

　私は学生です。私には兄と姉があります。私の兄ヴィクトルと姉のヴェーラもまた学生です。私の兄は地質学専攻生で，私の姉は文学専攻生，私の方は物理学専攻生です。

　私たちはみなスポーツマンです。私の兄は登山家です。彼は機敏で，強くそして勇敢です。私の姉はテニスが上手です。私はサッカーをかなり上手にやります。サッカーは私の好きなスポーツなのです。私はまた泳ぐのがたいへん好きです。

　私たちの姉はきれいです。彼女は金髪で大きな青い目をして

います。彼女はいつも朗らかで機知に富んでいます。

II 1. широка́, краси́ва. 2. прекра́сен. 3. глубоко́. 4. бесконе́чны. 5. краси́во. 6. интере́сны. 7. мо́лоды. 8. тепла́, светла́. 9. больна́, здоро́ва. 10. свобо́дна, занята́

III 1. ... был (бу́дет) здоро́в. 2. ... бы́ли (бу́дем) свобо́дны. 3. ... была́ (бу́дет) трудна́. 4. ... бы́ли (бу́дут) интере́сны. 5. ... был (бу́дет) рад. 6. Я должна́ была́ (бу́ду) занима́ться.

第 13 課 I 私の友人は病気だ。

　私の友人はふつう陽気で健康である。しかし今日彼は病気で、勉強することができません。

「こんにちは、コーリャ！」

「こんにちは、ミーシャ！」

「君は散歩へ行かないの？」

「いや、行けないよ。今日は寒いし、ぼくは少し病気だからね」

「今日は全然寒くないよ、暖かく、とても気持良くさえある」

「行けないよ。寝ていなければならないんだ。ぼくは熱があるんだ」

「つまり、寝てなきゃいけないんだね。よく休みたまえ。寝て、本を読むのもまたいいものだ。君はおもしろい本を持っているかい？」

「もちろんあるとも。本も雑誌もだ」

「たいへん結構。もうおそいから、行かなきゃいけない。さようなら」

「さようなら」

II 1. хорóшая, хорошó, хорóшее, хорошó.　2. холóдный, хóлодно.　3. красúвые, красúво.　4. тúхая, тúхо.　5. прекрáсные, прекрáсно.　6. свéтлая, светлó.

第 14 課　I　学生たちは図書館で勉強している。

いま7時です。サーシャは体操をしています。その後で彼は朝食をとり，カバンヘ教科書とノートを入れ，大学へ行きます。一方彼の両親は職場へ行く：お母さんは学校へ，お父さんは工場へ行きます。

大学には立派な図書館があります。朝も昼も夜もここで学生たちは勉強しています。ほらあそこにリーリャとジャンとサーシャがいます。リーリャは練習問題をし，ジャンは本を読み，サーシャは論文を翻訳しています。時どきリーリャとジャンは小声で話をします。リーリャは単語が分からないとき，たずねます：《ジャン，この単語はどういう意味ですか》ジャンは説明します。リーリャはまた練習問題をします。

II　1. фúзику, матемáтику, хúмию.　2. Борúса, Нúну.　3. теáтре, преподавáтеля егó женý.　4. студéнтку, кнúге.　5. календáрь, стéну.　6. тетрáдь, портфéль.　7. фáбрике, фáбрику.　8. недéлю, зачёт.　9. товáрища, пóмощь.　10. прогýлку, гóрод.

III　1. В магазúне онá покупáет рубáшку и плáтье.　2. Я люблю́ мать и сестрý.　3. В теáтре я вúдел Максúма и Андрéя.　4. Мы изучáем (я изучáю) литератýру и истóрию.　5. Дéти идýт в шкóлу.　6. Мы стáвим (я стáвлю) вáзу на стол.

第 15 課 Ⅰ こんにちは！

「こんにちは，イヴァン・イヴァーノヴィチ！」

「こんにちは，コーリャ」

「ごきげんいかがですか」

「ありがとう，元気だよ。君の方は？ ごきげんいかが？」

「ありがとうございます。私もまた元気にしています」

「君は家へ帰るところかい？

「いいえ，私は授業へ行くところです」

「お元気で！ 失礼，急ぐので」

「さようなら」

第 16 課 Ⅰ カリーニン大通り

モスクワの中心にモスクワっ子や首都のお客たちがよく知っている大通りがある。その大通りはミハイール・カリーニンの名前を有している。

カリーニン大通りはモスクワの現代的な大通りである。

カリーニン大通りにはロシアで最も大きな図書館，つまりレーニン名称図書館や，友好の家，映画館《十月革命》がある。友好の家ではロシアの人びとと彼らの外国の友人たちが出会うし，ここでおもしろい夕べが行われます。映画館《十月革命》では新しい映画が上映されます。

カリーニン大通りにはレストランや喫茶店やお店があります，衣服や履物の店や，本とレコードの店があります。ここには大きな本屋《本の家》もあります。

Ⅱ 1. сестры́. 2. о́перы, бале́та. 3. жи́зни. 4. Пу́шкина, Просвеще́ния. 5. оде́жды, о́буви. 6. дождя́. 7. реки́, мо́ря. 8. исто́рии. 9. о́зера, санато́рия. 10. промы́шленности, нау́ки, культу́ры.

第 17 課　I　旅行者たちは森へ出発する。

　村から旅行者たちは森へ出発します。彼らは野原のそばを歩いて行く。野原からは風が吹いている。太陽へ向かって歩いていかねばならない。村から森までは遠くはない。旅行者たちは湖のそばで休息のために腰をおろします。湖のまわりには緑の木々が生えている。湖の真中には小さな島がある。ここで彼らは約1時間休みます。休息と食事のあと旅行者たちはさらに先へと出かけます。彼らは川に沿って行きます。川の近くには大きなピオネールのキャンプがあります。そのキャンプの向いには休息の家があります。

II　1. Máши.　2. библиотéки.　3. утрá, вéчера.　4. Андрéя. 5. сестры́, дерéвне.　6. преподавáтеля.　7. плóщади.　8. вокзáла, гости́ницы.　9. гóда, колхóзе.　10. сéвере, сéвера, юг.

III　1. из, в　2. с, на　3. у, в　4. на, с, в　5. для　6. от 7. пóсле

第 18 課　I　私は妹へ手紙を書いた。

　昨日私は故郷へ手紙を二通書いた。一通の手紙を私は兄へ書いた。二通目を妹へ書いた。以前彼女はママへ、単科大学で学びたい、と言っていた。彼女は学校を終えようとしているのだ。手紙で私は妹に、友好大学へ入るように助言した。

　私が郵便局へ近づいて行ったとき、ひとりの外国人がたずねた。《ちょっとおうかがいしますが、コンセルバトアールへはどう行ったらいいですか》。私は言った。《マルクス大通りをゲルツェン通りまで行って下さい、それからゲルツェン通りを行くのです。ゲルツェン通りにコンセルバトアールがあります》

II　1. сы́ну　2. сестрé　3. учи́телю　4. товáрищу　5. óзеру

6. шко́ле 7. по́лю 8. Андре́ю

第 19 課 I ヴォルガ川

　ヴォルガは偉大なロシアの川で，ヨーロッパで最も大きな川である。ヴォルガの源はモスクワの北方の小さな小川である。しだいに小川は広くなりそして大きな川になって行く。

　ヴォルガ川は北から南へ流れ，そしてカスピ海へ注ぐ。

　巨大な運河がヴォルガ川といくつかの海，つまり白海，バルチック海，黒海，アゾフ海を結び合わせている。モスクワ名称運河によってヴォルガはモスクワ川と結びつけられている。ヴォルガ＝ドンスコーイ運河はヴォルガをドン川と結びつけている。

　ヴォルガ川の最も大きな支流はオカー川とカーマ川である。ヴォルガと共にそれらはモスクワとウラル間の水路をつくっている。

　冬にヴォルガは氷と雪に覆われる。春の開始の前に雪は黒づみ，それから融ける。

II 1. комба́йном 2. хи́мией 3. учи́тельницей 4. рабо́той 5. Андре́ем 6. го́родом, дере́вней 7. тетра́дью 8. музе́ем 9. шко́лой 10. по́лем

第 20 課 I 私の1日

　私は朝早く起き，窓を開けます。その後で急いで顔を洗い，髪をとかし，服を着ます。8時に私は朝食をとります。

　大学の授業は9時に始まります。私はおくれません，だから9時にはいつも教室にいます。

　授業は3時に終わります。私たちはふつう大学で昼食をとり，その後実験室あるいは図書館で勉強します。夕食はときには大学で，ときには寄宿舎でとります。

— 273 —

夜は私たちは家かあるいはクラブで休息します。クラブにはサークルがあり，そこでは学生たちが歌うことや，踊ることや，絵を描くことを習っています。私の友人はもうかなりうまく絵を描きます。

家へは私たちは9時あるいは10時に帰ります。夜私は少し本を読むかあるいは手紙を書きます。

12時には私は就寝します。

II 1. начина́ется, начина́ет.　2. у́чится, у́чим.　3. стро́ят, стро́ится.　4. одева́ется, одева́ю.　5. умыва́ется, умыва́ю.　6. создаётся, создаёт.　7. возвраща́юсь, возвраща́ю.

第21課 I ミハイール・ヴァシーリエヴィチ・ロマノーソフ

ロマノーソフは1711年にロシアの北部のアルハンゲリスク市からほど遠くない所に生まれた。ここで彼は19歳まで暮らしていた。

彼の父は農夫兼漁師だった。父と一緒にロマノーソフは海へ出かけるのだった。彼は父に魚を捕るのを手助けしたのだ。

ロマノーソフは幼年時代から自然を愛していた。

村でロマノーソフは読み書きを学んだ。彼は文法と算数を独力で勉強した。ここでこそ彼のもとに科学への情熱が生まれたのだ。彼は非常に勉強することを欲していた。しかし彼は農民であり，農民はその当時はどこへも受け入れられなかった。彼はモスクワを夢見ていた。彼は，そこには学校や図書館があることを知っていた。そしてある時ロマノーソフは家から立ち去り，モスクワへ出発した。モスクワでは彼はやっとのことで学校へ入学した。

II 1. това́рищу　2. Москвы́　3. му́зыку, спорт　4. Та́не, Никола́ю　5. дире́ктором　6. Андре́я, Со́ню　7. ле́кции, собра́ния   8. ножо́м, ви́лкой   9. мо́рю   10. по́чте, по́чты   11. друго́м   12. окна́   13. дере́вни, дере́вню   14. автомоби́лю, автомоби́ля   15. фе́рмой, по́лем

第 22 課 I （カッコは行を示す）主格 же́нщины, мужчи́ны, лю́ди, учёные, инжене́ры, архите́кторы, же́нщины (6), кни́ги.   生格 же́нщин (2, 3), враче́й, агроно́мов, стран, дете́й, же́нщин (10).   与格 же́нщинам.   対格 права́, посты́, же́нщин (5), о́рганы, дни (＜день).   造格 же́нщинами.   前置格 же́нщинах, достиже́ниях.

ロシアの婦人たち

ロシア連邦では婦人は男性と同等の諸権利を有しています。ロシアでは人々は婦人の勤労を尊敬しています。ロシアでは婦人の中に学者や，技師，建築家，多くの医者と農業技師がいます。国民は婦人に高い地位を委ねています。住民は婦人を管理機関へ選出しています。ロシアの婦人たちは他の国々の婦人たちと一緒に，平和の闘い，子供たちの生活と幸福を守る闘いに参加しています。彼女らは平和が戦争に勝つと信じています。

今日の婦人たちについての，勤労，科学，芸術における婦人たちの成果についてのすばらしい本が何冊もあります。

第 23 課 I モスクワの動物園

モスクワの動物園は住民の間に大変人気があります。朝も昼も(午前も午後も)ここには見学者が多い。学校は動物園へ見学を行います。生徒たちと共に彼らの先生もやって来ます。動物園には日曜毎に特に多くの見学者が来ます。彼らは動物園を興味深く見学し，檻の前に長いこと立っています。

動物園に付属して学童たちのサークルがあります。生徒の仕事をここでは研究員たちが指導します。彼らは子供たちに自然

や，獣，鳥の観察の仕方を教えたり，生徒たちに動物園の居住者たちについての興味深い物語を話してきかせます。

動物園では見学者たちへしばしば講義がなされます。その上動物園の研究員たちは工場やコルホーズで講演をしたり，映画を見せたりします。彼らはコルホーズ員たちと文通もしています。手紙で動物園の研究員たちはコルホーズ員たちに生物学の諸問題に関して助言をするのです。

II 1. столáх 2. колхóзников 3. фáбрики, завóды 4. общежи́тиях 5. комбáйнами 6. студéнтам 7. завóдов, фáбрик 8. у́лицам, площадя́м 9. сёл, деревéнь 10. преподавáтелями 11. троллéйбусов, трамвáев 12. поля́ми, лесáми 13. успéхам, товáрищей 14. ученикáм, моря́х 15. медвéдей, лиси́ц

第24課 I 電話での会話

「ヴァロージャ，何をしているの？ 忙しいかい？」

「うん，ぼくには水曜日に英語があるんだ。ぼくはいま勉強しているんだ」

「テキストを読んでるのかい？」

「いや，ぼくはすでにテキストを読み終えたんだ。テキストが難しく，ぼくはそれを長いこと読みそして新しい単語を学習していたのさ。ぼくはテキスト全体を読み終え，新しい単語をすべて覚えたよ。いまぼくは話を書いてるんだ。君は何をしているの？ 同じようにおそらく読み，書いているんだね，ただ英語でなくロシア語でね？」

「いや，ぼくはもうテキストを読み終え，会話を覚え，小さな話を書いてしまった。その後で問題を解いていたんだ。じつはねえ，問題が非常に難しいので，みんなは解けなかったんだ」

「もしかしたら晩に一緒に解こうか」

「いいとも。ヴァロージャ，いつ映画へ行こうかね？」

「ぼくはいつ暇になるか分からないんだ。もしかしたら木曜日にだね」

II 1. учи́л, вы́учил. 2. получа́ем, полу́чим. 3. де́лал, сде́лал. 4. по́нял, понима́ю. 5. обе́дают, пообе́дают. 6. конча́ли, ко́нчили. 7. встаю́, вста́ну. 8. писа́л, написа́л. 9. бу́дем у́жинать, поу́жинаем. 10. реша́ть, реши́ть.

第 25 課 I 労働日

毎日サーシャ，ジョン，アンドレーは朝早く起き，運動着をき，窓を開け，体操をします。しかし今日彼らはおそく起きた。なぜなら昨日，日曜日に彼らはパーティへ行ったからである。彼らは急いで体操をし，顔を洗い，服をきて，食堂へ出かけた。それは寄宿舎の下の階にあるのだ。彼らが来たとき，リーリャはすでに朝食をすませていた。彼らは短時間で朝食をとった。ジョンとアンドレーは卵やお米を食べ，サーシャはソーセージとじゃがいもを食べた。その後彼らはコーヒーを飲んだ。

II 1. реша́л, реши́л. 2. убира́ли, убра́ли. 3. гото́вили, пригото́вили. 4. поста́вила, ста́вила. 5. писа́л, написа́л. 6. бу́дешь чита́ть, прочита́ешь. 7. бу́дем у́жинать, поу́жинаем. 8. полу́чите, бу́дете получа́ть.

III 1. книг 2. таре́лки 3. тетра́дей, карандаше́й 4. рубля́, копе́ек 5. студе́нток, студе́нтов 6. часа́, мину́т 7. письма́

第 26 課 I 彼はオートバイに乗って行く

郵便配達夫コースチンは遠くまで行きます。彼はオートバイ

で新開村へ行きます。真直な道路が野原や草原を通っている。トラックが速い速度で走って行く。それらは町へ穀物を運んで行くのだ。

　郵便配達夫コースチンは新開村へ，村ソビエトや，コルホーズへ毎日通い，新聞，雑誌，手紙を運んでいます。ほらいまも彼はバイクを止め，事務所へ向かい，そこへ郵便物を持って行きます。その後彼はさらに先へと郵便物を運んで行く。コルホーズ員たちは手紙，新聞，雑誌を規則正しく受け取ります。

II　А. 1. иду́, хо́дят　2. лета́ет, лети́т　3. несёт, но́сит　4. ведёт, во́дит

Б. 1. е́дем, везёт, хо́дим, лети́м　2. пла́вает　3. лете́ли, плы́ли, ходи́ли, пла́вать, е́здили, ходи́ли, шли

III　1. ученико́в, учени́ц　2. де́вушек　3. помидо́ров, я́блок　4. газе́т, журна́лов　5. молока́, ма́сла

第 27 課　I　昨日私たちは見学に行った。

　昨日私たちのところでは町の見学があった。私たちは寮から朝の10時に出て，停留所へ向かい，バスを待ち始めた。間もなくバスが近づいてきた。私たちはバスへ乗り，大学の方へ向かって行った。そこでは私たちをガイドと先生が待っていた。大学から私たちは皆一緒に市の中心地，クレシャーチク通りへ出かけた。この通りを私たちは徒歩で歩いて行った。クレシャーチク通りからドニェプル川までは私たちは地下鉄に乗って行った。はじめ私たちはドニェプルの岸を歩きまわり，その後キーエフの昔の中心地へ市電で出かけた。そこには歴史博物館があるのだ。私たちは博物館まで乗って行った。私たちは長い時間博物館を見学していた。家へ帰ったのは夜であった。

II 1. е́здили, пое́хали, прие́хали.　2. выхожу́, вы́йду.　3. ушли́, уходи́ли.　4. приходи́л, приноси́л, пришёл, принёс.　5. вы́шли, подошли́, подошёл, пое́хали, дое́хали, вы́шли, пошли́.

第 28 課　I　ヴァジムは自慢するのが好きだ。

　ヴァジムは自分の知り合いを自慢するのが好きである。彼は陽気で，人づき合いのよい性格なのだ。もし中庭でサッカーについて話し始められると，ヴァジムはすぐにこう言うのだ《誰だって？レフ・ヤーシンだって？ ぼくは彼をよく知っているよ。以前にぼくと彼はすぐ隣りに住んでいたんだ。きのうぼくは彼と出会ったんだ。彼に言ってやったよ。"リョーヴァ，君のこの頃のプレイの仕方はぼくには気に入らないな"》

　そしてある時ヴァジムはヴェーラとアントンと新しい映画《アンナ・カレーニナ》を見に出かけた。その中ではタチアーナ・サモーイロヴァが出演している。アントンは思った《おそらくいまにヴァジムが，彼が彼女と幼稚園へ通っていた様子を語り出すだろう》。そして実際，実は彼らは一緒に学校で勉強し，しかも彼が彼女に手助けをした，というのだった。

II 1. тебе́, тебе́, тебя́.　2. его́, ним, него́, меня́.　3. вам, мне, ва́ми.　4. тебе́, меня́, тобо́й.　5. ей, её.　6. их, им.　7. нас, ни́ми.　8. мне, тебе́, неё.　9. её, тебя́, ней.

第 29 課　I　図書館で

　私たちの図書館は市の中心の大きな建物の 1 階にあります。図書館には大きな閲覧室があります。

　閲覧室では〔芸術〕文学や学問の色々な分野の専門文献を受取ることができます。図書館にはいつも最新の雑誌や新聞があ

ります。毎日図書館を多くの人々が訪れます。

　図書館ではしばしば文学書や科学・技術文献の展示会が組織されます。毎月図書館では講演も行われます。

　私は夜毎図書館で勉強するのが好きです。私はここでいろいろの学問的・一般向けの文献や，文学の新刊書，つまりロシアと外国の作家たちの短編，長編，中編小説や詩を読みます。

II 1. ру́сского 2. ру́сскую 3. ру́сского 4. за́втрашней 5. си́нему 6. Кра́сной 7. тёплые ле́тние 8. краси́вых весе́нних 9. моро́зную зи́мнюю 10. интере́сным зи́мним

III А. 1. тёплому ле́тнему дождю́. 2. тёплого ле́тнего дождя́. 3. тёплый ле́тний дождь.
Б. 1. то́лстую си́нюю тетра́дь. 2. то́лстой си́ней тетра́ди. 3. то́лстой си́ней тетра́дью.

第30課　**I**　ロシアの旅行者の話

　ヨーロッパへの旅行は私の願望だった。私はオデッサでロシアの旅行者の大グループと共にジーゼル船《勝利》に乗った。私の新しい知人の中にはわが国の各地からきた人々がいた。私たちの旅はとてもおもしろかった。数多くの印象の中で一つがとても思いがけないものだった。

　それはナポリの近くであった。太陽が沈みつつあった。私たちは海に見とれていた。そのとき突然私たちは歌を耳にした。これは何だろう？ なじみの旋律だ！ 漁師たちがイタリヤ語で私たちのロシアの歌《カチューシャ》を歌っていたのだった。私はしばしの間目を閉じ，わがヴォルガの急な岸辺とわがロシアの娘カチューシャを鮮明に思い浮べた…

II　А. 1. твоего́ 2. твоему́ 3. на́шими 4. мое́й 5. твоём

6. вашу 7. нашим 8. твоим 9. ваших 10. своей

Б. 1. моему старшему брату. 2. своей новой жизни. 3. моим школьным другом. 4. наш маленький город, нашу среднюю школу. 5. моих старых учеников. 6. ваших студенческих общежитиях. 7. твоего маленького брата, твою старшую сестру. 8. своей первой учительнице.

第 31 課 I 1. этой 2. этого 3. этом 4. той 5. тех 6. том же самом

II 1. самого 2. сама 3. самого 4. самому 5. самим 6. самого

III 1. все 2. всех 3. всём／всех 4. все 5. всё 6. всех 7. всём

第 32 課 I　ヤースナ・ポリャーナで

　トルストイの家は大きな公園の中に立っている。家の前には大きな木がある。レフ・ニコラーエヴィチはこの木の下のベンチに腰掛けるのが好きでした。この公園は非常に立派なものである。背の高い木々の間にはたくさんの並木道が通っている。作家はこの公園をひとりで散歩するのを好み、しばしばこれらの散歩の時に彼は自分の作品の構想を練るのでした。

　この公園とトルストイの家の中では、すべてのものが作家の生前にあったと同じ姿に保存されている。もし公園の中で何かの木が死滅すると、同じ場所に同じ品種の木が植えられるのである。

第 33 課 I 1. 鋼鉄は水よりも8倍重い。 2. 私の姉(妹)は私よりも2歳だけ年上(年下)である。 3. 私はできる限りよく

勉強するように努めています。 4. 夜はますます暗くなって行った。 5. キーエフはたいへん美しい町である。サンクト゠ペテルブルグはいっそう美しい。 6. 仕事は難しければ難しいほど, それはますます興味深い。

II 友情

ある賢者がこうたずねられた。

「世の中に金より貴重なものが何かありますか」

賢者はちょっと考えてこう言った。

「友情です！それは金よりも貴重です」

すると彼はたずねられました。

「では世の中に鉄よりも固いものが何かありますか」

年老いた賢者は繰り返した。

「友情です！それは鉄よりも固いです」

すると彼はさらにこう質問された。

「世の中に嵐よりも強いものが何かありますか」

今回もその賢者は答えた。

「友情です。それは嵐よりも強いです」

III 1. вы́ше / бо́лее высо́кие 2. бо́льше 3. доро́же 4. моло́же 5. гро́мче, ме́дленнее 6. тепле́е 7. лу́чше 8. ху́же 9. ме́ньше 10. бо́льше 11. сильне́е

第34課 **I** ソビエトの地理から

地図を見て下さい。皆さんは, ソビエト連邦が世界で最も大きな国であることを見てとるでしょう。ソ連の領土は 2,240 万平方キロメートルあります。それはアメリカ合衆国の領土の 3 倍, インドの領土の 7 倍大きいのです。

ソ連の地勢図の上に皆さんは山を見ることでしょう。パミールがどこにあるかごらん下さい。これはソ連の中で一番高い山

脈です。最も豊かな山脈，それはウラル山脈です。この山脈には非常にたくさん鉱物資源があるのです。

ソ連には非常に多くの川と湖があります。ソ連のすべての川の全体の長さは3百万キロメートルであることを，皆さんは知っていますか。レーナ川，オビ川，エニセイ川，アムール川，ヴォルガ川は世界で最も大きな川の中へ入ります。ではソビエトには湖はいくつあるでしょうか？それらは25万以上もあるのです！バイカル湖は世界で一番深い湖なのです。

II 1. труднейшую 2. величайших 3. старейший 4. крупнейшую 5. важнейшим 6. интереснейших 7. огромнейшим 8. новейших

第35課 I 1. まだこの本を読んでない人は皆それを読まねばならない。 2. 私たちのまわりにあったような大きな山脈を私ははじめて見た。 3. ボリースはボートに乗りたがっていた人すべてを自分の所へ招いた。 4. 若い頃私が考え，取り組んだ事柄を私は決して忘れないだろう。 5. それはコーカサスにのみあるような独特な夕べであった。 6. 遂に旅行のために必要であるすべての物が用意された。 7. 友人は彼の論文が載っていた新聞を私にくれた。 8. 私は生家をあとにしたあの朝をよく覚えている。 9. 私は娘が入ったばかりのドアの近くの呼りんを鳴らした。 10. 私たちは野原のすばらしい景色が開けている丘へ登った。

II 1. Мы были в музеях, которые находятся в Москве. 2. Я узнал мальчика, которого я встречал раньше. 3. Деревня, в которой родился мой отец, находилась на берегу моря. 4. Доклад, к которому он готовится, должен быть в четве́рг.　5. Мы чита́ем статью́, кото́рую вы написа́ли. 6. Вчера́ у меня́ бы́ли това́рищи, кото́рых вы зна́ете.

第36課 I 1. 私は誰にも電話しなかったし，誰にも手伝ってくれるように頼まなかった。　2. どうも仕方がない！　3. 彼はいかなる点でも悪くない。　4. 彼はいかなる困難も恐れない。 5. 私は家に残こり，どこへも行かない。　6. 昨日私は一緒に山へ行く相手がいなかった。　7. 何もすることがないので私は映画へ出かけた。　8. 私にはこの本を読む暇がなかった。　9. 私が家へ帰ったとき，誰かが私の所へ来たことを知った。　10. 私は，今日私たちのもとへ誰かが来るかどうか知らない。　11. 彼は私に何か言ったが，私は聞きとれなかった。　12. 君は何を探しているの？ — 私は何かおもしろい本を探しているの。

II 1. ни, не́　2. ни, не́　3. не́, ни　4. ни, не́　5. не́, ни　6. -то, -нибудь　7. -нибудь, -то

第37課 I 1. 私はコーカサスへ行き，山登りができたらいいのに。　2. もし彼が一年中よく勉強したなら，彼は優で試験に合格したろうに（合格するだろうに）。　3. 休むために横になればいいのに！　4. 君の助けなしには私は家へたどり着けなかった（着けない）だろうに。　5. あなたは彼に水を持ってくればいいのに。　6. このような夕べがもう少ししばしば催されれば，とてもいいのだが。　7. 彼がいつやって来ても，私はいつも彼に会うのが嬉しい。　8. 私はどのような本を手にしても，必要な例文を見つけられない。　9. 私は問題を解くのを手伝うために，友人のところへ出かけた。　10. 先生は，生徒たちが注意深くあるように求めます。　11. 科学は人間からその人生全体を要求することを覚えておきなさい。そしてもし諸君に二つの人生

があったにしても，それでも諸君には足りないことでしょう。

第 38 課 I 1. читáя, Прочитáв. 父は新聞を読みながらソファーに横になっている。新聞を読み終えて，彼は雑誌を読み始めた。 2. Убрáв, Убирáя. 部屋を片づけて，リューシャは勉強をし始めた。部屋を片づけながら，彼女は陽気に歌っていた。 3. Изучáя, Изучи́в. ロシア語を習っていたとき，私はたくさん，根気強く勉強した。医学を習い終えて，私たちは祖国へ医者として帰るだろう。 4. Обéдая, Пообéдав. 食堂で食事をするとき，私は窓のそばに座るのが好きだ。食事をしてから私は家へ帰り，休むために横になった。 5. окáнчивая, окóнчив. 私は，読書を終えると，つねに本を元の場所へ置く（反復動作）。私は，読書を終えて，本を元の場所へ置いた。 6. Подня́вшись, Поднимáясь. 山へ登ってから，旅行者たちは休息した。山へ登って行きながら，旅行者たちは美しい景色に見とれていた。 7. Встречáясь, Встрéтившись. お互いに出会うと，彼らはいつでも学生時代を思い出すのだった。モスクワで偶然出会ったとき，彼らははじめお互いに見分けがつかなかった。

第 39 課 I 1. 日本からやって来た学生たちは，私たちの大学で学ぶでしょう。 2. 私たちはラヴルーシンスキー横町にあるトレチャコフ美術館へ行くところである。 3. 遊びつつ，陽気に笑っている子供たちを見るのは快いものだ。 4. 私の友人は，モスクワで出ている新聞《プラウダ》を読んでいる。 5. 食事のとき帰ってきたペーチャが自分のニュースを話してくれた。 6. 彼はロシア連邦に住んでいる自分の友人たちから手紙を受け取った。 7. 作家たちは作者に名声をもたらした新しい長編小説について話をした。 8. おそくやって来たコーリャはすぐに

立ち去った。

II 1. дéти, игрáвшие во дворé, подбежáли .... 2. ... увидели студéнтку, решáющую задáчу. 3. ... аспирáнта, стоящего у окнá? 4. ... с аспирáнткой, сидящей óколо .... 5. ... к человéку, выступившему на .... 6. ... на выставке, открывшейся недáвно ....

第 40 課 I 1. 私たちの学部によって組織されるパーティはおもしろいはずである。 2. 私たちによって解かれている問題には難しい所が沢山ある。 3. 私たちの図書館は様々な国で出版されている沢山の新聞を受取っている。 4. ラジオで放送されているコンサートにロシアの民謡合唱団が参加している。 5. 私の小さな弟は君によって買われたプレゼントに満足している。 6. 私は学校の先生から来た私の友人によって受取られた手紙を読んだ。 7. 雲に覆われた空には月は見えなかった。 8. 読み終えられたテキストから，私は偉大なロシアの学者の生涯について知った。

II 1. Рабóта, выполняемая мной, óчень .... 2. В газéтах, получáемых нáми, чáсто .... 3. ... корабли, сóзданные совéтским человéком. 4. ... о кни́ге, прочи́танной им недáвно. 5. ... пи́сьма, напи́санного моéй сестрóй. 6. В упражнéниях, сдéланных э́тим студéнтом, мнóго оши́бок.

第 41 課 I 1. напи́сано。この作品は詩人によって幼年時代に書かれた。 2. прочи́тана, сданá。この本はすでに読み終えられた。読み終えられた本は図書館へ返却された。 3. при́нято。集会で重要な決定が可決された。 4. напи́саны。壁新聞のための記事は明日書かれるだろう。 5. помещенá。彼によって

書かれた記事は壁新聞の次の号に掲載されるでしょう。 6. открыта. 宇宙への道はソビエトの宇宙飛行士たちによって開かれた。 7. напеча́таны, переведены́. 革命後詩人のすべての作品は印刷され、多くの言語へ翻訳された。 8. закрыта. 私は教室へ入りたいと思ったが、それは閉じられていた。

II 1. Эта́ рабо́та сде́лана молоды́м инжене́ром. 2. В на́шем го́роде неда́вно откры́т большо́й кинотеа́тр. 3. Этот портре́т нарисо́ван украи́нской худо́жницей. 4. Это письмо́ бы́ло полу́чено позавчера́. 5. На факульте́те соста́влено но́вое расписа́ние. 6. Этот дом бу́дет постро́ен молоды́ми рабо́чими. 7. Эти стихи́ ско́ро бу́дут переведены́ на ру́сский язы́к.

第 42 課 I 1. 何時ですか。今7時半です。 2. 私は毎日6時半に起きます。 3. 9時20分前に私は家を出て職場へ向います。 4. 私たちの役所は9時に (8時30分に) 仕事をし始める。 5. 1時から2時まで私たちのところでは休憩時間である。 6. 私は講義開始の10分前にきた。私は講義の開始後10分立って来た。 7. 1917年ロシアでは革命が起こった。 8. これまで私は戦争の始めの日を覚えている。6月22日, 9時に私は, ロシア語の先生として働いていた学校へやって来た。そこで私は戦争が始まったことを知ったのだった。

II 1. а. ... в ты́сяча восемьсо́т пятьдеся́т седьмо́м году́. б. ... в сентябре́ ты́сяча восемьсо́т пятьдеся́т седьмо́го го́да. в. ... семна́дцатого сентября́ ты́сяча восемьсо́т пятьдеся́т седьмо́го го́да. 2. ... на пяти́ маши́нах. 3. ... в двух сёлах, ... 4. ... встре́тили двух сестёр в .... 5. ... арти́стку с четырьмя́ буке́тами цвето́в.

よみもの

モスクワ

　モスクワ，それはロシア国家の政治，工業，学術・文化の中心である。モスクワはこの国の最も大きな都市であり，そこには8百96.7万人が住んでいる。

　首都の中心には赤の広場，クレムリン，レーニン廟がある。クレムリンはモスクワ川の左岸に位置している。クレムリンにはレーニンの執務室と住居，以前のソ連の最高会議，大会宮殿がある。クレムリンの庭園には巨大な国の様々な地域からの植物が集められている。都心にはモスクワ大学の旧館，いくつかの劇場や博物館がある。

　東部および南東部は市の主要な工業地帯である。南西地区は市の最も大きな地区の一つである。この地区は1949年に建設され始めた。その当時この地には村や果樹園があった。そこに建設された最初の建物がモスクワ大学の建物であったのだ。現在はそれは新しい建物や，多くの若木の生えている広い通りのある広大な地区である。モスクワ大学はモスクワの一番高い場所，レーニンが丘に立っている。下の方にはモスクワ川があり，その高い右岸からは市全体を見ることができる。この川の低い左岸には中央スタジアムがあり，その観覧席には大きなスポーツ競技の日には10万の人が集まる。

　首都の北部にはもう一つの新しい地区が出現した。ここには多くの緑の街路，いくつかの古い美しい公園がある。この地区には植物園と国民経済達成博覧会場がある。

　ロシア連邦の首都の面積は膨大であり，そのために地下鉄がこの町の生活の中で非常に大きな役割を演じている。モスクワの地下鉄の最初の路線は1935年5月15日に営業し始めた。最初の路線の長さはたった11.6キロメートルであったが，現在は地下鉄の諸路線が市

のすべての地区を結んでいる。モスクワの地下鉄はたいへん美しい。すべての駅が異なっているのだ。地下鉄の中はとても清潔で,たいへん明るく,空気もよい。

モスクワは科学と文化の中心である。モスクワには約百の単科大学,千以上の学校,多くの劇場と博物館がある。モスクワでは多数の様々な書籍,雑誌,新聞が発行されている。

モスクワには主要駅が九つ,港が三つある。モスクワからロシア連邦のすべての地域と他の国々へ列車で行くことができるし,船でバルチック海,黒海,カスピ海へ行くことができる。

モスクワ,それは工業と科学と文化の都市である。

十二の月

ある小さな村にひとりの女が娘のゾーヤとまま娘のマーシャと共に住んでいました。彼女たちには父はなかった。ゾーヤは毎日一日中ごろごろし,キャンデーを食べていたが,マーシャの方は働きづめで,水を運んだり,食事の仕度をしたり,食器を洗ったりするのだった。

彼女にはきれいな服も,新しい衣服もなかった。彼女は冬の寒さや,夏の暑さ,春の風,秋の雨を知っていた。もしかしたらだからこそ,彼女は十二の月すべてを一度に見たのかもしれない。

冬であった。一月のことだった。往来と森にはたくさんの雪が積もっていて,寒かった。このような天気のある晩まま母がマーシャにこう言った。

「あしたはお前の姉さんの誕生日だ。森へ花を採りに行ってきな」

女の子はまま母を見やった。《もしかして,冗談を言っているのでは? いまどんな花があるというの? 冬には花はないし,三月以前には花はないわ。森の中で死んでしまうだけだわ》

姉の方は彼女にこう言った。

「もし死んだとしても，誰もあんたのことを思って泣いたりしないよ！行きな，花なしに家へ帰るんじゃないよ！　ほらあんたのかごだよ」

女の子は泣き出し，身支度をして，家から出て行った。冷たい風が吹き，雪が激しく降っていた。辺りはますます暗くなって行った。

マーシャは森へやって来た。そこでもう全く暗くなった。道路はなかった。マーシャは一本の木の近くに腰を降ろした。すると突然はるか遠くに彼女は灯を目にした。マーシャは立ち上がり，この灯がある方へ歩き出した。彼女は木々をよけて歩き，倒れたが歩いて行った。灯はますます明るく燃えていた。

マーシャは森の中の草地へ出た。草地の真中で火が燃え，火の周りに12人の人が座っていた。ある者は若く，他の者は年老いていた。若い人たちは火のより近くに，年寄りたちは火からより離れて座っていた。彼らは小声で語り合っていた。

すると突然ひとりの老人（最も背の高い）が後ろを振り向き，木の側に立っている女の子の方を見た。

彼女はびっくりし，立ち去ろうと思ったが，遅かった。老人は彼女にたずねた。

「お前は誰だい？　どうして森へ来たんだ？」

少女は彼に自分の空のかごを見せて言った。

「あたし，森へ花を採りに来たの」

老人は笑い出した。

「一月に花だって？」

「まま母があたしを森へ送り出し，花なしで家へ帰るのを許さないっていうの」

「だけどどこで花を見つけるんだい？　いまは森の中には花はないし，三月以前には花はないよ。一体どうするつもりだい？」

「森に残ります。三月になるのを待ってるわ。花なしでは家へ帰れないもの」，とマーシャは言い，そして泣き出した。

その時十二人の中の一人が,それは一番若く,陽気な人だったが,立ち上り,老人の方へ歩み寄った。
「一月兄さん,ぼくに自分の場所を一時間だけ借して下さい!」
「借してもいいよ」,と老人は答えた。「だけど二月の方が三月より早いんだよ」
「代ってくれ」,と二月老人は言った。「わしは言い争いはしたくない。わしらはマーシャを知っている,彼女が働いているのを森や川や畑でたびたび見かけたからね」
「いいとも」,と一月は言い,彼が片手に握っていた杖を二月へ渡した。するとたちまち森の中には冷たい風がもっと強く吹き出し,雪がぐるぐる舞い始めた。すると二月は杖を弟へ渡して言った。
「今度はお前だ,三月」
弟が杖へちょっと触るや否や,すぐに森の中では雪が消え,木々には緑の葉が現われ,森の中の草地には最初の春の花が咲き出した。
マーシャはかごに一杯花を採り,兄弟たちにお礼を言い,家へ帰って行った。

母親の愛情

アンナ・セルゲーエヴナは,息子からの手紙を受け取って,すぐさまそれを読み始めた。ペーチャはこう書いていた。《そちらではもちろんまだ雪があるでしょうが,当地のチルタ・ギュリではもう花が咲いています。テントで生活しています。仕事は沢山あります。最近大きな調査旅行がありました。ぼくは,腕から時計が落ちたのに気づかず,先へ歩いて行ったのです。時計は石の上へ落ち,こわれてしまいました。時計が,お母さんの贈物がだめになってしまい,とても残念です……》それを読み終えると,《かわいそうに!……》というように,アンナ・セルゲーエヴナはちょっと首を横に振った。手紙の最後にはこう書かれていた。《どうしてヴェーラが返事をくれな

いのか聞いて下さい。彼女から音信がなくなってから，間もなくもう二週間近くになります》アンナ・セルゲーエヴナは突然とても悲しくなった。彼女は，息子が彼女の男の子が全く大人になったということを悟り，笑いそして泣き出すのだった……。ペーチャの父は戦場で戦死した。夫の死後アンナ・セルゲーエヴナは，息子のことだけを思って暮らしてきた。ペーチャは父親に似ていた。アンナ・セルゲーエヴナと彼女の夫は，すべてのことについて互いに話し，たいへん睦まじく暮していたのだ。彼女は，息子もすべてを彼女へ話してくれていると考えていた……。学校を卒業する時，息子は母親からの贈物として時計をもらった。時計は非常に良いものだった。時計を受け取った時，ペーチャはとても幸せだった。

　大学の地質学部へ入学すると，彼はすぐに大人になった。ある時，机の上にペーチャによって忘れられた見知らぬ娘さんの写真を見つけ，彼女はその上に《ヴェーラから親愛なるペーチャへ》と書いてあるのを読んだ。この言葉を読み，写真の中の楽しげな顔を見て，アンナ・セルゲーエヴナは心配し始めた。なぜペーチャはこの娘さんのことを何も話してくれなかったのだろう？　つまりあの子は自分にすべてを話してくれているわけではないのだ……。しばし泣いてから，アンナ・セルゲーエヴナは写真をもとの場所へもどし，息子には何も言わなかった……。

　一年後ペーチャは母親へ，彼がヴェーラと結婚することを決心したと知らせた。アンナ・セルゲーエヴナは，息子の結婚式のための準備をして，休みを知らなかった。結婚式の後ペーチャはヴェーラのもとで暮らすようになり，母親の方は，ひとり残り，ただ息子のために何をどのようにしたら良いかだけを思いながら，暮らし続けていた……。

　卒業証書を受け取って，地質学士になると，ペーチャは中央アジヤへ立ち去った。三カ月間息子から何の音信もなく，母親は心配し，非常にじりじりして手紙を待っていたのだ。そしてやっと息子から

の手紙がきたのだ！　彼女は職場から帰って来て，それを夕方読んだ。外套を脱ぐのを忘れさえして，彼女はすべての隣人たちに手紙のことを知らせたのだった。翌日には，手紙を一言も違わずに覚えて，彼女は自分の職場でそれについて語ってきかせた。彼女はヴェーラへ数回電話をかけたけれども，彼女と話すことはできなかった。ヴェーラは家に居なかったのだ。夕方彼女は，ペーチャへ新しい時計を買ってやることを決めて，彼女のもとにあったお金をありったけ持って，店へ出かけた。それというのも，息子は時計なしに暮らすことはとてもできないからである。それから数日後ペーチャは，母親から小包を受け取り，その中に時計と手紙を見出した。《懐かしい坊や，わたしは元気にしてますから，わたしのことは考えなくてもいいよ。ヴェーラはお前をとても愛しています，心配しないで，近いうちに彼女から手紙を受け取るでしょう》。ペーチャは，その一枚の紙に彼の手が焦がされるような思いがしてくるのを感じながら，読んでいた。彼は，いつも自分のことやヴェーラのことを思って，母親へ配慮が足りなかったことを，思い出すのだった。

詩人の家，ムラーノヴォ

　モスクワ近郊の村ムラーノヴォの昔からの一軒の家が，《詩人の家》という名称でロシア文化の歴史の中へ入った。この家は二人の秀でたロシアの抒情詩人，Е.А.バラトゥインスキーとФ.И.チュッチェフについての思い出の所なのである。

　1840年にバラトゥインスキーによって建てられたこの家は，モスクワとペテルブルグの多くの文学者たちに，作家や詩人たちの出会いと心おきない語り合いの場所として有名になった。

　バラトゥインスキーの死後ムラーノヴォの屋敷は彼の親類で，有名なモスクワの文学者Н.В.プチャータの手に移った。ここを当時の数多くの有名な作家たち，Н.В.ゴーゴリ，С.Т.アクサーコフ

（彼の屋敷アブランツェヴォはほど遠くない所にあった），А.Н.マーイコフやその他の人々が訪れた。友人としての間柄がプチャータとФ.И.チュッチェフを結びつけていた。1869年に友達同士は親類になった。チュッチェフの下の息子イヴァン・フョードロヴィチがプチャータの娘オリガ・ニコラーエヴナと結婚したのだ。そしてのちにムラーノヴォは後者の手に移ったのである。ムラーノヴォへのチュッチェフの最後の来訪は1871年の夏に行われた。モスクワへ来た時，彼は息子をその領地に訪れたのだった。

詩人の死後彼の妻と息子はムラーノヴォの家へ彼の私物や，書籍，原稿を運び移した。その時にペテルブルグからチュッチェフの書斎と寝室の調度がそっくり移送された。

ムラーノヴォは十九世紀の末まで《詩人の家》としてとどまり続けた。1919年にムラーノヴォにФ.И.チュッチェフ名称国立博物館が開設され，それは大きな人気を博したのだった。

ムラーノヴォの家の中には前世紀の地主の領地に特徴的なぜい沢さや豪華さはない。ここに君臨しているのは繊細な趣味と調和している質素さである。ロシアの職人たちによって作られた家具は，18世紀半ばから19世紀80年代までの様式の交替をよく例証している。Ф.ローコトフ，О.キプレーンスキー，К.ブリュローフの肖像画や絵や，デッサン，ロシアで仕事をしたイギリスの巨匠В.ガウの水彩画などが見学者たちの注意を引いている。その外大きな関心を呼ぶものに，18－19世紀のロシアや外国の工場製の陶磁器のコレクションがある。

屋敷博物館《ムラーノヴォ》の図書館と古文書保管所では大がかりな研究作業が進められている。それらはロシア語と外国語の8000冊の本とその外多量の原稿を擁しているのだ。ムラーノヴォの図書館には，バラトゥインスキーとチュッチェフの著作のすべての出版物，彼らについての文献，彼らの原稿の写真コピーコレクション，詩人たちの歌詞に合せて書かれた音楽作品の録音が保管されている。

目録進呈　落丁本・乱丁本はお取替えいたします。

平成17年9月30日　Ⓒ第1版発行
平成29年3月20日　　第2版発行

独習ロシア語	著　者　阿部軍治（あべぐんじ） 発行者　佐藤政人 発行所 株式会社　大学書林 東京都文京区小石川4丁目7番4号 振替口座　00120-8-43740番 電　話　(03)3812-6281〜3番 郵便番号 112-0002

ISBN978-4-475-01871-5　　　　　　今家印刷・牧製本

大学書林

　語学参考書

著編者	書名	判型	頁数
阿部軍治編 山田　恒編	ロシア語分類語彙集	新書判	336頁
阿部軍治編 ゴルボフスカヤ編	ロシア語会話練習帳	新書判	236頁
野崎韶夫著	英語対照ロシヤ語会話	Ｂ６判	168頁
阿部軍治著	海外旅行ポケットロシア語会話	A6変型	208頁
佐藤純一著	ロシア語史入門	Ａ５判	432頁
阿部・オーコニ著	ロシア語基本文1000	新書判	216頁
和久利誓一編	ロシヤ語小辞典	ポケット判	530頁
野崎・橋本編	和露小辞典	ポケット判	450頁
阿部軍治訳注	谷間（チェーホフ）	Ｂ６判	188頁
阿部軍治訳注	コサック（トルストイ）	Ｂ６判	200頁
藤井悦子訳注	シェフチェンコ詩選	Ｂ６判	244頁
小沢政雄訳注	ベールキン物語（プーシキン）	新書判	128頁
中村　融訳注	殻に入った男（チェーホフ）	新書判	92頁
野崎韶夫訳注	結婚申込み・熊（チェーホフ）	新書判	132頁
和久利誓一訳注	子供の知恵（トルストイ）	新書判	88頁
吉原武安訳注	外套（ゴーゴリ）	新書判	154頁
染谷　茂訳注	マカールの夢（コロレンコ）	新書判	154頁
岡沢秀虎訳注	ツルゲーネフ散文詩	新書判	78頁

－目録進呈－